百済滅亡と古代日本

白村江から大野城へ

全 榮 來 著

雄山閣

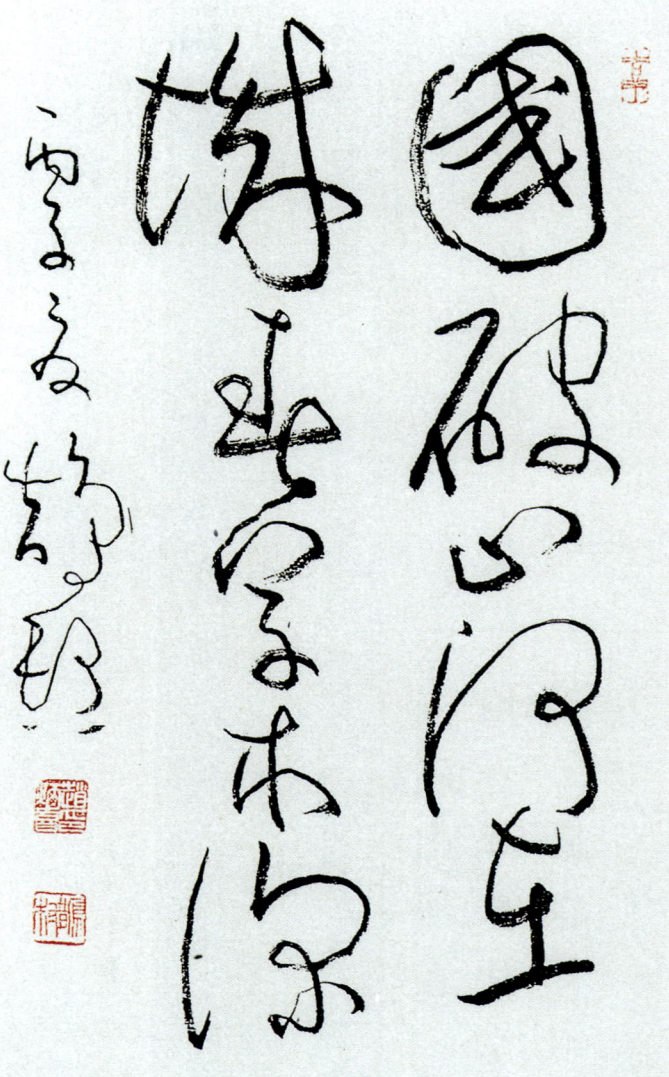

國破山河在
城春草木深

鵲村　趙　炳　喜

杜甫　詩「春望」中

扶安、周留城南辺、遠景 (1965)

扶安、周留城、禹金岩付近、城壁 (1993)

扶安、福信将軍が隠れた周留城の窟室（1986）

扶安、海岸防柵跡、龍井里土城、回廊道（1994）

扶安、百済皆火県跡、九芝里土城（1989）

井邑、中方古沙比城遠景、北から（1994）

任実、館村面、角山城遠景 (1992)

扶安、百済白村(欣良買)県跡、白山土城全景 (1994)

完州、大芚山を背景に炭峴に立つ筆者(1981)

完州、炭峴から黄山原に至る峡谷(1992)

宝城鳥城面、百済冬老県古城遠景(1996)

日本、大野城百間石垣の前に立つ筆者(1983)

序　言

　6世紀の東北アジアでは、歴史的一大事件がくりひろげられた。すなわち百済の滅亡である。それは唐と新羅の連合と、百済とこれを援けた倭との両陣営に分かれた4ヶ国が参加した国際的戦争でもあった。この戦いは百済の滅亡として帰結したが、東北アジア地域に多くの情勢転換をもたらした。

　まず第一にあげられるのは、新羅による半島の統一である。この統一の根本的な欠陥は、強大国の力を借りて達成されたという点である。その結果、新羅は統一後、唐の勢力と協力しながら、同時に唐軍を半島から駆逐していくという二つの課題を遂行しなければならなかった。そして新羅はこのような民族的課題を立派に成し遂げた。しかし、大同江以北の広大な高句麗故地は放棄して小国家に転落することになってしまった。

　第二に、活発な民族の移動と文化交流を引き起こしたことである。この戦いの直後、多くの百済遺民たちが海を渡って倭国に亡命・移住した。それは、日本列島に対する新しい文化の移植・開花をもたらした。さらに戦いの勝敗を乗り越えて、倭は百済だけでなく新羅・唐の文物・制度を受け入れ、日本国の基盤を作り上げていった。その後の東アジアの歴史に多大な影響を与えたこの国際的な決戦は、「周留城」・「白江」を舞台にして展開されたのである。

　しかし、このような重要な歴史の舞台に対する研究は、今日まで妥当性が認められるレベルには達していない。1920年代の日本人学者らによる推定にすぎなかった忠南、韓山説がいつのまにか定説化して、現在もなお、韓日両国の歴史教科書にそのまま受け継がれている、といった現状である。

　この戦いに関する記録は、『三国史記』百済本紀・新羅本紀・金庾信伝、『旧唐書』、『唐書』、『日本書紀』など、4ヶ国の史書にわたって記されているが、その叙述内容と地名の漢字表記にはおのおの差異がみられる。したがって、この歴史研究に対するアプローチ方法は、文献資料の綜合的再検討だけでなく、考古学・地政学、または地名比較学など、あらゆる研究方法を動員しなければならない。

　私は、このような立場に立って、1960年から現地調査を重ねてきた。1976年には、「周留城・白江位置比定に関する新研究――全北扶安地方、百済抗戦の

歴史地理学的考察」という論文を発表するに至った。1980年には、「炭峴に関する研究」を発表した。1993年5月には、「周留城・白江最後決戦に関する国際討論会」を開催した。しかし、周留城・白江に関する私の40余年にわたる研究成果は、一部地域の郷土史家たちの我田引水的な牽強付会によって、かえって新しい混乱が生み出される状況に直面するようになった。

　そこで、私は不本意ながら、このような状況に対して、真実を知らしめるための論争に巻きこまれることになってしまった。

　しかし、私の本領はあくまでも考古学的プロセスによる現場の調査である。1965～66両年にわたる「アジア財団」の研究助成による山城の調査をはじめ、1981年「南山財団」の助成による「炭峴」の調査、1994年扶安地方関連遺跡の地表調査、そして最近の百済冬老古城の調査に至るまで、山城の実測と踏査を継続してきた。

　道当局でも、ようやく百済滅亡に至る最後の決戦場である扶安・井邑地方の遺跡に対する文化史的価値を認識するようになり、本書の刊行に至った次第である。

　将来、本書が歴史研究だけでなく、文化観光・歴史探訪の資料としても活用されることを期待してやまない。

　　1996年9月

　　　　　　　　　　　　　　　　　　　　　　　　　　著者　識す

日本文による改訂増補版の出版にあたって

　本書のもととなった『百済最後決戦場の研究―白村江から大野城まで―』を上梓したのは1996年のことである。ちょうど、8年の歳月が経ったことになる。たまたま雄山閣の宮田哲男社長の勧誘により日本語による改訂版を刊行することになった。
　日本の読者にも興味が持たれる白村江の問題や古代山城に対する関心に私なりの知見を伝えることはたいへんやりがいのあることでもあるので、快諾してこれに応じた。
　改訂にあたっては、章の構成を改め史料による年表や現地の地図を加えるなど、内容を大幅に変更し、語句も平易に改めて読者への便宜をはかった。さらに、その後発表した「白村江決戦の軍略復元論―大宰府都城と神籠石の源流を探究する―」(Museum Kyushu 63、1999) を加えた。また、「日本史料、百済王家の後栄」(『百済論叢』第7輯、2003年) 所収の「百済王関係、出典資料一覧表」を増補して「日本史料『六国史』所載百済王関係記事一覧」として加え、書名も『百済滅亡と古代日本―白村江から大野城へ―』と改めた。
　顧みれば、白村江で敗れた百済遺民たちは日本列島に移り住んで支配層となった。半島の地に百済の名は絶えたとはいえ、その血縁と文化は日本列島にみごとに返り咲いた。すなわち、当時の中国（唐）と日本（倭）を巻き込んだ韓半島の歴史的大事件の余波は、その後の日本の進路に少なからぬ影響を及ぼしたのである。このように古代日本の歴史を大きく左右した事件であるにもかかわらず、現代の日本人が歴史のロマンを求めて韓半島を訪ねても、その事件のクライマックスにあたる最後の決戦のステージはどこなのか定説がなく、迷うほかなかった。しかし本書は、彼らのよき案内役を果たすとともに両国古代史研究者にとっても一助になることと思う。

　　2003年12月

著者　識す

目　次

序　言

日本文による改訂増補版の出版にあたって

第一編　百済最後の決戦場の研究―白村江から大野城まで―……………7

　第Ⅰ章　百済最後の決戦への序章 ………………………………………8
　　1　唐軍13万、伎伐浦に上陸　　8
　　2　唐軍船団の行跡の謎―いつ、どこに上陸したか　　13
　　3　陸路の要衝炭峴はどこか　　18
　　4　周留城と任存城―都城陥落後の百済　　29

　第Ⅱ章　百済興復の戦い　その1―豆良尹城の攻防― ………………34
　　1　新羅軍、豆良尹城攻撃のねらい　　34
　　2　豆良尹城の比定をめぐる諸説　　39
　　3　豆良尹城は扶安、蓑山　　44
　　4　新羅軍退却の路、葛嶺道　　50

　第Ⅲ章　百済興復の戦い　その2―古沙比城から豆良尹城攻防―……57
　　1　豆良尹城の戦いと福信の台頭　　57
　　2　真峴城陥落と新羅糧道の確保　　62
　　3　新羅糧道作戦の真相　　67
　　4　倭国の救援と豊璋王の帰国―州柔城から避城へ　　73
　　5　福信最期の地―避城から再び州柔城へ　　78

　第Ⅳ章　百済最後の決戦 …………………………………………………84
　　1　決戦迫る―白村江に結集する倭軍と周留城に向かう唐軍　　84
　　2　白江の戦い―倭水軍大敗の真相　　88
　　3　周留城陥落―倭国に亡命する百済遺民　　95
　　4　大野城の語るもの―その後の百済遺民　　101

　終　章　百済最後の決戦の舞台はどこか ……………………………103

第二編　周留城・白江関連戦跡地の調査 ………………………………109
　　1　東津半島一帯の海岸防柵跡　110
　　　　(1) 九芝里土城　(2) 龍化洞土城　(3) 廉昌山城　(4) 龍井里土城
　　　　(5) 修文山土城　(6) 盤谷里土城　(7) 上蘇山城
　　2　周留城と外廓防御遺跡　125
　　　　(1) 周留山城　(2) 蓑山山城　(3) 所山里山城　(4) 白山土城
　　　　(5) 金堤城山城
　　3　中方古沙夫里城の関連遺跡　139
　　　　(1) 金寺洞山城　(2) 隠仙里土城　(3) 優徳里山城　(4) 垈山里土城
　　4　炭峴関連遺跡　147
　　　　(1) 姑中里山城　(2) 龍渓城
　　5　葛嶺道沿道遺跡　151
　　　　(1) 山城里山城　(2) 武城里山城　(3) 平沙里山城　(4) 大里山城
　　　　(5) 徳川里山城　(6) 芳峴里山城　(7) 江亭里山城　(8) 郡下里山城
　　　　(9) 砧谷里山城
　　6　百済、冬老古城調査記　172
　　7　百済山城の類型　177

第三編　周留城・白江関係論考 ………………………………………181
　　1　三国統一戦争と扶安地方
　　　　―1993年　扶安国際シンポジウム主題発表要旨―　182
　　2　白村江決戦の軍略復元論
　　　　―大宰府都城と神籠石の源流を探究する―　190
　　3　沙尸良県と一牟山県について　203
　　4　碑岩寺発見石仏碑像と真牟氏・全氏　208
　　5　新羅統一後の九州制度と全州　219

第四編　周留城・白江関係資料集 ………………………………………239
　　1　周留城・白江関係史料抄　240
　　　　[1]『三國史記』　[2] 日本史料　[3] 中国史料
　　2　日本史料「六国史」所載百済王関係記事一覧　255
　　3　周留城・白江関係地図　262
　　4　周留城・白江関係年表　265

後　記 ………………………………………………………………274

第一編　百済最後の決戦場の研究
―白村江から大野城まで―

第Ⅰ章　百済最後の決戦への序章

1　唐軍13万、伎伐浦に上陸

　わが国の歴史上もっとも大きな事件は新羅による三国の統一であった。この戦いは韓半島でいつか誰かによって成就されなければならない民族の大課題であったことはいうまでもない。ただ遺憾なことは、唐の勢力によって百済と高句麗が滅ぼされたという事実である。もっとも辺境の地域にあって高句麗・百済の二つの国によって、はなはだしい迫害を受けてきた新羅としては仕方ない現実であったが、「窮鼠猫を咬む」という諺を遺憾なく証明した結果になってしまった。

　新羅の次の課題は、百済・高句麗の故地に駐屯していた唐軍の勢力を退けることであったが、ともかくも巧妙な工作でこれを成し遂げたのであった。

　しかし変則的な統一の結果、わが民族は、大同江の以北から松花江流域に至る広大な国土を喪失しただけでなく、民族の偉大な抱負と気質は萎縮し、事大主義と、目的のためには手段を選ばない功利的な実用主義が、脆弱で卑屈な民族性を芽生えさせたのであった。

　わが国古代史の復元において、民族の統一戦争を再評価することは、遠い祖先たちの抱いていた民族の精気を再吟味する点においても、非常に重要なことである。しかし、私たちの統一戦争に対する研究は、学界においてほとんど無視されてきた。この統一戦争は新羅と唐の連合、百済と日本の同盟という東北アジア4ヶ国が二つの陣営に分かれて展開した国際的な戦争であった。

　したがって百済の滅亡という過程は、『三国史記』の新羅本紀・百済本紀・金庾信伝・堦伯伝、そして『旧唐書』・『唐書』・『日本書紀』など、じつに4ヶ国の史書にわたって記録されている。

　古代史の復元においてもっとも大きな隘路は、同じ地名がおのおの異なった漢字で記録されたという事実である。さらにまたその地名は現地にそのまま残っているものではなくほとんど別の字を借りて書き表されている。

　新羅と唐が連合して、まず百済の王都泗沘城(現在の扶余)を討ったのは百済

第Ⅰ章　百済最後の決戦への序章

の義慈王20年(660)のことであった。

　そこに至るまでのいきさつを調べてみると大略次のようである。

　新羅と百済が宿命的に対決する歴史のストーリーもまた誤って認識された点が少なくない。これは後で別に述べることにするが、まず直接的な発端は、義慈王2年(642)の大耶城占領から始まる。

　この年7月、義慈王は自ら軍隊を率いて、新羅の西辺40余城を占領し、8月には将軍允忠を遣わして大耶城を攻撃することになる。百済軍は城主であった品釈が妻子とともに降伏してくると、これを皆殺しにしてしまい、1000余人の捕虜を率いて帰ってきた。一方、百済は同時に北方に進撃して唐軍との通路を脅かすようになった。

　品釈は後に新羅の王位に登る金春秋の婿であった。戦いに破れた新羅は、まず高句麗に金春秋を遣わして救援を要請した。金春秋は婿と娘が死んだという悲報に接すると一日中柱にもたれて自失状態におちいり、「悲しいかな。大丈夫としてどうして百済を滅ぼせないことがあろうか。」と叫びながら、復讐の牙をといだのであった。

　しかし高句麗の宝蔵王は、竹嶺以北の返還を要求する一方で、新羅の救援要請を拒絶した。

　大耶州を取られた新羅は、洛東江以西の地を放棄して、今の慶山に後退し、「押督州」と州名を改め、金庾信を都督に任命して失地を回復する一方、使いを唐に遣わして援兵を乞い求めた。善徳王の後を継いだ太宗武烈王はいくたびも使いを唐に派遣したが、むなしく帰ってきた。同王6年(659)10月、晩秋の冷たい風が吹いてきても唐からの知らせはなかった。

　王が宮庭に出て坐り憂慮に沈んでいた時、すでに死んだ臣下の長春・罷郎らしい人が突然現われて「臣はもう白骨になってしまいましたが、かえって報国する志を持って唐に行ってみたところ、皇帝が大将軍蘇定方に命じ、軍隊を率いて、明年5月に百済に攻め入るであろうとのことです。」と告げた。

　太宗7年、すなわち義慈王20年(660)3月、唐の高宗は、左武衛大将軍、蘇定方を神丘道行軍大総管に任命し、唐に留まっていた金仁問(太宗の次男)を副大総管に任命して、13万の大軍を率いて百済を討つように命令する一方、新羅王を嵎夷道行軍総管に任じてこれに呼応するように命じた。

　ここに新羅王は金庾信・真珠・天存など将兵を率いて京(慶州)を出発した。5月26日のことであった。新羅軍は6月18日、南川停(現在の利川と推定される)

第一編　百済最後の決戦場の研究

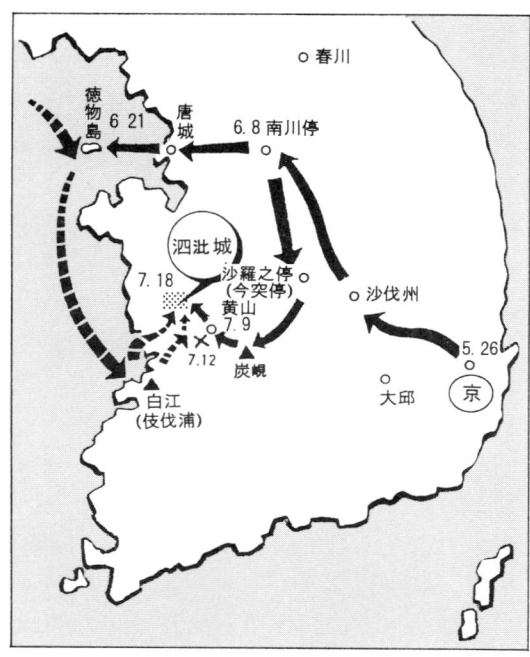

図1-1　新羅・唐軍の進撃路と日程

に留まり、6月21日には太子法敏(後の文武王)に命じて戦船百隻を率いて徳物島(現在の徳積島)に出て唐軍を迎えるようにした。山東半島の莱州を出発した唐軍の船団は、千里にわたって海を覆ったというが、蘇定方が法敏に語るには、「おれは7月10日に百済の南に至って新羅の軍隊と出合い、ともに義慈王の都城を撃破することにしよう。」と公言した。

この知らせを聞いた新羅王はおおいに喜び、太子に命じて金庾信などとともに5万の精兵を率いてこれに呼応させた。新羅軍は7月9日に、黄山原で百済軍5000名の決死隊と戦い辛くも勝ち、約束の日に2日遅れた12日に唐軍と再会し、力を合わせて泗沘城を包囲して攻撃した。

次の日、義慈王は身を引いて、熊津城に逃げ出し、王子扶余隆は城門を開いて降伏した。この時法敏は隆をひざまずかせて、顔に唾を吐きかけながら「貴様の父親が私の妹を殺した20年前から今日という日を待っていた」と興奮しながら叫んだ。7月18日には義慈王も帰ってきて降伏を余儀なくされた。

では、6月21日、徳物島で法敏と別れた後、7月12日「百済南」で再び新羅軍と合流するまでの22日間、いったい13万の大軍はどこでなにをしていたのであろうか。

まず『旧唐書』(列伝)の蘇定方伝をひもとけば次のようである。
① 「城山から海を渡って熊津江口に至った。」
② 「敵兵が川に沿って陣を張っているので、蘇定方は東の川岸から登って山の上に陣をとり、これと戦って大勝した。」(定方升東岸　乗山而陣　與之大戰)

第Ⅰ章　百済最後の決戦への序章

1-1　扶安、蘇定方が登ったといわれる上蘇山全景（1994）

1-2　扶安、上蘇山城石垣の前に立つ筆者（1965）

③「帆を掲げて海を覆い、相継いで上ってくるので敵兵は崩れ数千名が死んだ。残りは散り散りに逃げ去った。」
④「潮水にあって船は後をついで川に入って来た。定方は岸上でこれをおおいながら水陸で一緒に進撃した。」
⑤「都城の外20余里を残して敵は全力を傾けて防いできたが、大きく勝ってこれを退け、万余名を捕虜にした。」

　私がこの文章を五つに分けて述べたのはそれなりの理由があるからである。この文章は他の記録と比較してみた時、あるストーリーは省略され、またあるストーリーは強調されていることが分かる。

　私たちを混乱に陥れるいちばん大きなくだりは、①と②の間に説明が抜けていることである。これによって「賊屯兵據江、定方升東岸、乗山而陣」したという内容が「熊津江口」で繰り広げられたとみなされてきた。

　ここで注目されるまず第一の矛盾は、熊津江口、すなわち現在の錦江下流がおおかた東から西に向けて流れているために、「東岸に上がった」という表現とは全然あっていないことである。したがって蘇定方が上陸したのは、江口が北に開いている海の沖合いから見た時に、川の流れの東ではなく陸地の東の岸になる、という話になる。

　『唐書』(列伝)の蘇烈伝に出てくる同じ内容には「定方出左涯、乗山而陣」と述べている。それで海から上陸を企てながら川岸、つまり海岸地帯に陣を張っている百済軍を避けて、その左側であり、また東の岸に迂廻して上陸し、付近の敵を見おろすことができる山の上に指揮所を設置して、背後から敵を逆撃して大きく勝ったというのである。

　実際に『三国史記』新羅本紀の太宗武烈王7年の記録には「この日定方は金仁間とともに伎伐浦に至って百済軍にあい、これを逆撃して大きく破った」(到伎伐浦遇百濟兵、逆撃大敗之)といっているとおりである。

　また、『三国史記』金庾信伝でも「沿海入伎伐浦　海岸泥濘　陷不可行　乃布柳席以出師」といっている。

　この内容は、「海に沿って伎伐浦に入った。海岸はぬかるみで足をとられ、とうてい進むことができなかった。それで柳のむしろを敷いてから上陸した。」ということになる。

　要するにこれらの記録をまとめて見た時、海岸に沿って南下してきて伎伐浦に至り、江口の東の岸、すなわち左の涯に迂廻した、ぬかるみに陥って進むこ

とができないので柳の枝を編んだむしろを敷いて上陸、山の上に登って陣を張り、後ろから百済軍の海岸陣地を攻撃して勝った、というストーリーが成立する。このような状況の地理的特徴を具えている所は、はたしてどこであろうか。また、伎伐浦という地名はどこに比定されるであろうか。

2 唐軍船団の行跡の謎―いつ、どこに上陸したか

　蘇定方が上陸した伎伐浦は、『三国史記』百済本紀では白江と同一地名として記録されている。これは佐平成忠と興首の言葉によく表われている。
　佐平成忠は義慈王16年3月、宮中が頽廃して乱れたことを諫言したために、王の怒りを買って獄死することになった。臨終にあたって、次のように書き残した。「それでも私は一言残して死にたい。私が冷静に察してみるに、将来必ず『兵革之事』があるであろう。用兵というものはその地理をよく選ばなければならない。もし外侵があるならば陸路は「沉峴」を越えさせることなく、水軍は「伎伐浦之岸」に上がらせず、その険しく狭いところによって防がなければならない。」もちろん王はこれをかえりみなかった。
　義慈王20年、ついに羅唐軍が攻めてきたという急報が飛んで来た。王は多くの臣下たちを集めて、対策を論じた。まず佐平義直が進み出ていった。
　「唐の軍隊は遠く海を渡ってきたため、水に慣れていない者は船の中で苦労が多かったことと思います。彼らが船から降りてすぐ、まだ士気が上がっていない時に直ちに攻めれば成功することでしょう。新羅軍は大国の支援を頼りにしているのでわれわれを軽く見る心があるから、唐軍が破れたことを見れば恐れて挫けることでありましょう。」
　しかし達率常永などはこれに反対して結論が出なかった。そこで義慈王は全南道の海南地方にあった「古馬弥知」県に流配されていた佐平興首に人を遣わして対策を聞かせた。興首が語るところでは、「白江(あるいは伎伐浦)・炭峴(あるいは沉峴)はわが国の要路であります。槍を持った一人の兵士でもよく万人を相手にすることができるところであります(一夫單槍　萬人莫當)。唐兵を白江に入らせてはなりません。新羅軍に炭峴を越えさせてはなりません。王は堅く守って彼らの物資・食糧が尽きて兵士たちが疲れはてるところを待ちかまえて奮戦すれば、必ず撃破することができるでしょう。」と、いわゆる持久戦を主張し

第一編　百済最後の決戦場の研究

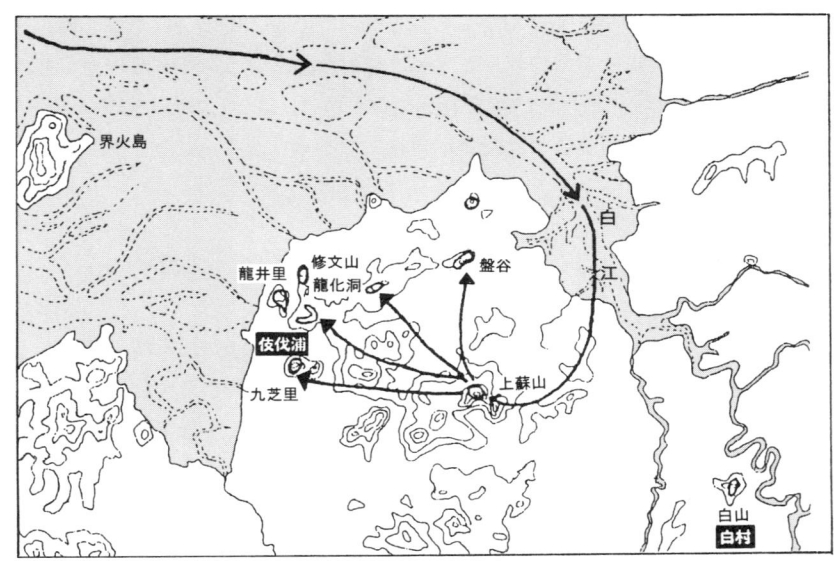

図1-2　蘇定方伎伐浦攻撃路の復原図

た。それでも多くの臣下たちはこれを信じず、それぞれいい張った。「彼は長い間獄につながれているので大王を恨んでいるだけで国を考えるはずがないので取るに足りません。もし唐兵が白江に入って来たならば、流れに沿って船を並べることができず（沿流而不得方舟）、新羅軍が炭峴を越えると道に沿って馬を並べて走らせることができません（由径不得並馬）。この時をねらって兵士を放って攻撃すれば、たとえば籠の中の鶏や網にかかった魚を殺すも同然です。」しかし、時すでに羅唐軍は白江と炭峴を過ぎた後であった。

一方、『三国遺事』には伎伐浦に対して「卽長岩、又孫梁、一作只伐浦、又白江」と注記している。

『三国史記』新羅本紀太宗王7年条をとおして、羅唐連合軍が百済の王都を陥落させるまでの日程をかいまみることができる。蘇定方は7月10日まで百済の南で新羅軍と再び合流して義慈都城を討つことにしようと約束した。

その後新羅軍の行跡については記されているが、唐軍の行動については明らかでない。新羅王は今突城というところに下りてきて留まり、金庾信らは7月9日、黄山の原で塔（階）伯将軍麾下の百済軍決死隊と戦っている。

一方、この日蘇定方は、副大総管金仁問とともに伎伐浦で百済の兵に会い、

第Ⅰ章　百済最後の決戦への序章

1-3　扶安、海岸防柵跡、龍井里土城廻廊道（1994）

1-4　扶安、上蘇山と東津半島の海岸防御線遠景（1993）

迎え撃って大きく勝ったが、金庾信などが唐の陣営に到着したところ、蘇定方は約束した日（すなわち7月10日）に遅れたとして、大きく責めて新羅督軍の金文穎を軍門に付して斬ろうとした。次の12日には羅唐軍が合流して百済の都城に進撃するようになる。

では7月9日に黄山の原で戦って勝った新羅軍が、約束したその次の日までに到着できなかったとはいえ、一日遅れの11日に到着したとすれば、蘇定方はすでに黄山の原から2日で到着することができる地点に陣を敷いていたことになる。

しかし蘇定方が徳物島で新羅軍と別れた後、7月11日に至るまで20日間の行跡を追跡してみる必要がある。まず熊津江に入る前の上陸地点伎伐浦の位置を明らかにするためには、もう一度新羅本紀太宗七年条の記録を調べてみなければならない。

すなわち7月9日に金庾信の軍隊は黄山の原で「四戦不利」の後、百済軍を撃破し、「是日、定方は伎伐浦で百済軍を撃破し、また金庾信が唐営で会った。」ということになる。それではこの日は次のような四つの事件がたった一日の間に起こったということになる。

①「金庾信が黄山の原に進軍した。」（庾信進軍於黄山之原）
②「四回戦って不利であったが、百済の衆は大きく破られ堦伯将軍は戦死した。」（四戦不利……百済衆大敗　堦伯死之）
③「蘇定方が伎伐浦において百済兵に会い逆撃して大きく勝利した。」（定方……到伎伐浦　遇百済兵　逆撃大敗之）
④「金庾信などが唐の陣営に到着した。」（庾信等至唐営）

もちろん①②は新羅側の出来事で、③は唐側で起こった事件であり、④は羅唐軍が合流した共通の事実である。

まず①②でたった一日の間に黄山の原に出てきて四回戦った後で勝ったということにし、③では唐軍も同じ日伎伐浦に上がって百済の兵を大敗させたと仮定しても、その日すぐ両軍が一つの場所で会ったということは不自然な話である。したがって次のような問題が起こることになる。

①もしも黄山が今の連山地方であったならば、また唐軍が熊津江口に至った時に、陸軍はすでに敵を撃破したという文武王の「報書」をどう解釈すべきか。
②伎伐浦がもし白馬江であるとすれば、百済としては黄山の原の新羅軍迎撃よりも白馬江の唐軍を防ぐのがもっと火急なことであるはずだが、唐軍がすで

　　　　　　　　　　　　　　　　　　　　　　　第Ⅰ章　百済最後の決戦への序章

に白江を過ぎたという話を聞いても、それに対する対策は後廻しにして、まず炭峴を過ぎたという新羅軍を先制しようとした。
　③もしも蘇定方が白馬江に上陸したとすれば、どうして百済の南で新羅軍と合流して進撃し、都城の20余里の外で、国の全力を傾けて迎撃してきた百済軍と戦ったということになるのであろうか。
　④もし7月9日という同じ日に伎伐浦で戦ったとすれば、そしてこれが白馬江の辺りであるとすれば、どうして戦いが終った後に熊津江に入ってきて、「水陸斉進」したといえようか。
　これらの矛盾点を検討してみた場合に、7月9日以前にすでに唐軍は伎伐浦というところに上陸して地上戦闘態勢に入ったことになろう。蘇定方が多少なりとも軍事的な常識を持った将軍であったとすれば、次のような理由で20余日間、13万大軍を満載した1,900隻の大船団を、そのまま西海の海上に浮かばせていたはずがない。
　①徳物島から補給を受けたとしても資材・食糧が十分ではなかった。とくに夏季に飲料水・野菜などを20日間も貯蔵するということは不可能である。
　②船上の歩騎(兵士と馬)は佐平義直が、「水に習わざるものは船に在りて必ず疲れる」(不習水者　在船必困)といったとおり、大部分が乗船に慣れていないので、下船してすぐ戦闘するということは難しい。必ず上陸した後、十分な休養と陸上での整備が必要である。
　③陰暦の6月下旬～7月上旬までは台風のシーズンに入っているので、暴風雨が来襲する時季である。一隻あたり60～70名を乗せる程度の小さい帆船1,900隻をそのまま海上に放置したとは考えられない。
　したがって唐軍は新羅軍が南川停(利川)から行軍して黄山の原に至り、苦戦を経る間、どこかの地点に上陸して橋頭堡を確保することによって、
　①十分な食糧と飲料水を補充し、
　②軍隊の十分な休養を取り、隊伍を整備し、
　③海上の暴風の脅威から待避することのできる処置を取ったことは当然であろう。
　私は50年代末から、歴史の真実とロマンが宿っている歴史の舞台を探訪することにした。「絵と文、全羅山川」というシリーズを全北日報紙上に連載しながら、扶安・古阜地方を踏査し、生々しい足跡をさがし出すことができた。私が「周留城・白江位置比定に関する新研究─全北扶安地方、百済抗戦の歴史地

17

理学的考察」(1967)という論文を出したのはすでに35年以上前のことであった。
　私は当時東津半島の海岸線に馬蹄形に並んでいる山城または土城を、扶安在住の白洲金泰秀先生とともにたどることにした。九芝山・龍化洞・修文山・甑山・盤谷山・白山などの山城を実測しながら、これらが百済時代に築造されたことを把握することができた(詳細は第二篇を参照)。
　東津江は東津半島の東岸を流れている。海の方から江口を見た時には左の涯にあたる。つまり東の岸ということは左の涯と同じ表現である。蘇定方は防柵の正面突破を避けて、その東側の江岸に上陸、現在扶安邑の鎮山である西林山(蘇定方が上がったというので上蘇山とも呼んでいる)に上がって、東津半島の海岸線の馬蹄形の防柵を攻撃しておおいにこれを破る。後ろから攻撃して勝ったということになる。この時、百済軍の死傷者は5,000名にのぼった。

3　陸路の要衝炭峴はどこか

　唐将蘇定方が、海に沿って南下し伎伐浦に上陸、橋頭堡を確保している間に、新羅軍は沉峴(または炭峴)を通過して黄山の原で堦伯将軍の百済軍と対戦するようになる。
　周留城・白江とともにもっとも諸説紛々としているのが、また沉峴である。
　佐平成忠が「陸路では沉峴を越えさせてはならない。水軍は伎伐浦の岸に上がらせてはならない。その険しく狭い地形によって敵を防がなければならない。」といったように、また佐平興首が「白江(伎伐浦)・炭峴(沉峴)はわが国の要路である。」といっているように、内陸の防御線としては沉峴(炭峴)を防がなけれはばならないことを強調している。
　これは逆説的に、この二つの地点がいちばん防備の整っていないことに対する「処方」であったことになる。このような単純な理屈は兵法においては初歩的な常識に属する。すなわち「実を避けて虚を撃つ」(避実撃虚)とは、すでに『唐書』で劉仁軌が使っていた言葉であるが、私が本書の中でこれから何度か借用しなけれはならない名句である。
　まず性急な人たちのために、今まで炭峴がどこに比定されていたかという諸説をひろい出してみることにしよう。
　①**扶余の東14里説**　安鼎福が『東史綱目』において「沉峴は一名炭峴といっ

第Ⅰ章　百済最後の決戦への序章

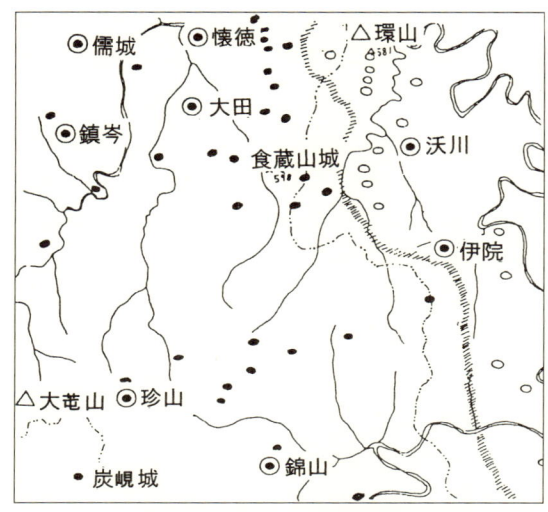

図1-3　大田〜沃川間の百済・新羅国境城郭分布図

ているが、扶余の東十四里にある」と述べ、金正浩の『大東地志』にも「炭峴は一云沈峴、東南二十四里、石城界」といっている。これは扶余郡である。

このような錯覚は、李朝の成宗時代に編さんされた『東国輿地勝覧』という地理書の扶余、山川条に「炭峴は県の東十四里、公州の境」とあるところをなんら検証することなしに引用した結果である。

つまり沈峴は黄山（連山）の外、はるか東側になければならない。しかるに新羅軍が扶余の炭峴をまず越えて来たというならば、なにも堦伯将軍が黄山の原に向かって進撃するまでもない。反対に黄山の原から逆に後ろに廻って炭峴を攻めなければならないというナンセンスに陥ることになる。

つまり新羅軍が扶余から14里にすぎない地点を越えて来たという知らせを受けて、堦伯将軍に命じて70里外にある黄山の原に走らせたという、矛盾もはなはだしい話になるわけである。

近世の実学者久菴韓百謙は、すでに『東国地理志』白江炭峴条でこのような矛盾を摘示し、疑問を提起している。

日本の学者、今西龍は炭峴を扶余としながらも、どうしても疑いがはれないためか、沈峴だけを切り離して、真芩（現在の大田の西区）の「密岩山城」にあてた。

②**報恩・沃川方面説**　日本の学者、津田左右吉は新羅軍の出発点である南川停（利川）から扶余に出てくるルート、陰城〜報恩〜沃川〜連山線というコースを想定した。ただ漠然と報恩・沃川方面と推定しただけのことである。

③**大田東方、馬道嶺説**　これまた日本の学者、池内宏が「大田の東方である

忠清南・北道の道界にある峠を馬道嶺というが、この峠を越えれば沃川に出ていくことができる。『大東地志』には「遠峙」と記されている峠である。ゆえに私は馬道嶺を百済東方境界線の一地点と考え、あえてここを炭峴に指定することにしたい。」と主張している。

解放後、李丙燾博士はこの説をそのまま踏襲して、震檀学会が編んだ『韓国史』古代編において「国都の東方の炭峴(現在の大田の食蔵山)」であると断定した。これによって大田東方説はその後定説のようになっていった。

もしも沃川から食蔵山を越えるとすれば少なくとも高さ500mの山脈を乗り越えなければならない。5万の大軍を率いてのことである。

忠南大、池憲英博士は1970年「炭峴に対して」という一文を発表して、上の両学者の説を言語学的な側面で合理化しようと試みた。

彼は炭峴(沉峴)は現忠北道沃川郡、郡北面自慕里から食蔵山を越えて大田の三丁洞に入ってくる道であると断定して、「炭峴〜自慕里〜食蔵山の一連の地名を分析、総合することによってのみこれを解決することができる。」と述べている。しかし「自慕」・「食蔵」が「炭峴」と同じ言葉であるということに対しては、ついに明らかにすることはなかった。

これに対して、忠南大の成周鐸教授は次のように疑問を提起している。

すなわち「山城の分布状況を勘案した場合に、大田〜沃川間は40里にすぎない範囲内に百済の鉄甕のような防御線がめぐらされているのに、正面対決が可能であっただろうか。戦術上問題があるだけでなく、唐軍と約束した日をとうてい守ることができない。」といっている。

ここで成教授が「戦術上の問題」をとりあげたことは非常に示唆的なことである。彼の指摘は言語学的、つまり地名さがしや、地名解釈に始終した従来の方法論に対する突破口を模索しようとしたものといえよう。

④珍山面校村里説　1990年に成周鐸教授は忠南大第5回百済研究学術大会で「百済末期国境線に対する考察」という発表を通して次のように述べている。

「五万分の一地図を見れば珍山面校村里、標高148m地点に『スッコゲ(炭峴)』があり、水深台・浮岩里という地名が、沉峴と関連した地名であると解釈することもできる。」

このような主張はすでに彼自身が指摘した「地名さがし」の前轍を踏む自家撞着に陥ったといわざるを得ない。

いったい炭峴という地名は『東国輿地勝覧』だけを見ても公州・扶余・高山

第Ⅰ章　百済最後の決戦への序章

1-5　完州、炭峴山城の城壁上の筆者（1981）

1-6　完州、雲州面炭峴を北から望む（1981）

の3ヶ所に記録されているだけではなく、五万分の一地図をひもとけば、おそらく10数ヶ所にのぼると思われる。

そして、ここから川筋に沿って下って行けば、甲川に抜け出て大田に至るようになる。また水深・浮岩が「炭峴」と関連した地名であるということも納得できない。

⑤錦山内川里と永同陽山面加仙里にわたる現黔峴説　日本の学者、大原利武が主張した。「秋風嶺から扶余方面に至る最短距離であり、もっとも平坦な道路」ということが彼の論拠になっている。

この見解は大田の食蔵山(海抜598m)のような難コースを越えることはなかったとみる点だけでも進んだ考えといえよう。しかしここは地図を見ただけで誰でも分かるように、茂朱・龍潭方面から流れてくる錦江上流の峡谷でこそあれ炭峴といったような峠ではない。

『文献備考』全羅道山川条ではここを翠屏峡と呼んでいるが、「峡谷の両側は蒼壁(青い絶壁)が屏風のようにそそりたち、錦江がその間を流れているのに絶壁に沿って石径になる、これを錦山遷と呼ぶ。」となっている。炭峴はそれよりも西方に求めなければならない。

それでは炭峴ははたしてどこであろうか。これを明らかにするためには、まず沃川から食蔵山を越えたという日本の学者たちの説を半世紀にわたってそのまま受け入れてきた研究者たちの方法論と先入観を根本から考え直すことである。

すでに述べたように兵法において「実を避けて虚を撃つ」ということは常識であり、上策である。ところで大田〜沃川間の形勢は韓半島でいちばん稠密な山城密集地帯である。現在大青湖に埋もれてしまった谷を中にはさんで、その西側の稜線には20kmにすぎない間に18ヶ所の山城が櫛目のように並んでいる。またその東の方、沃川側の稜線にも14ヶ所の山城が防御線を築いて対峙している。

なぜここにこのような山城が集中しているのであろうか。それなりの理由がある。それは百済聖王が戦死した「狗川」戦いの舞台であったからである。

「狗川」は『三国史記』新羅本紀には「管山」、金庾信伝には「古利山」、『日本書紀』には「函山」と表記されている。沃川の昔の古号は管城・古尸山である。『大東輿地図』には「環山」と書いているが、みな同じ地名である。その韓訓は「コリ」である。

第Ⅰ章　百済最後の決戦への序章

　百済本紀に「聖王32年7月、王は新羅を襲撃しようとして、自ら歩兵と騎兵50名を率いて狗川に至った時、新羅の伏兵の奇襲を受けて捕まえられ、害を蒙って死んだ。」という事件がある。この短いストーリーがついに百済の運命を変えてしまったのである。
　聖王がどうしてここを通過しようとしたかについては、『日本書紀』欽明紀15年条によく記されている。

　　　王子余昌(後の威徳王)は時機尚早だというまわりの人たちの反対を斥け、沃川地方を席巻して深く「居陀牟羅」を占領、城をそこに築いた(居昌の古号は居列または「居陀」である)。
　　　聖王は王子が小白山脈を越えて乗勝長駆することを嘉尚に思い、父情を発動して王子を慰労するために王都を出発した。しかし馬小屋の奴隷にすぎなかった苦都に捕まえられて、あっけなくも首を渡すことによって、彼が胸中に描いていた半島統一の雄志は、無残にも挫かれてしまった。

　この意外な事件を、新羅本紀、真興王15年(554)条には次のように記している。

　　　この時、百済王が加良とともに管山城に攻めてきたので、軍主角干の于徳らがこれを防いだが、戦況は不利であった。この時新羅の新州軍主の金武力が兵士を率いて救援に向った。副将の三年山郡(報恩)の高干都刀なる者が急襲して、百済王を殺した。これをきっかけに敵を撃破し、佐平4名と士卒29,600名を斬殺した。

　単に50人にすぎないという兵士の数が、ここでは3万名にふくれあがっている。これで形勢は傾き、洛東江流域の加耶連盟10ヶ国はみな新羅に屈服してしまった。
　義慈王2年(642)洛東江西辺の40余城を奪う時まで約1世紀を費やしたことになるが、この大田～沃川間の防御線だけは頑として揺るがない状態であった。
　とにかく20日後に扶余の南で会おうと約束した新羅が、百年をかけてもなお突破し得なかった防御線を、この機会に正面突破しようと試みたとすれば、これは、天下に愚かな将軍列伝の中に、金法敏・金庾信の名前も加えなければならなかったことであろう。
　今まで、ここを突破したと主張してきた歴史学者たちの、「地名を当てはめる」ことだけにこだわってきたアプローチの方法自体が間違っていたのである。
　前に述べたように『東国輿地勝覧』に炭峴という地名は3ヶ所に記されてい

第一編　百済最後の決戦場の研究

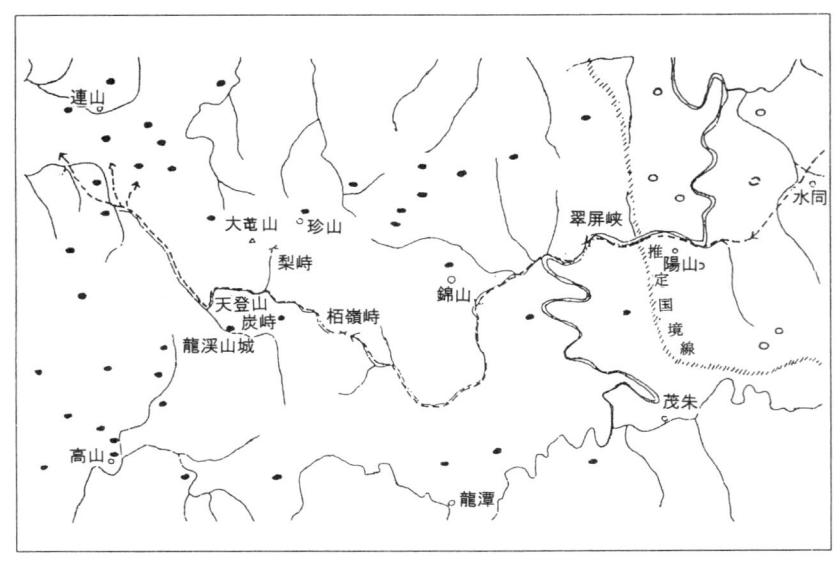

図1-4　炭峴〜黄山原間、新羅軍の進撃路

る。公州(在南30里)・扶余(在県東14里、公州境)・高山(在県東50里、距珍山郡梨峴20里)。しかし公州・扶余の接境にある炭峴というのはじつは同一地点であるので、他の一つの地点は高山の炭峴だけ残ることになる。

　炭峴が、興首が「越えさせてはならない」といった新羅軍の通過地点であることは、すでに『東国輿地勝覧』の編者も認識していたようであるが、どこまでも扶余付近で「東14里」の炭峴が目についただけであったらしい。

　では、高山の炭峴はどうであろうか。まずこの炭峴に目を留めた学者は小田省五であった。彼は「古図を見れば全羅道錦山県と高山県の間を貫く山脈に炭峴という地名がある。これは最近の陸地測量部の五万分の一地図によれば、完州郡雲東下面三巨里と西坪里の間にある炭峴と同じ地点である。この峠は錦江本流と論山川の分水嶺を成す険しい山脈の中に位置しており、沃川や茂朱方面から論山川上流に出てくる関門にあたる所である。」といっている。ここで古図というのは金正浩の『大東輿地図』であろうが、彼は地図の上で推定しただけであった。しかし、この説はかえって「ナポレオンのアルプス越え」のような大田の東、食蔵山を越えたという説に圧倒されて消されてしまった。

　実地にここを踏査して山城を確認し、論文にまとめられたのは扶余博物館長

であった故洪思俊先生であった。1969年8月23日、彼は炭峴の東方、高さ211mの峰の上に城跡を発見し、これを調査したのである。『古蹟調査資料』には「姑中里山城」と見えている。

『三国史記』百済本紀の東城王23年(501) 7月、「炭峴に城柵を設けて新羅に備えた。」(設柵於炭峴、以備新羅)と見えているのが最初の記録である。

1982年5月、私は南山財団の助成による炭峴研究の一環として姑中里山城と龍渓里山城を調査して『炭峴に関する研究』という報告書を出したことがある。

しかし山城よりもまず注目されるのは、この一帯の特異な地形が、往昔のいろいろの記録と符合しているという点である。まず炭峴に関する記事を取りあげてみよう。

①佐平成忠 「もし外侵があるならば陸路は沉峴を越えさせず、その険しく狭いところによって防がなければならない。」(若異國兵来……陸路不過使沉峴……據其險隘以禦之　然後可也)

②佐平興首 「炭峴(沉峴)はわが国の要路なり、一人で一万人を防ぐことができる。新羅軍を越えさせてはならない。」(炭峴〔或云沉峴〕我国之要路也　一夫單槍　萬人莫當　宜簡勇士往守之……羅人未得過炭峴)

③大臣らの話 「新羅軍が炭峴を越えると道に沿って馬を並べて走らせることができない。この時をねらって兵を放ち攻撃すれば、籠の中の鶏を殺すと同様のものだ。」(羅軍升炭峴　由徑而不得並馬　當此之時　縱兵擊之　譬如殺在籠之雞)

炭峴に関して羅唐連合軍の百済侵攻記録をとおして分かることは、上の三つの記録だけである。表現は違うが、新羅との間の重要な通過地点であり、険しい地形で黄山より東方にあるということから、高山の炭峴をあげるほかないのである。後代の記録を見てもこのような表現は共通している。

高麗神宗2年(1199)、全州司録兼掌書記として来任した李奎報は高山・錦山方面を巡察したことがある。彼が書いた『南行月日記』を見れば、「危険な絶壁が高くそびえ立っており、道はきわめて狭いので、馬から降りて歩いた。」(自雲梯至高山　危峰絶嶺　壁立万仞　路極窄　下馬而後行)といい、また錦山に入ってからは「山は極めて高くて行くほどに谷はおく深くなり、別世界のようであった。」(先指進礼県　山極高入之漸幽奧　如蹈異邦之別邑)といっている。

近世になってからも「四方はぎっしり防がれており、道はおく深く険しい。」

1-7　完州、炭峴山城から見下ろした錦山方面の峡谷（1981）

（四塞路幽険）という李穀の詩句や、「山川は険しくもっとも辺鄙である。」（山川最阻僻）といった権近記などが『東国輿地勝覧』錦山形勢条に載っている。

　「一夫單槍、萬人莫當」や「由徑而不得並馬」と記録されている『三国史記』の記述とあまりにも似ている。いや、あまりにも似ているというには、古い文献記録の対照だけでは十分でない。誰でも一度炭峴に通じる大屯山の谷間へ入って足を止めて眺めてほしい。

　再言するまでもなく上に述べたすべての記録の表現が、手に取るように目に入ってくる。大屯山と天登山の岩崖は天を突き抜くようで、深く狭い渓流は盤石を穿って流れているではないか。

　新羅・百済の接境通路でもあった炭峴は、高麗時代以後も交通の要衝地であったことにかわりはなかった。

　李奎報がはじめて巡視した際に、錦山郡に向ってこの峠を選んだのは、高麗時代の駅路であったためである。昔の路辺には龍渓城がある「龍渓院」を通って再び炭峴を越え、東側へ折れるようになっている。そうするとすぐ錦山郡乾川里の谷へ入るが、栢嶺峠を越えると駅坪里に出る。ここが「全公州道掌二十一駅」の中の一つであった「進賢駅」の跡である。

第Ⅰ章　百済最後の決戦への序章

　ここからは川の流れに沿って東へ下って行くだけで「済原駅」に着き、錦江の本流に出合い、上述した「翠屏峡」の峡谷に至る。
　すなわち、当時の新羅軍は、この駅路にしたがって逆のコースで進軍したわけである。南川停で軍隊を引き返した太宗武烈王は今突城(金庾信伝の沙羅之停)に行幸して後方指揮所を構え、金法敏・金庾信に扶余までもっとも行き易くて短時間に進軍することができるコースを選ぶように命令したことであろう。
　なによりも重要なことは兵法の基本である「避実撃虚」、百済軍の防御がもっとも脆弱なところを選んだはずである。そのためには地形の険しさは問題にならない。
　成周鐸教授は、珍山を過ぎて伐谷面の三汗川に沿って下って行ったと述べているが、錦山から北側の秋富〜珍山に至る一帯には、大田〜沃川間に劣らず、9ヶ所以上の山城が防御線を築いている。大田〜沃川線と同じ理由で、ここを正面突破することを避けたのは当然なことであるので、このような推定は成立しない。
　そういうわけで今の大田・錦山方面は王都陥落後、百済の初期義兵闘争の拠点になった。いわゆる「熊津之東」である。
　炭峴はその後にも『東国輿地勝覧』をはじめとして『文献備考』にも現われている。
　『勝覧』高山、山川条には「炭峴　在県東五十里　距珍山郡梨峴二十里」と記されている。『輿地図書』の珍山、古跡条には次のような非常に適切な表現で炭峴と珍山の沿革を記述しているので注目される。

　　珍同の昔の県治の跡は西側にあり、北十里に梨峴、南五里に炭峴があったが、百済の扶余王都時代に二つの峠の中間に邑を設置して関防を助け、新羅軍に備えた。百済が滅ぼされた後、高麗時代にはこれを廃し、今の邑基に移した。
　　（珍同古県基在郡西南〔北の誤〕十里梨峴　南五里炭峴　百済都扶餘時　置邑於両峴之間　以助関防　備羅兵甲　百済亡後麗朝廃之　而移邑於今邑基）

　珍山の別号が玉渓であることは、すでに『世宗実録』地理志の中に見ることができるが、『大東輿地図』では大屯山と梨峴の間に「玉渓」という地名が明記されている。珍・玉の字は両方とも「石」の訓読み「ト」になる。百済時代は珍同と表記したが、東方にあった伉(㐵)山と合わせて「珍・山」になり、その中間地点である現在の位置に移した。

第一編　百済最後の決戦場の研究

1-8　完州、龍渓里山城の城壁（1981）

　これに関してもやはり『輿地図書』に「犺山の古邑基は東側30里地点にあるが、玉渓・珍同を移す時に犺山を廃し、併合することによって両邑の地名から一字ずつ取って珍山になった。」と記録されている。
　だから珍同・玉渓という村は梨峙と炭峴の中間にあり、新羅に備えた二つの関防の中間に位置して、後方兵站基地の役割を担ったのである。
　それでは炭峴から黄山原に至るまでの経路はどうであったろうか。炭峴の南・北は天登山を間に挟んだ深い谷で、おのおの西流する川は、雲洲面で合流する。南側の谷は上述したように「龍渓城」の下にあり、北側の谷から抜け出した新羅軍が再び南の炭峴を越えて西進しなければならない。
　新羅軍はこのような難路と、山城の反撃を避けて、天登山の北側、現雲洲〜梨峙間の道路になっている谷に沿って下っていった。
　龍渓城に対しては『東国輿地勝覧』に「龍渓川の上にあるが、炭峴の西10里であり、西北方向には連山界と30里はなれている。古城は石築で周囲が1,014尺、高さ10尺、ほとんど崩壊す。」と記されている。『文献備考』には「世伝百済屯戌処」と付け加えている。
　私の実測結果によると周囲433m、外壁高さ4〜5mの石垣積みで、城内に

第Ⅰ章　百済最後の決戦への序章

は多くの百済時代の瓦片や土器片が堆積していた。

4　周留城と任存城―都城陥落後の百済

　百済の滅亡が歴史上特異であった点は、外勢の力を借りたこと以外にも、王都を除いたすべての地域の地方勢力がそのまま健在であったということである。

　そういうわけで百済では歴史上類例がない激しい抗戦が展開され、結局二度目の羅唐連合軍が編成され、再び最後の決戦が展開されるようになった。

　蘇定方は都城を陥落させ、義慈王と王子隆など宮中にあった58人を捕虜とし連行して高宗に捧げた。『旧唐書』高宗本紀や百済伝にはみな58人として記録されているが、劉仁願の「平百済碑」には700余人、『三国史記』百済本紀には「大臣・将士88名、百姓12,087名を京師に送った。」となっている。金庾信伝ではもっと増えて「王と臣僚93人、軍卒2万人を捕虜にした。」と記されている。

　唐高宗は義慈王一行を接見したが、罪を問うたり、罰を与えることはなかった。唐に直接的に挑戦したことでもないので、罪を問う理由もなかったようである。しかし数日後、義慈王は憤懣やるかたなき心情で、亡国の恨みに堪えきれず、万里異国で病にたおれ、至尊の命を断ってしまった。

　『旧唐書』には「義慈王は孝行で親によく仕え、兄弟に対しても友愛深いので、世人は『海東曽閔』と呼んだ。」とその善良な人柄を称えている(曽子、閔子騫は孔子の弟子)。『三国史記』には「雄勇胆決」という言葉も加えられ、彼の英雄らしい風貌を如実に表現している。

　即位してから2年目に自ら野戦軍を率いて、洛東江西辺40余城を占領するなど、気性が激しかった彼であったが、外勢を引き入れた13万大軍の前には、なす術もなく蘇定方の前にひざまずき、酒を捧げた。これを見守っていた群臣たちは慟哭して涙を流さない者はなかったという。

　唐の高宗はかえって彼に金紫光禄大夫衛尉卿という官位を賜わり、一緒に捕らえられてきた昔の君臣たちが葬式に参列することを認め、呉の国の最後の皇帝であった孫晧と、陳の後王であった陳叔宝らが亡国の恨を抱いて眠っている墓のそばに葬って碑を立てるなど、礼遇を尽くした。

　しかし、金庾信伝には次のような悲惨な内容の一文が載っていることも忘れてはならない。

第一編　百済最後の決戦場の研究

1-9　夫余、白馬江畔から望む扶蘇山城（1994）

1-10　夫余、扶蘇山城全景（1994）

第Ⅰ章　百済最後の決戦への序章

「武烈王2年(655)、庾信は百済に入って刀比川城(陽山)」を攻撃して勝利を得た。この時に百済の君臣たちは「奢侈に過ぎ、快楽をむさぼり、国政を顧みなかった。」(奢泰淫逸　不恤国事)ので「国の民は怨み、神が怒って、天変地異が頻発した。」(民怨神怒　災怪屢見)。この時、金庾信は王に告げるに、「百済は無道でその罪が桀・紂よりはなはだしいので、天に順応して民を救うために罰を与える時が来た。」と述べた。

百済本紀にも「王が宮人とともに酒色に溺れ、快楽をむさぼり、止むことなく酒をのんでいた。佐平成忠がこれを諫めた科で獄につながれた。」と記されている。上にあげた『旧唐書』の記録とはあまりにも対照的である。王が遊蕩に耽ってアルコール中毒の症状が起こったとしても、これを桀・紂王に比喩して外勢まで引き入れて攻めるというのは、一言でいえば内政干渉であり、名分が立たないことではないか。

義慈王は国を奪われて異国の地に連れ去られて死んだことも悔しい限りである。しかるに後世の阿諛曲筆家たちがむやみに歪曲して、彼を中国の歴史上の天下無道な暴君と同列におとしこんだのは、唐高宗の礼遇と比べると天地の差がある。後世の史家は当代の状況を直視して義慈王の本来の姿を明らかにしなければならないと考える。

都城が陥落した直後、投降を拒んだ百済軍は南岑・貞峴(真峴)などの城柵に頼って抗争し、佐平正武は余衆を糾合して豆尸原嶽に陣を構えて対抗した。南岑は後述する泗沘南嶺と同じ扶余外郭、真峴は真岑県、豆尸原は錦山郡富利面の古号である「豆尸伊」と同一である。

このような状況の中でも百済の滅亡に加勢したやからは、どの政権の転覆でも見られるように、素早く新羅側に付いて官爵と栄華をきわめた。

佐平忠常・常永と達率自簡は一吉湌(官七等)が与えられて摠管に任命され、恩率武守と仁守は大奈麻(官十等)の官位を授けられた。

一方、唐軍に捕らえられた達率黒歯常之は、蘇定方軍が王族を捕虜にして連れ去り、やたらに強奪し、民を無差別に虐殺するのを見るにしのびず、任存城に逃げて義兵を挙げたところ、10余日の間に3万余人が馳せ参じた。

蘇定方はまず任存城を攻撃したが、地は険しく兵は多いので勝てずに帰っていった。これをきっかけに百済興復軍は200余城を奪還するようになった。

唐軍は、9月3日に郎将劉仁願を残して泗沘城を守らせ船で帰還した。蘇定方が帰っていくと、興復軍は泗沘城を攻めて、陥落した都城の民を取り戻そう

とした。

　定林寺五層石塔に「平百濟國碑」を刻んでいた劉仁願は慌てて対応し、なんとか防ぐことはできたが、百済軍は泗沘城の南嶺の上に幾重にも城柵を築いて陣を張り、都城を見おろしながら包囲を固めた。

　こういう状況のもとに、高宗は王文度を熊津都督に任命し、新たに派遣した。三年山城(報恩)に留まっていた新羅王は彼を迎えておおいに喜び、気勢を上げて尓礼城を攻撃し、10月18日に陥落させ、続いて30日には泗沘南嶺の陣地を攻撃して、1,500人を斬首した。

　尓礼は公州の南側にある魯城県の古号「熱也山」と音が似ている。つまり、都城外郭の囲みを破ったことになる。

　金正浩の『大東地志』連山県城池条は尓礼城を、東15里にある兜率山の呼伊里、俗称「達伊城」に比定しているが、確実ではない。

　ところで次の日に高句麗軍が臨津江を渡って七重城(積城)を攻め、北漢山城を脅かしたので、新羅王は雞灘を渡って王興寺岑城を攻撃、2日ぶりに撃破、700余名を殺し本国へ引き揚げた。王興寺は扶余の北側にあった寺院であるが、新羅軍は百済軍の東南側の囲みを破れず、錦江を渡っていちばん脆弱なこの地点を突破したようである。

　この時、もし高句麗軍が百済興復軍と南北から呼応して羅唐連合軍を挟み撃ちしていたら戦の形勢は逆転していたかもしれない。しかし過去の歴史においてそういう仮想が成り立たないのはいうまでもない。

　高句麗の七重城攻撃は唐軍侵入の口実だけを与えた結果になった。11月に左衛大将軍契苾何力を浿江道行軍大總管に、左武衛大将軍蘇定方を遼東道行軍大總管に、左驍衛将軍劉伯英を平壤道行軍大總管に、蒲洲刺史程名振を鏤方道總管にそれぞれ任命して、軍隊を分けて一斉に高句麗を攻めた。

　翌年の正月、唐は河南・河北・淮南など67州で44,000余人を駆り立てて侵入し、4月には畏兀族など、胡兵35万を動員したという。

　再び百済興復軍の動向に目を向けることにしよう。その時、興復軍の二大勢力は福信と僧道琛であった。彼らは周留城を根拠地として、倭国にいた王子扶余豊を迎えて王に擁立した。

　こうなると西部・北部の多くの城までこれに呼応した。さらに気勢が上った福信らは、兵を率いて再び都城にいた劉仁願を包囲して、孤立無援の状態に陥れた。

第Ⅰ章　百済最後の決戦への序章

　扶余豊擁立の経緯については『日本書紀』斉明紀6年7月～9月条に詳しく記録されている。
　　高句麗の沙門道顕が編んだ『日本世紀』には「7月に春秋智(武烈王)が、大将軍蘇定方の力を借りて百済を攻め滅ぼした。」と記されている。…
　　伊吉連博徳という使者は次のような手記を残している。「庚申年(660)8月、百済が滅亡すると9月12日に帰国が認められた。19日西京(長安)を出発、10月16日、東京(洛陽)に至って初めて阿利麻(著者註：東漢長直という肩書きを持つ人物、もともとは百済の人である)など5人と会った。11月1日、将軍蘇定方に捕らえられてきた百済王をはじめ、太子隆など13人の王子と大佐平沙宅千福・国辨成など37人、合わせて50余人が皇帝の前に引き立てられた。皇帝は彼らに恩勅を賜わり放免した。24日東京を出発した。」
　　9月に入ってから名前が分からない達率という人と、沙弥覚従らが倭国にきて語るには「今年7月に新羅が大きい力に頼って隣との和親を破り、唐人を引き入れて百済を滅ぼし、君臣をみな捕えて行ってしまった。」という。
　　ここに西部恩率鬼室福信が発奮して任射岐山(あるいは北任叙利山ともいう)に頼り、達率余自進は中部久麻怒利城(あるいは都都岐留山)に拠点を置いた。
　都都岐留城はすなわち周留城、任射岐城は任存城である。要するにこの二つの城が百済興復軍の二大根拠地であったことを示している。
　「興復」とは、『三国史記』金庾信伝の中の「百済の諸城にかくれていた集団が密かに興復を謀り……」という文中からとった語である。

第Ⅱ章　百済興復の戦い　その1
―豆良尹城の攻防―

1　新羅軍、豆良尹城攻撃のねらい

　百済滅亡後、興復闘争に関して『日本書紀』斉明紀6年9月条は、福信と余自進の活動状況を次のように叙述している。

　　　各一所を営みて、散卒を誘い集む。兵器は前の戦役に盡きたり。故に梃棒を持って戦う。新羅の軍を破り、百済、其の兵器を奪う。
　　　　　（各營一所誘聚散卒　兵盡前役故以梃戰　新羅軍破　百濟奪其兵）

　　　既にして百済の兵翻りて鋭し。唐敢えて入らず。福信ら遂に同国民を鳩集して共に王城を保つ。国人尊びて曰く、佐平福信・佐平自進と。ただ福信のみ、神武の権を起して、既に亡ぶる国を興す。
　　　　　（既而百濟兵翻鋭　唐不敢入　福信等遂鳩集同国　共保王城　国人尊曰　佐平福信・佐平自進　唯福信起神武之権　興既亡之国）

　佐平余自進の名はその後どこにも現われていない。それで申采浩は『朝鮮上古史』で自進は『唐書』の道琛と同一人物であると推測しているが、これまた一理ある見解ではある。最近燕岐郡在住の金在鵬氏は、余自進を天智紀2年条の余自信と同一人視しているが、これは誤りであろう。

　同年10月福信は佐平貴智などを倭国に遣わして唐軍の捕虜100余名を送り、乞師請救とともに王子扶餘豊（豊璋）を迎え、王統を継がせることを要請した。斉明天皇は12月に入ってから九州地方に出行して救援兵を派遣することを決め、まず難波宮に居所を移して武器を備蓄し、船舶を建造させた。この時から百済が滅亡するまで、倭国は同盟関係を維持してきたが、斉明天皇は翌年7月に九州の朝倉宮で急死してしまった。

　王位を継いだ天智天皇は同年9月、百済王子豊璋に親しく織冠を下し、また多臣蒋敷の妹を娶らせ、狭井連檳榔・秦造田来津を遣わして兵士5,000人を率いて護衛させ、百済へ送らせた。

　豊璋を迎えた福信は、伏して国政を委ね、王位につかせて百済の王統を継が

第Ⅱ章　百済興復の戦い　その1

せ、興復運動の精神的支柱となした。このようにして2人の関係は始まったが、それも束の間、福信が殺されたことによって、2年も満たずにこの関係は悪縁に終わってしまった。

『旧唐書』百済伝には当時の動向を次のように述べている。

　　熊津都督に赴任した王文度は海を渡ってきたが、まもなく死んでしまった。百済の僧道琛・旧将福信などが周留城に拠って抗戦した。倭国に使を遣わして王子扶余豊を迎えて王に立てると、その西部・北部の城がみなこれに呼応した。

　　この時、劉仁願は百済府城に留陣していたが、僧道琛らがこれを包囲した。唐は帯方州刺史劉仁軌を送って新羅軍と力を合わせて劉仁願を救わせた。

　　道琛は熊津江口の両側に柵を築いて対抗したが、仁軌軍が新羅とともに四方から挟攻した。百済軍は引き揚げ、防柵の中で船路を防ごうとしたが、橋が狭く水に溺れ死ぬ者が1万余人にのぼったという。道琛らは劉仁願を包囲した軍を解いて任存城へ退却した。時は龍朔元年(661)3月であった。

要するに百済の興復軍は王都陥落直後から翌年3月まで何回も唐軍を包囲し、苦しい状況に陥らせたのである。

これより先、百済義兵は再び泗沘城を包囲した時、新羅軍の対応に関して『三国史記』新羅本紀は次のように記録している。

　　(太宗) 8年2月に百済の残敵が泗沘城を侵攻するので、王は伊湌品日を大幢将軍にし、迊湌文王と大阿湌良図と阿湌忠常らを副将にし、迊湌文忠を上州将軍にし、阿湌真王を副将にし、阿湌義服を下州将軍にし、武欻・旭川らを南川大監にし、武品を誓幢将軍にし、義光を郎幢将軍にして、進んで泗沘城を救援させようとした。

　　3月5日に中路に至って、品日は麾下の軍を分け、先に豆良尹(伊)城の南に行かせて営地を相させた。百済人は(新羅軍の)陣が整わざるを望み、にわかに出て不意に攻撃したので、わが軍は驚き恐れて敗走した。12日には大軍が古沙比城外に到着して陣を張り、豆良尹城に進攻したが、1ヶ月と6日にして勝てず、4月19日に軍隊を引き揚げた。

周留城の位置比定において最大の課題になってきたことは、豆良尹城に関する記録である。それは後世の学者たちが、この戦闘が百済興復軍に包囲されて糧食が絶えた唐軍を救援するために行われたという先入観によって正しく判断

35

できなかったという点と、あいにく、扶余付近の定山県の古名に豆陵尹城を挿入したため、豆良尹と音が似ている点などが多くの学者たちを混同させたのである。

『三国史記』地理志(三)を見ると、扶余郡属県中に「悦城県　本百済悦己県　景徳王改名　今定山県」という記録があるが、次の地理志(四)には「悦己県　一云豆陵尹城　一云豆串城　一云尹城」と付け足している。

だいたい金富軾の『三国史記』地理志は、撰者の見識の限界を示す註記が少なからず目にとまる。定山の「悦己県」に「豆串城」・「豆陵尹」・「尹城」などをあてはめたのは、じつは『唐書』や『三国史記』新羅本紀の原本から「豆率城」・「尹城」・「豆良尹城」などを抜き出し、早合点して悦己県に添記したのである。

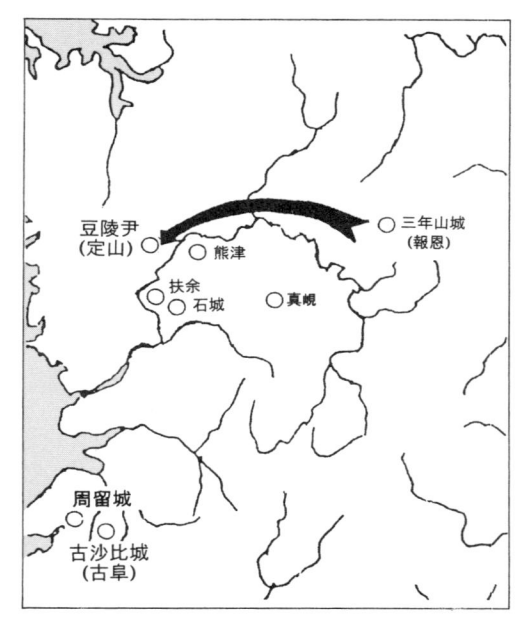

図1-5　定山を周留城と仮定した進撃路

金富軾のこのような錯覚は韓百謙・安鼎福など、近世の実学者たちによってそのまま受け継がれて行った。その理由は『資治通鑑』(巻二百唐紀高宗上之下)に次のような記録があるからである。

> 新羅軍は糧食が切れて退いていった。道琛は領軍将軍と自称し、福信は霜岑将軍と自称しながら、衆を集めてその勢力が日ごとに大きくなった。唐将劉仁軌は兵力が貧弱な上に、熊津戦闘の疲れが重なったため、劉仁願の軍隊と交代して士卒たちを休息させなければならない必要に迫られた。そこで新羅王に出兵を命令する皇帝の詔書を伝達した。
>
> 新羅王春秋はこの詔書を承って、将軍金欽などを派遣して軍を率い、仁軌らを救うことにした。古泗に至ったが、福信らがこれを迎え撃って退けると葛嶺道を抜けて本国に逃げ帰った。新羅はあえて再び兵を出すことはなかった。

このようなストーリーはそれよりも前に編纂された『旧唐書』や『唐書』では抜けているが、金富軾はこれをそのまま百済本紀に差し挟んでしまった。これが新羅本紀太宗8年3月の豆良尹・古沙比城と対応することはいうまでもない。

『資治通鑑』が『新・旧唐書』には見えないストーリーをどこから引用したのか。『三国史記』新羅本紀、文武王11年条の「大王報書」の次のくだりを注目する必要があろう。

　　顕慶6年(661)に至って福信の衆はますます増強され、江東の地を侵略してきた。熊津にあった唐軍1,000名がこれに応戦したが、かえって百済軍に大敗して一人も生き残るものはなかった。このように敗れた後は熊津から日夜救援の要請が相次いで届いてきた。

　　新羅は時あたかも伝染病が蔓延し、兵馬を徴発することがとうていおぼつかなかったのだが、だからといって大国のきびしい要請を拒むこともむずかしかった。しかたなく兵士を動員して、周留城に進軍してこれを包囲したが、敵たちは新羅の兵力が貧弱なことをさとってすぐさま反撃してきた。新羅は大きく兵馬を損じ、なんら得るところもなく退却してしまった。

　　こうなると、南方の諸城がいっせいに反旗を翻して福信につくようになった。福信は戦いに勝った余勢を駆って、いっきに追いこみ、また府城を包囲するようになると、熊津道のルートは絶たれてしまい、糧食の輸送路は閉ざされてしまった。ここで将兵たちを徴発して密かに塩を送って府城の窮地を救った。

文武王11年、新羅が本格的に唐軍追い出し作戦に出て、扶余南方の石城で5,000余人の唐軍と百済軍の首を切り、生け捕りにすると、行軍摠管薛仁貴は新羅王の変心を叱った文書を送るようになる。「大王報書」とはこのような叱責の文書に対する弁明の長書であった。

したがってこの文書は、新羅軍の活動を最大限に強調して、困難に陥った唐軍を救ったという点を誇大に吹聴するものであった。もちろんこの文書では大国を相手にした句節ごとに新羅軍の自主性を強調してはいるが、かえって唐軍が百済遺民と結託して新羅を討とうとしていると、大げさに言い張っている。

このような事態の流れの中で、過去の歴史の真相がどこにあるかということはおおよそ見当がつくことと思われる。劉仁軌・劉仁願の唐軍が福信将軍に包囲されて袋の中のねずみのような立場に陥った時、新羅軍は独自に軍事行動を

第一編　百済最後の決戦場の研究

1-11　井邑、中方古沙夫里城（金寺洞山城）遠景　北から（1965）

1-12　井邑、古沙比城から西方周留城を望む（1965）

展開して、百済興復軍の根拠地であった豆良尹城を討とうとしたのである。「大王報書」には周留城となっているが、豆良尹城は新羅側の記録であることは明らかである。百済亡国後、1,330年が過ぎた今でも、上のような先入観にとらわれて扶余周辺だけを辿っている学者たちの地名さがしと付会は当を得ていない。

　周留城、すなわち豆良尹城は、古沙比城・古泗の対岸のおたがいに対峙する位置にあったということは動かせない。古沙比城が現井邑市の古阜であるので、その西方延長線上にある糞山一帯であることはいうまでもない。

2　豆良尹城の比定をめぐる諸説

　忠南定山の古号「悦己」にさらに「豆陵尹城」を付け加えるようになったのが根源的に『三国史記』を編纂した金富軾の誤断から導き出されたということは、「豆陵尹」という地名ではなく「豆陵尹城」という城の名前であることからもわかる。

　その後『高麗史』地理志、『東国輿地勝覧』はみなこれに従って、「定山県本百済悦己県　一云豆陵尹城　新羅改悦城」と書いているが、『世宗地理志』では「豆陵尹城」は見えない。

　安鼎福は『東史綱目』の中で「豆良尹城は今の定山」と述べた後、古沙比城は未詳であるといっている。その後、津田左右吉・小田省五・今西龍など日本の学者の独舞台に化し韓山説・扶安説などが唱えられて流動的であったが、これは周留城に関することなので、しばらく置いておくことにしよう。

　最近、あいまいになった豆良尹＝定山説をまたもやよみがえらせたのは地理学者である故盧道陽教授であった。彼は『百済周留城考』(1970)という論文で、周留と豆陵尹は同一地名であるという点を認めながら、『東国輿地勝覧』定山古跡条に「鶏鳳山城　石築周一千二百尺　内有一井又有軍倉今癈」という記録を見出して、豆陵尹城は鶏鳳山城に違いないと断定している。

　その根拠としては、①住民が今も「トノンソン」(豆陵城)と呼んでいる、②三国式山城であること、③百済時代の瓦片も発見されていること、等を列挙しているが、根拠としてはあまりに弱い。

　住民たちが「豆陵城」と呼んでいるのは、『三国史記』以来、定山に「一云

1-13　韓山、乾芝山城遠景　東から（1993）

豆陵尹城」という注が付け加えられたことに由来したもので、現在「豆陵城」と呼ばれているといっても、これが考証の資料にはならない。三国時代山城に百済瓦片が発見される例は数百ヶ所にも及んでいる。これも豆良尹城を特定する根拠にはなり得ない。

　このような盧道陽教授の見解は、1986年忠南工大の沈正輔教授によってそのまま踏襲された。彼は鶏鳳山城に関し、「標高200mの山頂には鉢巻式に廻らされた石築山城があり、険峻な地形を利用して築かれた。この城の周囲は560m程度であり…、百済時代の土器片と瓦片が発見されている。」と説明している。そして扶余と30里、公州とは50里の距離にあるということを強調している。しかしこのような山城調査結果が豆陵尹という地名考証資料には必ずしもなり得ない。

　豆良尹城が韓山であるという説を出したのは、日本の学者、津田左右吉であった。彼は『百済戦役地理考』(1913)で豆良尹城が定山であるという説を否定している。彼は新羅本紀の文武王3年(663)条の「豆陵(良)尹城、周留城などの諸城を攻めてみなこれを下す」(攻豆陵〔一作良〕尹城・周留城等諸城　皆下之)というくだりで、豆良尹と周留は同一城名であるとみなし、これを韓山付近であるという仮説を立てた。

第Ⅱ章　百済興復の戦い　その1

ほかならぬこの「仮説」を定説化したのが李丙燾博士の主張であった。

　　王文度の後任としては劉仁軌が派遣された。劉仁軌が到着したのは新羅太宗8年(661)、即ち百済が滅んだ次の年であった。福信・道琛などは劉仁軌が到着したという知らせを聞き、任存城から南下して周留城(韓山)に留まって熊津江口(白江)沿岸に両柵を立てて新来の劉仁軌軍が泗沘城の劉仁願軍と合勢することを阻止しようと企んだ。

　　一方、泗沘城に対する攻撃も再開するようになった。この時、上陸した劉仁軌は来援した新羅軍と勢力を合わせて古沙比城(古沙浦＝錦江下流の対岸である沃溝・臨陂)を拠点として周留城に対する攻撃を試みた。

　　しかし百済軍は羅唐軍を大敗させ、敗北した新羅軍は本国に引き揚げた。ここに劉仁軌も周留城の攻撃を中止して、泗沘城に向って百済の攻略を受けている劉仁願軍を救出したようである。

この震檀学会が編んだ『韓国史』古代篇の一節(p.514)は、文献を離れた推測が歴史の真実と乖離していくことを示す例である。

熊津江口の戦いで「仁軌は新羅兵と力を合わせてこれを陥れた」といったのを李丙燾博士は豆良尹城攻撃と混同したのである。

もちろんこれは豆良尹城、つまり周留城が熊津江口の韓山にあったという日本側学者の見解を無批判的に受け入れた結果である。

『資治通鑑』の記述の内容を見れば、熊津江口の戦いで劉仁軌が新羅軍とともに百済軍を撃破すると、道琛らが府城の囲みを解いて任存城に退いたといっている。その後、仁軌は兵力も充分でないため、仁願と軍を合流させて士卒を休息させる必要があったので新羅の出兵を督励する詔書を伝達したことになっている。

ここにはじめて新羅王が詔書を承けて、金欽らを遣わして仁軌を助けるようにしたが、古沙に至って福信などの迎撃を受けて敗退したという。このあたりの事件を、新羅本紀、太宗8年条から再度掲げてみれば次のようである。

　　3月5日に中路に至って品日は麾下の軍を分け、先に豆良尹(伊)城の南に行かせて営地を相させた。百済人は(新羅軍の)陣が整わざるを望み、にわかに出て不意に攻撃した。わが軍は驚き恐れて敗走した。12日には大軍が古沙比城外に到着して陣を張り、豆良尹城に進攻したが、1ヶ月と6日にして勝てず、4月19日に軍隊を引き揚げた(中路は古沙比城がある「中方」と同義である)。

41

第一編　百済最後の決戦場の研究

　　（三月五日　至中路　品日分麾下軍　先行往豆良尹(一作伊)城南　相營地　百済人望陣不整　猝出急撃不意　我軍驚駭潰北　十二日　大軍來屯古沙比城外　進攻豆良尹城　一朔有六日　不克　夏四月十九日班師）

　もしも李丙燾博士の主張どおり、豆良尹城、すなわち周留城が韓山にあるとみなした場合、「その南の方」のはっきり見下ろすことができるところに新羅軍が営地を相していたとすれば、これははたしてどこであったというのか。

　この文において百済・新羅両軍の間の距離的限界となる地点を知ることができる。それは新羅軍陣地を明らかに見下ろすことができるところでなければならない。

　もしも豆良尹城が韓山の乾芝山城だとして、高さ海抜120m、平地上比高80mにすぎない山城の上からはっきり見下ろすことができる範囲はどれくらいの距離であろうか。10韓里（1韓里＝0.4km）だと仮定してみよう。南の10里だとすればそれはほかならぬ錦江辺りになろう。それでは、新羅が敵前上陸したということになる。

　ここから奇襲に会い驚いて退いたところが古沙比城である。4月19日後退するまで36日間、新羅軍が豆良尹城と対峙していたが、勝つことはできなかった。韓山の乾芝山城が豆良尹城だとすれば新羅軍は錦江を背後に控えたいわゆる「背水の陣」を敷いていたか、または現在の羅浦（錦江の南の岸にある村の名）一帯の岸に対陣していなければならいことになる。

　このように李丙燾博士の古沙比城は「古沙浦＝錦江下流の対岸である沃溝・臨陂」という主張は、常識的に納得できないものである。

　『東国輿地勝覧』沃溝県山川条には明らかに「古沙浦は県南25里にある」と記されている。また臨陂県山川条でも「古沙浦　県南二十八里」となっている。これこそ古沙浦は万頃江下流を指す地名であって、韓山の対岸、すなわち錦江の南岸の沃溝・臨陂ではないことを示している。五万分の一地図にも古沙浦は「錦江の対岸」ではなく、万頃江南岸の金堤郡進鳳面にある。

　韓山と古沙浦間の道里を『東国輿地勝覧』の該当郡県の道里条を通してあげてみれば次のようになる。

①韓山郡＝「南至全羅道臨陂郡界十四里」
②臨陂県＝「南至萬頃県界二十里　西至沃溝県界二十里　北至忠清道韓山郡　　　　　界十七里」
③沃溝県＝「東至臨陂県界十五里」(山川)「古沙浦　在県南二十五里」

第Ⅱ章　百済興復の戦い　その1

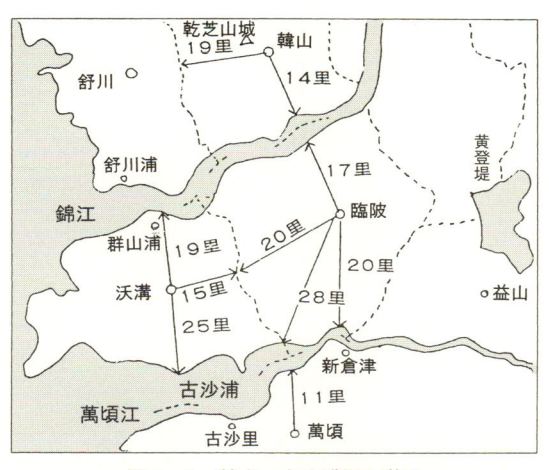

図1-6　韓山～古沙浦間の道里

　これを地図の上に表示してみれば図1-6のようになるが、韓山～臨陂間は錦江を間に挟んで31里になり、臨陂から沃溝までは35里、さらに沃溝から古沙浦までは25里、したがって韓山から錦江を渡って沃溝半島を横切り、万頃江下流対岸の金堤「古沙浦」までは、合わせて91里になるわけである。

　常識的にいってこの頃使用している望遠鏡を持っていたとしても90里外の敵を捕捉することは不可能である。これでは現在の150ミリ迫撃砲弾でもとうてい攻撃することはできない。

　いったい豆良尹城を攻撃して撤退して行った新羅軍が、なんのために川を二筋も渡った90里(36km)外に大軍を駐屯したというのか。これでは、新羅の将軍たちはみな愚かな将軍に成り下がってしまう。

　結局、金富軾は豆良尹城や尹城などが扶余付近であるという速断のもとにこれを定山に注記したのである。これが今もまだ一部の学者によって無批判的に受け継がれてきた一方、地図上の古沙里が金堤郡進鳳面にあることを机上でさがし出した日本の学者たちの韓山説という「仮説」がその後「定説化」され、今日でも多くの大学教科書の執筆者たちがこれに追従しているのが実情である。

　しかし古沙里は万頃面所在地からも西の方に10里も離れている。また前後を海に挟まれた山も、山城もさがし出すことのできない寒村にすぎない。

　私はかつて、錦江河口堰を経て韓山面の乾芝山城を訪れたことがある。この山城が錦江を見下ろすことができるという先入観とは違い、その南側は高さ150m内外の老年期山脈が横たわっていたのである。南側の新羅軍の陣地をはっきり見下ろすことができるような立地では決してなかった。

　最近、周留城と豆良尹城を別の城とみなして切り離して考える見解も出てき

43

1-14　群山、錦江下流の五聖山城を望む　北から（1993）

ている。豆良尹城を定山の鶏鳳山城とみなした大田工大の沈正輔教授は、周留城は韓山の乾芝山城に比定しなければならないと主張している。また元忠南大の尹武炳教授も1977年に発表した論文において、乾芝山城は複合式山城であり、百済末期形式であるという理由をあげて「周留城として有力な根拠を持つようになった。」と述べている。

　しかし城廓の形式というものは、抽象的な分類にすぎず、ある固有の城廓を特定する証拠にはならない。例えば目が二つで口が一つだといって人間には間違いないけれども「金先達」という特定の人物ではないのと同じ理屈である。

3　豆良尹城は扶安、蓑山

　豆良尹城の位置がどこかという謎を解く上で最大の障害になってきたのは、この戦いが百済軍に包囲された泗沘城の唐軍を救い出すのが目的であったという間違った先入観に端を発しているということは前に述べたとおりである。したがって今までの研究者たちが豆良尹城をもとめて扶余付近の定山・韓山などの地をさまよっているほかなかったのである。

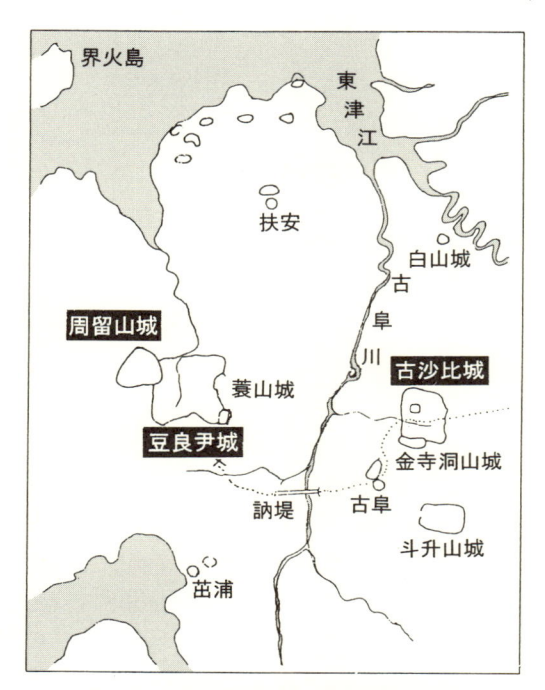

図1-7 豆良尹城侵攻と古沙比城の関係

このような説に対して、豆良尹城を扶余圏から切り離して全北地方の西海岸辺りに比定する試みはすでにあった。その動かせない根拠は「古沙比城」が現在、井邑市古阜面の昔の地名と同一であるという事実である。

「古沙比城」は、五万分の一地図の上でさがしあてた万頃江下流の「古沙浦」ではなく、百済五方城の中の中方古沙夫里城であったのである。

『周書』・『北史』などの百済伝には、百済が国内を五方に分けて治めたと見えている。唐高宗代に編纂された『翰苑』(蕃夷部 百済)に引用された『括地志』には「方は中国の都督の如し」といい、次のように五方を説明している。

「国南二百六十里に古沙城があるが、城方百五十(里)歩、これはその中方である。方は兵千二百人を率いる。国東南百里に得安城がある。地方は一里、これその東方である。国南三百六十里に卞城があるが、地方一百三十歩、これその南方である。国西三百五十里に力光(刀先)城があるが、城方二百歩、これその西方である。国東北六十里に熊津城があるが、固麻城とも呼んでいる。この城は方一里半であり、その北方である。」

北方城が熊津であるとすれば、すでに泗沘城に都を移した以後の状態を記したもので、東方得安城は現在の恩津であり、中方古沙城は「国南二百六十里」といっているので、距離上からみても現在の古阜に間違いない。

『三国史記』地理志(三)を見れば、

　　古阜郡は本百済の古沙夫里郡で景徳王が改名し今これにならっている。
　　領県は三つあり、扶寧県は本百済の皆火県、喜安県は本百済の欣良買県、

45

今の保安県、尚質県は本百済の上柒県である。

　　（古阜郡　本百済古沙夫里郡　景徳王改名今因之、領県三、扶寧県本百済皆火県、
　　喜安県本百済欣良買県、今保安県。尚質県本百済上柒県）

といっているので、古阜郡には扶寧・喜安（後に二つを合わせて扶安と改める）・尚質（後の興徳）の三つの県が属していたことが分かる。

新羅本紀で「三月五日　至中路」といっているのも「中路」という言葉があるルートを意味するのではなく「中方」という地方名を書き表したものにすぎない。

「古沙」という地名はすでに早くからいろいろの史書で散見される。

『三国志』魏志東夷伝の馬韓条には54ヶ国の名前が列挙されているが、関連部分だけを抜き出してみると次のとおりである。

「不彌國・支半國・狗素國・捷盧國・牟盧卑離國」、この中で「狗素國」が「古沙」にあたるわけである。『翰苑』の百済伝には「国は馬韓を鎮め、土地は狗素を包む。楚山を凌ぎて宇を郭す。」（國鎮馬韓　地苞狗素　陵楚山而廓宇）という記事がある。楚山は現在の井邑であり、やはり魏志馬韓条には「楚山塗卑離國」が見えている。これはある時期の百済の南方境域を表わした記述であるが、「馬韓国を鎮め、土地は狗素（古阜）を包み、楚山（井邑）を越えて宇をかくした」という意味にとらえられる。

つまり馬韓の故地を占領することによって全北を横切る蘆嶺山脈を境界として、井邑・古阜を新しい版図の中に包含させたということである。

百済が馬韓を倒したという記事は『三国史記』百済本紀温祚王条に見えている。つまり同王26年7月、王は臣下たちに語るに「馬韓はようやく衰弱して上下が離心しているので、その運命も長引かせることはできないであろう。必ず他の群れに併せられることになれば、唇が失われば歯茎がしびれてくるという理屈になるであろう。その時に悔やんでも取り返しがつかない。まずこれを取って後患を免れることが肝心であろう。」といった。10月にはついに軍隊を起こし狩りをするといいふらしておいて、密かに馬韓を攻撃し、ついにその国邑を奪ったという。

ただ円山・錦峴の二つの城だけは、最後まで頑張っていたが、次の年に滅ぼされてしまった。36年に至っては「円山・錦峴の城を修理して、古沙夫里城を築いた。」と記述されている。

このような温祚王条の記録を、その編年のままに信じることは難しいけれど

第Ⅱ章　百済興復の戦い　その1

1-15　扶安、蓑山（豆良尹）山城遠景　西から（1982）

も、事件の過程だけは『翰苑』の表現と非常に対照的である。「國鎮馬韓　地苞狗素」といったくだりが「馬韓遂滅……築古沙夫里城」という温祚王条の記事と同じ情況であることは誰でも推し量れることである。

　魏志の馬韓「狗素國」は、間違いなく「古沙夫里」である。ところで上であげた馬韓国名の変造が日本人の学者によって行われてきた。これに対しても若干の検討を加えていかなければならないと思う。

　それは『日本書紀』神功紀の次のような記録に端を発している。

　　　　時比利辟中布弥支半古四邑自然降伏…

　この神功紀の記事は神功皇后が新羅および加耶を征伐したという内容を、49年条に載せているが、つきつめてみれば百済の加耶に対するストーリーをそのまま引用した内容にすぎない。後世にこれが韓半島侵略の「歴史的な当為性」として悪用されるという「歴史的な悲劇」を生む奇縁になった。これに関しては私の次の論文を参考にしていただきたい（全栄来「百済南方境域の変遷」〔『千寛宇先生還暦記念韓国史論叢』1985〕）。とにかく「古沙」は馬韓時代からその名前が知られおり、魏志には「狗素」という名で記されている。

　ところで日本の学者、鮎貝房之進はすでに上にあげた神功紀の地名を次のように切り離して読むことを試みている。「比利・辟中・布弥支・半古四邑」。こ

47

1-16　扶安、蓑山（豆良尹）城西辺の土塁（1965）

のように切って読むのは、最後に「四邑」という字があるために「四つの村」と錯覚したので、五つの地名を四つにつづり合わせた結果であった。

その後、内藤虎次郎は一歩すすめて、魏志の馬韓国名までも次のように切り離してしまった。つまり元来は「不弥国」・「支半国」・「狗素国」・「捷盧国」・「牟盧卑離国」といった地名を分解し、支半国の支は不弥国に繰り上げて付け、半の字はその下の狗の字の頭にのせ、狗素の素の字は捷盧国の上にかぶせたのである。

これはほかならぬ鮎貝が行った神功紀49年条の地名変造をそのまま受け継いだ結果であった。

この地名比定に対してはいろいろの説が続出しているが、私の見解を述べると次のようである。

「不弥国」は神功紀の「布弥」と対応するので、これは全羅南道の「伏龍」県であり、「支半国」＝「支半」はカールグレン（B. Kargren）によると古音 tsi-pan、現音 Chih-pan で、只火 Chih-huo・伎伐 Chi-fa と同じ地名であると同時に、扶安の古号である皆火 Chih-huo・戒発 Chih-fa の別写になるわけである。

次の「捷盧国」の捷盧は漢音 tsie-lu であるので、つまり周留 tsou-liu・州流 tsou-liu、そして新羅側で書き表した豆良尹 tou-lia(ng)-i と類音関係にある。ま

第Ⅱ章　百済興復の戦い　その1

た「牟盧卑離国」は百済の毛良夫里県の古写名であるので、現在の高敞にあたる。

このように「魏志」の馬韓国名は扶安・古阜・高敞一帯に集中している。したがって、「周留」・「豆良尹」も扶安・古阜・高敞を結んだ三角形地帯の中にあるということが明らかにとらえられる。

ではそのような地名の痕跡が残っているのであろうか。もちろんある。『高麗史』食貨志漕運篇には「済安浦　前号無浦　保安郡安興倉在焉」といい、また「励渉浦　前号主乙浦　在希安郡」と重ねて記している。希安は保安の新羅時代の古号である喜安の別写にすぎない。「主乙」は「苫浦」（ツルポ）という地名にもかえられているが、私が周留城に目している周留山城（五万分の一地図所載）の東方にある高さ100mの山が簑山、長い間「トロンイメ」と呼ばれたものを「トロンイ・簑」の字を借りて書き表わしたのである（「トロンイ」は簑の韓訓、「みの」の意）。

これがほかならぬ馬韓時代から呼ばれてきた「豆良尹城」の原形をとどめている地名である。1966年、私はこの山上で鉢巻式にめぐらされた土城を発見した。

さらに古阜の古号に移ってみよう。私は「狗素国」は古沙夫里の異写であり、神功紀の「布弥支半古四邑」は「布弥支・半古の四邑」ではなく「布弥・支半・古四邑」であり、馬韓国の「不弥国・支半国・狗素国」におのおの対応するということを明らかにしてきたわけである。

魏志の馬韓国は国名の下にもれなく国の字を添えているので、国名を書き写すといっても、その過程において国の字を移り越えるという混乱を起こすおそれはほとんどありえないのである。

それにもかかわらず震檀学会が編さんした『韓国史』古代篇においては、このような日本の学者の錯誤をかえって「はなはだ穏当な見解」（p282）として受け入れ、それ以来、国史学界で定説のようにみなされてきて、今日でもこれが訂正されていないままである。

では古沙夫里＝古沙比城をはたして「古四」と記した例があるのだろうか。『三国史記』新羅本紀の「古沙比」は百済本紀では「古泗」になっている。これは『資治通鑑』において「新羅王春秋奉詔　遣其将金欽将兵救仁軌等至古泗　福信邀撃敗之」といったくだりをそのまま移し書きしたもので、中国側では「古泗」として知られていたようである。

49

『三国史記』地理志にある唐州県条では「古四州　本古沙夫里　五県　平倭県本古沙夫村」といって、明らかに古沙夫里を「古四」と書いている。

要するに3月12日、新羅の大軍が古沙比城の外に陣を構えて、4月19日、撤退する時まで古阜川を中間に挟んでおたがいににらみ合いながら攻防戦を重ねたが、ついに豆良尹城を落とすことはできず、かえって多くの打撃を被って退くほかなかったのである。

4　新羅軍退却の路、葛嶺道

太宗武烈王8年、すなわち泗沘城が陥落した次の年の3月5日、大幢将軍品日の先発隊が豆良尹城の南で百済軍の奇襲に会って、後退した後、12日には主力部隊が古沙比城外に陣を構えて対峙したが、勝つことはできず、36日目にあたる4月19日に本国に撤退することになる。上に述べたとおり古沙比城が古阜であるという見解は早くから幾人かの日本の学者によっても提起されている。

池内宏は「百済滅亡後の動乱と唐・羅・日三国の関係」という論文の中で「古沙比城は、すなわち扶安南方に位置する古阜である。」と述べており、今西龍も「周留城考」という論文の中で「古阜は百済の中方古沙比城があったところであるので、周留城は古沙比、すなわち古阜付近でなければならない。」と断定している。私は古阜金寺洞山城と扶安「トロンイ」山城を古沙比と豆良尹に比定してきた。古阜川を中間に挟んで二つの城は直線距離約7km、おたがいに眺め合うことができる位置にある。

しかし、この7km足らずの中間地帯は近いけれども、おたがいに攻撃するには遠い距離である。昔、水田に開墾される前は葦と湿地に覆われた低湿地帯で足を踏み入れることすら難しいところであった。

では3月5日、ここに到着した新羅軍の先発隊がどのようにして豆良尹城の南方までこの低湿地帯を渡って行くことができたのだろうか。

その答えは簡単である。この古阜川を東西に横切ることができる唯一のルートは、現古阜と茁浦をつなぐ道路が通っている訥堤という堤防である。すでに『世宗実録』地理志に「訥堤　三千四百八十尺」と見えており、『文献備考』にも「一千二百歩」と見える。

柳馨遠の『潘渓随録』には金堤碧骨堤・益山黄登堤・古阜訥堤を「湖南の三

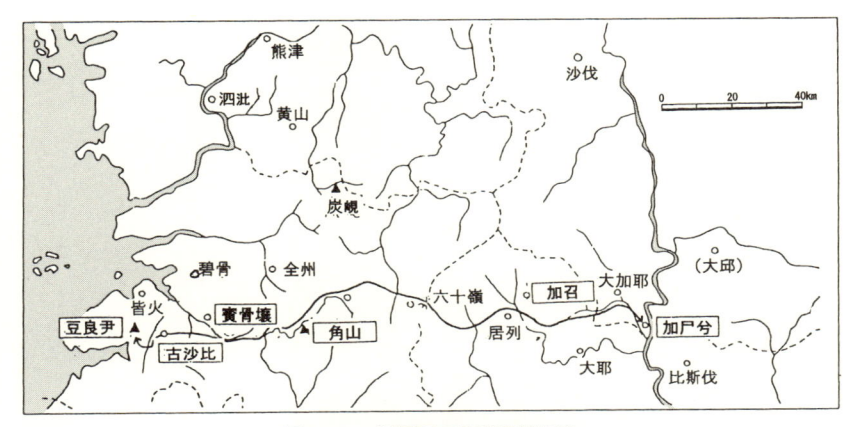

図1-8　新羅軍の葛嶺道後退路

大堤」といっており、湖南という名前もここからはじまったと述べている。『文献備考』では金堤碧骨堤を「三国時開創」といっているが、訥堤もまた百済時代にすでに存在していたと見られる。

　これは中方古沙夫里から海に通じる港にあたる茁浦湾へと連結する重要な道筋であったからである。上の三大堤は灌漑施設としての機能もあるけれども、百済においては南北を貫通するハイウェイの役割も兼ねていた。

　新羅軍が36日間豆良尹城と対峙しながらも敗退せざるを得なかったのはいろいろと理由があったと思われる。

　第一に、上に述べた低湿地帯を渡ることが難しかったという点。第二に大軍を保養するような補給が続かず断絶していた点。第三には敵中にあまりに深く入り込んで後方はほとんど百済軍の占領下に置かれていたという点。第四に4月下旬、すでに梅雨期に入ったので、伝染病などが猖獗を極め、湿地の戦闘がますます難しくなった点などをあげることができる。

　新羅本紀はこの敗退する過程について次のように述べている。

　　4月19日、兵士を撤収させた。大幢・誓幢が先行し、下州軍がその後を追いながら賓骨壌に至って百済軍に会い、おたがいに戦いながら退いて行った。戦死者は多くなかったが、武器・食糧などをみな亡失してしまった。

　　上州・郎幢は角山で敵に会うや進撃してこれを突破し、ついに百済の屯堡に攻め入り、2,000余人を斬りまたは捕虜にした。王は軍が退くという

1-17　井邑、賓骨壌戦闘の現場、山城里山城南辺（1966）

　知らせにおおいに驚き、金純・真欽・天存・竹旨などの将軍にこれを救援させた。彼らが加尸兮津に至った時、敗残部隊が加召川に至ったと聞いて軍を返して帰って行った。

　上の文に見える地名は賓骨壌・角山・加召川・加尸兮津などである。このような地名を連結すれば、その延長線上に古沙比城と豆良尹城があるという私の見解をますます確実にしてくれる。まず比定可能な地名から調べていくことにしよう。

　加尸兮津　『東国輿地勝覧』高霊古跡条に、「新復県　金富軾云　本加尸兮県為高霊郡領県　景徳王改名今未詳(按県西十里地名有加西谷者　疑尸兮転為西)」とある。つまり『東国輿地勝覧』の編者は、高霊の西10里の地点にある加西谷が加尸兮の転じたものとみている。加尸兮津はその洛東江辺にある渡し場である。

　加召川　やはり『東国輿地勝覧』居昌、建置沿革条に「加祚県　在県東十五里　本新羅加召県　因方言相近変召為祚」と見え、「加祚川在加祚県西二里」ともいっている。加祚県は居昌の東15里の地点にあるといっているので、加召川は居昌の付近であると考えればよい。

　この二つの地名と古阜を連結する現在の小白山脈、六十嶺を越える横断コー

スがつまり新羅軍の退却路であることになる。

　それでは、現在の地名にこれをあてはめてみると、古阜～泰仁～任実～鎮安～長水～居昌～高霊をつなぐ線上で残りの賓骨壤と角山をさがしてみることが可能である。

　賓骨壤　『東国輿地勝覧』泰仁・沿革条に「仁義県は本百済の賓屈県である。新羅時代に斌城と名前をかえ、太山郡の領県になった。高麗時代には仁義と改め、古阜に属した。」と見える。この「賓屈」が「賓骨」と同じ地名表記である。

　朝鮮時代に入って太(泰)山郡と仁義県を併せるにあたり、おのおの頭文字を一字ずつ取って合成したのが今の泰仁である。太山郡は現在の井邑郡七宝面に、仁義県は新泰仁邑栢山里にあったということは、それぞれ百済時代の山城が残っていることからも分かる。

　しかし、新羅軍は新泰仁方面に退いていったのではない。上の居昌方面に通じる道筋からはずれているからである。私は泰仁から七宝に通じる道の要所で百済軍の攻撃を受けやすい地形を調べてみることにした。

　地形がもっとも狭く直線路ではなく曲がり角となっており、行軍が散開することのできない狭い角でなければならず、また一帯に百済軍が潜伏して奇襲することができ、退いて反撃を防ぐことができる根拠地がなくてはならない。

　そこで1966年、私は瓮東面山城里で巨大な山城を発見して、この戦闘の現場を泰仁川を渡る道の要所に比定した。賓骨壤は泰仁川であるわけである。

　ここで敗れた新羅軍はすぐさま角山に向って敗走した。『三国史記』百済本紀には、新羅の太宗春秋が金欽らを遣わして仁軌の救出に向わせたところ、古泗で福信の迎撃を受けて敗れ、「葛嶺道」から逃げ帰ったが、新羅は再びあえて出撃することはできなかったといっている。

　では、葛嶺道とは何であろうか。蘆嶺山脈のことを『東国輿地勝覧』井邑、山川条では「葦嶺」と書き、または蘆の字とも書くといっているが、すべてこれらは韓訓「カル・チエ」の訓読である。これに反して「葛嶺」の「葛(カル)」はその音を借りた別字である。

　全北地方を東北から西南に向って対角線状に横切っている山筋が蘆嶺山脈である。つまり葛嶺の山筋である。地図を開いて見ても「ノリョン・カルチエ」という地名はいくつか見つけ出すことができる。井邑～淳昌間の「秋嶺」も「カウルチエ」→「カルチエ」である。

第一編　百済最後の決戦場の研究

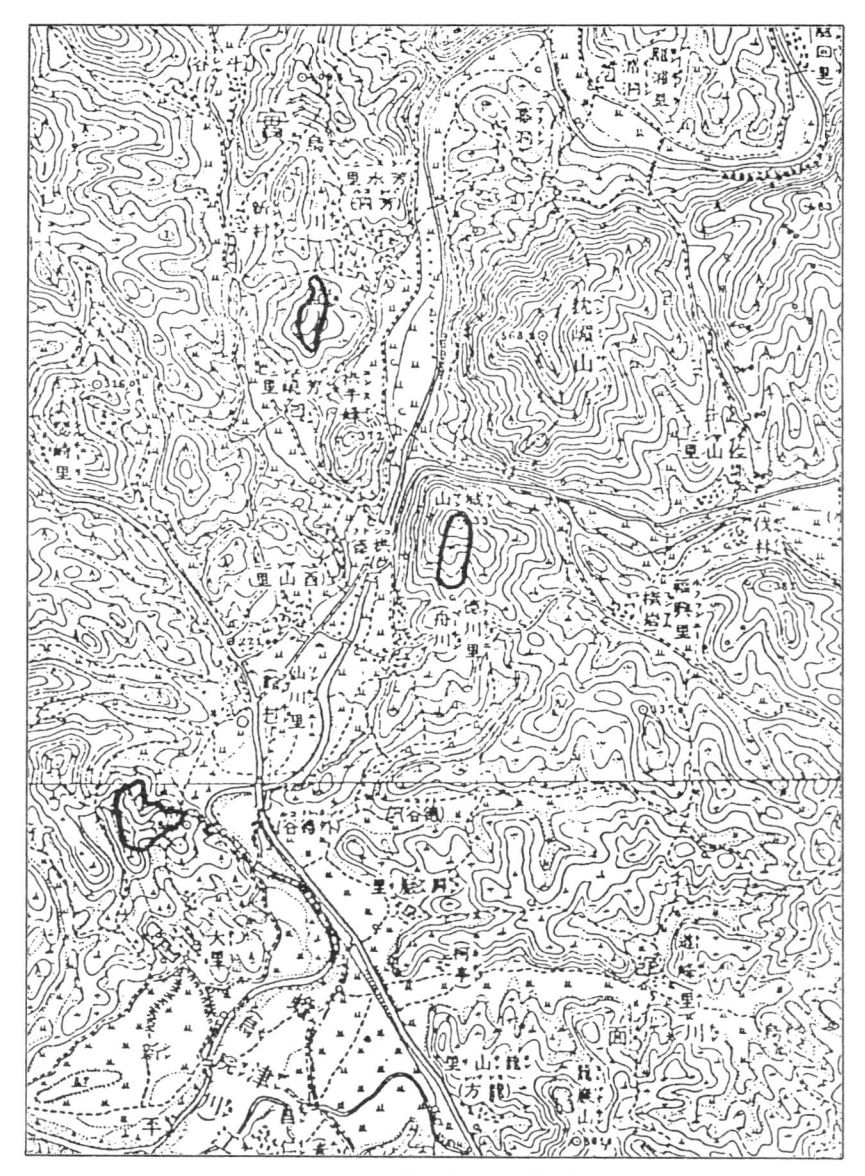

図1-9　角山戦闘現場の山城分布図

第Ⅱ章　百済興復の戦い　その1

1-18　任実、角山戦闘の百済屯堡、城帽山城　西から（1966）

　泰仁川を遡って行った新羅軍は、この葛嶺の尾根を越えて蟾津江上流の烏院川、つまり現在の雲岩川に沿って鎮安方面に退いていく途中、角山の戦闘に出合った。
　では角山はどこであろうか。新羅の退路を待ちかまえて、これを断ち切ろうとした戦いで犠牲になった2,000に上る百済の義魂が眠っている角山はいったいどこであろうか。
　私はこれを任実郡舘村面烏院川両岸に角のようにそびえ立っている要害地に比定するに及んだ。
　1965年、私はここで3ヶ所の山城をさがし出してこれを調査した。その一つは舘村面大里、つまり舘村面を縦断する全羅線鉄道の鉄橋西側の江岸に絶壁をなしている山を取り囲んだ山城である。もう一つは東側の川筋の右の四仙台上にそびえ立つ、高さ433mの「ベメサン（犾嵋山）」である。「城帽山」とも書いているが、ベメは「プルメ」（プル＝角、メ＝山）、つまり角山と同音になるわけである。ソウルの「鎮山」が「さようなら三角山よ。また会おう漢江水よ。」といった歌にでてくる三角山であるが、この山の形が三角形であるというだけでなく、「セ・プルメ」、つまり「ソウルの鎮山」という意味である。
　とにかく、城帽山の頂上の南に面して、三角形の山城がはっきり残っている。

55

第一編　百済最後の決戦場の研究

　角山城に関しては『三国史記』百済本紀に「武王六年春二月、角山城を築く。秋八月、新羅が東鄙を侵す。」という記事があるので、その築造年代を知ることができる。

　残り一つの山城は城峴山の対岸、芳峴里にある。芳の字は元来は防ぐという字であったのであろう。川筋の北側に角のようにそびえている峰はあまりにも険しいので「屯堡」を築く余地はない。私はかつてヘリコプターで上空を飛んだことがあるが、この峰には城の形跡は認められなかった。そのかわり、この峰の北側に高さ339.5mの山峰をめぐる城跡が残っている。全州〜南原の道路と古阜〜六十嶺間の道路が交叉する十字形の要衝地帯の防御施設である。

第Ⅲ章　百済興復の戦い　その2
―古沙比城から豆良尹城攻防―

1　豆良尹城の戦いと福信の台頭

　新羅軍が大幢・誓幢など、京都の主力部隊と上州・下州軍など、ほとんど国内の総力を傾けた豆良尹城侵攻作戦は空しくも失敗に終ってしまった。これは唐軍が百済興興復軍に包囲され、苦境に陥った隙をねらって、独自的に百済興復軍勢力を根絶やしにしようとした太宗武烈王の野望を、根本的に揺るがす結果をもたらすことになった。
　これに加えて、次の5月9日には、高句麗将軍悩音信が靺鞨将軍生偕などとともに、述川城(驪州)と北漢山城を攻撃してきて、新羅の北方を脅かすことになる。とかく新羅はサンドウィッチの立場になった。金庾信伝を見ればこうである。

　　龍朔元年の春、王は「百済の余燼がなおのこっているので、これを滅ぼさなければならない。」といって伊飡品日・蘇判文王・大阿飡良図などを将軍となし、往ってこれを伐たせたが克てず、又、伊飡欽純・真欽・天存・蘇判竹旨等を遣わした。この時、高句麗は靺鞨に対して「新羅の鋭兵はみな百済にあり、国内は空いているので伐つべきである。」といい、兵を発して水陸並進し北漢山城を囲んだ。

　　（龍朔元年春　王謂　百濟餘燼尚在　不可不滅　以伊飡品日・蘇判文王・大阿飡良圖等爲將軍　往伐之　不克　又遣伊飡欽純・眞欽・天存・蘇判竹旨等濟師　高句麗靺鞨謂　新羅鋭兵皆在百濟　内虚可擣　発兵水陸並進　囲北漢山城）

この文の中には事件の裏面がよく暗示されている。第一、これは豆良尹城侵攻作戦であることは明らかであるが、包囲された唐軍を救援に行ったという内容は一つも見えていない。また新羅兵はみな百済の地に出征して、国の内部が空であるということを雄弁に物語ってくれる。
　豆良尹城敗戦の影響はあまりにも衝撃的であった。『資治通鑑』の高宗紀(龍朔元年)には「葛嶺道より逃げ帰る。新羅は敢えて復た出ず。」(自葛嶺道通還　新

羅不敢復出)といっているし、新羅本紀、太宗篇には「王、諸将の敗績をもって罰を論じるに差あり。」(王以諸將敗績　論罰有差)と見える。新羅はこの打撃であえて再び出征することができず、太宗王は敗将等の責任を問うて過敏に処罰を下したのである。品日は大幢将軍の職を失い、かわりに王弟の金仁問と真珠・欽突らが新しく任命された。

　太宗武烈王は新羅軍が古沙比城を退いた2ヶ月後にあたる6月に急逝してしまう。この時に大官寺の井戸水が血にかわり、金馬の地には血が流れてその広さが5歩にも及んだというのである。

　『三国遺事』には太宗が庚申年(660)の百済滅亡以来、昼の食膳も退け、一日に酒六斗を飲んだとある。一方、唐に救援の兵を哀願したがなんの便りも届かず、不眠症に悩んでいた時、夢の中ですでに死んだ長春・罷郎に似た人物に出会い、宮中で非常召集をかけるほど気が弱かった太宗王が豆良尹城敗退で受けた衝撃は至大であった。統一の雄志に火をともし、まだその帰結をみないうちに、太子法敏に後事を託したまま目を閉じてしまったのである。

　『三国遺事』によれば、太宗の享年は59歳であった。文定昌先生の著書である『百済史研究』(1975)において50歳だとしているのは誤っている。彼は『日本書紀』天智紀八年条に「日本世記に曰はく、内大臣、春秋五十にして私第に薨せぬ。」(日本世記曰　内大臣春秋五十　薨于私第)といったくだりの春秋(年令)を太宗の諱として錯覚したのである。これは内大臣の歳が50歳であったということである。

　これとは対照的に百済軍の気勢はおおいにあがるようになった。文武王報書には、

　　　熊津で兵を請うこと日夕に相継ぐ。……ついに兵衆を発して往きてその
　　　周留城を囲む。賊は兵が少ないことを知り、ついに即ち来りて打つ。大き
　　　く兵馬を損じ、利を失って帰る。南方の諸城は一時に総叛せり。
　　　　　(熊津請兵　日夕相繼……遂發兵衆　往圍周留城　賊知兵小遂既來打　大損兵馬
　　　失利而帰　南方諸城一時総叛)

といっている。ここでは明白に唐軍の要請によって出動したと弁明しているけれども、大きく兵馬を失って帰ってきたという敗戦を認めて、その結果、南方の諸城がいっせいに対抗してきたという内容にかわりはない。

　このように百済側は豆良尹城の戦いでますます気勢をあげるようになったのは事実であるが、その結果は福信将軍の勢力基盤が固まっていったのとは対照

第Ⅲ章　百済興復の戦い　その2

1-19　礼山、大興面、任存城（『韓国の城郭』1993より）

的に、僧道琛は福信によって殺される悲劇に陥ってしまった。
　義兵蜂起の当初には、福信よりも僧道琛がかえって上位にあったようである。この年3月の熊津江口の戦いの主役は道琛であった。『旧唐書』百済伝には「道琛等は熊津江口に両柵を立てる」「道琛等は任存城を保つ」といっているように、一様に道琛の活躍の様子を伝えるだけである。将軍号も道琛は領軍将軍であるのに反して、福信は霜岑将軍の号を自称しただけである。
　また『旧唐書』の百済伝には次のような文が見られる。すなわち道琛は劉仁軌に使臣を遣わして告げるに「伝え聞くに大唐は新羅とともに誓約するところでは、百済人は老少を問わずいっせいに虐殺した後に新羅に付かせるというので、むやみに死に遭うのなら、どうして戦って死なないでいられようか。衆が固く団結して自ら守るわけがここにある。」といっている。
　この文に接した劉仁軌は人間の禍福に関して詳しく書きならべた後、使者にこれを持たせて懐柔政策に出たのである。道琛らは兵衆に頼って傲慢にふるまって、仁軌の使者を外館に留まらせて伝言するには「私は一国の大将であるのでお前などの身分の低い使者に対面することはできない。」といってそのまま追い返すほどであったという。
　このように興復運動の代表者であった道琛が豆良尹城の戦いで勝利した福信

59

将軍によって追い抜かれてしまったのである。福信が彼を殺してその兵衆を合わせたといっているが、福信の立場で見れば興復軍の統率体制を一元化するためには不可避的な課題に迫られていたのかも知れない。両指導者の反目は一方の死を招いた結果になった。

これに対して『旧唐書』百済伝には「ほどなく福信が道琛を殺してその兵衆を併せる。扶余豊はただ主祭にしてやむ。」（尋而福信殺道琛　併其兵衆　扶餘豊但主祭而已）と伝えている。扶余豊が初めて登場するが、彼が豆良尹城の戦闘当時、すでに帰国していたのかどうかは明らかでない。しかし、福信が軍事の大権を握って、豊璋王をただ祭祀を司る象徴的な存在に落してしまったことがわかる。次にめぐってくる豊璋王による福信の死という悪縁がこの時から芽生えていたのかもしれない。

豊璋王が豆良尹城の戦いの当時、まだ入国していなかったという事実は『日本書紀』の内容を通してかいまみることができる。上述したように彼に織冠を授げ、結婚までさせたのは天智紀即位年(661)9月のことであるが、豊璋王を出発させたのは次の年の5月となっている。

つまり天智紀元年(662)5月条には「大将軍大錦中、阿曇比羅夫連らが船師170隻を率いて豊璋を百済に送り、豊璋が百済の王位を継承するように宣勅を下した。また福信には金策をわたし、彼の背をなでながら慰労して爵禄を下した。ここに豊璋らは福信とともに頭を垂れて勅書を奉ずると、そこに集まった衆が感激の涙を流した。」と見える。

なにかドラマチックな場面であるが、では福信将軍も倭国にきていたということになる。これに先立ってこの年の正月には、「百済の佐平鬼室福信に矢十万隻・糸五百斤・綿一千斤・布一千端・なめし皮一千張・籾三千石を賜わる。」という記録があるが、とにかく豆良尹城の戦闘当時には、豊璋王はまだ興復運動の舞台に登場していなかったというのが真相であろう。

龍朔元年、つまり新羅が豆良尹城で敗退した年は、統一の理想が揺れ動いたじつに多難な年であった。それは唐軍の高句麗侵攻である。この年4月、蘇定方を平壌道摠管に任命して出征させた。8月には浿江(大同江)で高句麗軍を破り、平壌城を包囲した。

これに先立ち、6月には唐に宿衛していた金仁問が帰ってきて「唐帝はすでに蘇定方を派遣して水陸35道の兵を率いて高句麗を征伐するようにし、王に命じて軍隊を起こしてこれに呼応せよというので、父王の服喪中にもかかわらず、

第Ⅲ章 百済興復の戦い その2

唐帝の命令を違えることは難しいでしょう。」と告げている。

7月17日、文武王は軍隊の再編成に着手した。金庾信を大将軍となし、金仁問・真珠・欽突を大幢将軍に任じ、このほかに貴幢将軍および上州・下州・南川州・首若州・河西州・誓幢・郎幢の摠管などをおのおの新しく任命し、8月に入ると大王は自ら全軍を率いて、「始飴谷停」に駐屯していた。

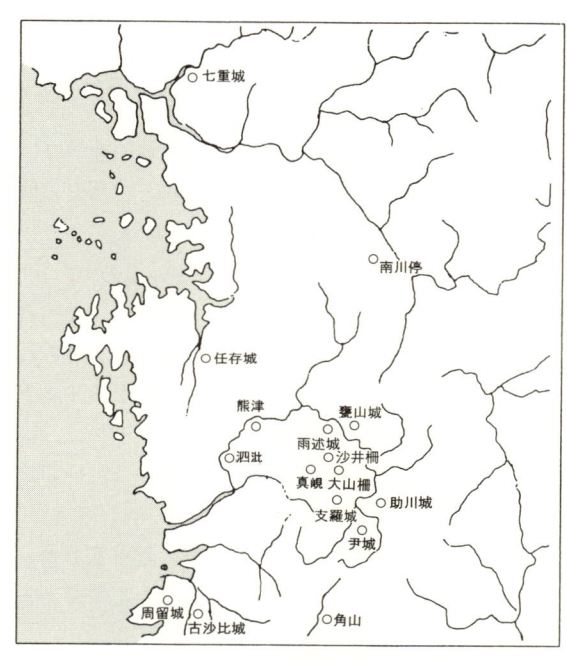

図1-10 新羅軍の「熊津之東」攻略図

この時に使者が来て告げるには、「百済の残敵たちが甕山城に依拠して戦いを挑んでいる。」というので、9月19日に大王は熊峴停に進駐して、25日には甕山城を包囲しこれを攻撃、27日に至って大柵を焼き払い、2,000余級を斬殺して熊峴城を築いた。

引き続き、上州摠管である品日は一牟山郡太守大幢・沙戸(尸)山郡太守哲川等とともに雨述城を攻撃、1,000級を斬殺した。

ここに登場する地名の中で推定できるのは雨述城である。『三国史記』地理志に「比豊郡、本百済雨述郡　景徳王改名　今懐徳郡」と見える。日本の学者、池内宏は『東国輿地勝覧』懐徳県古跡条の「鶏足山城　石築周一千九百六十九尺　高六尺　内有一井　今廃」という文を取りあげてこれに比定している。

甕山城については、津田左右吉は「報恩方面」に、池内宏は「公州以南、錦江の東側」、今西龍は「甕山城、雨述城の付近であろうか。」とみなしている。

大田工大、沈正輔教授は、甕山城は鶏足山城に、雨述城は現地調査を通して懐徳の後ろの山を囲んだ周囲1,000mの土城を発見して、これにあてている。

61

2 真峴城陥落と新羅糧道の確保

『三国史記』新羅本紀、文武王(上)の、上に述べた甕山城・雨述城の戦いは、すでに雨述城の位置が分かっている以上、当時の新羅軍の行軍路と百済との関係を明らかにするための史料になる。

大田〜沃川間の山岳地帯には険固な要塞が双方に横たわっているので、100年以上も膠着状態にあったという事実はすでに言及したとおりである。大田側すなわち百済の防御線は意外に健在のままで、この時までも新羅軍の動きにとって脅威的な存在であった。したがって、永同方面から熊津に通じるルートの要所もそのまま百済興復軍の手中にとどまっていたのである。

この永同〜大田間のいくつかの百済の根拠地を掃討して、いわゆる「熊津之東」を席巻するまでには多くの期日がかかることになった。

とにかくこの戦いに登場する地名を、新羅軍が北上する道筋と理解すると、その線上の一つのポイントが「雨述城」、つまり大田東方防御線の北端であったということを知ることができる。

問題は雨述城を攻撃した新羅軍がどのようなコースでここに至ったのかという点である。

これに関しては『三国史記』金庾信伝(中)に、龍朔元年6月に唐の高宗が高句麗出兵を決定して、唐に宿衛していた金仁問の受命伝達によって出動したあたりの事情について次のように記録している。

　　大兵を発して高句麗に向かう。行きて南川州に次する。…時に有司報ずるに、前路に百

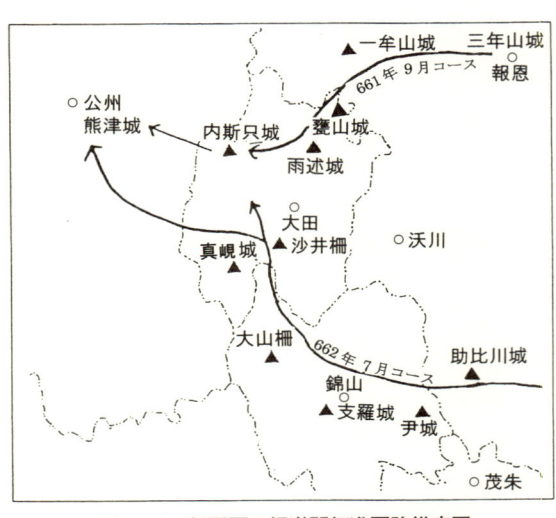

図1-11　新羅軍の糧道開拓進軍路推定図

第Ⅲ章　百済興復の戦い　その2

済の残賊有り、瓮山城に屯聚す。路を遮り直ちに進むべからず。時に庾信、兵を以て進みて城を囲む。

（發大兵向高句麗　行次南川州…時有司報　前路有百濟殘賊　屯聚瓮山城　遮路不可直前、於時庾信以兵進而圍城）

　この文が前に述べた『三国史記』新羅本紀の記事と違う点は、「始飴谷停」が「南川州」に、「甕山城」が「瓮山城」にかわっていることである。

　やはり、新羅本紀、文武王11年の「大王報書」にも同じ事件を次のように記述している。

　6月に及んで、先王の葬儀が終り次第、平壌に出動せよという命令とともに、含資道総管の劉徳敏が勅命を奉じて来て、平壌に軍糧を供給せよとの要請があった。

　同時に熊津でも使者が至り、熊津府城が孤立無援の状態に陥って危急であることを知らせてきた。私（文武王）は劉総管と謀って、もし、まず平壌に軍糧を輸送すれば、熊津との通路が断絶されることが憂慮され、熊津の通路が切れるならば、留陣する唐兵が直ちに敵の手中に落ちてしまうであろうと話した。ここに劉総管と私はまず瓮山城を破り、これを陥落させてすぐに、熊津に城を築き、熊津道路を開通させた。

　12月になって熊津の軍糧が途絶えた。まず、熊津に軍糧を輸送すれば勅命に背くことを恐れ、もし、平壌に輸送すればつまり熊津の唐兵が餓死することが心配であった。こういうわけで、病弱者をして熊津に軍糧を運ばせた一方、強健な将兵たちには（軍糧米を運んで）平壌に向わせるように計らった。

　ところが熊津に行った軍糧輸送団は途中で雪に出合い、人馬がみな凍死してしまい、100名中1人も帰って来なかった。龍朔2年正月に至り、両河道摠管金庾信らは劉摠管とともに、平壌向けの軍糧輸送にあたった。当時は何ヶ月も天気が荒れて、風雪がはなはだしく、寒さもきびしかったので、人馬がみな凍死する状態であった。

　この時、平壌の唐軍が撤収する気配であった。そこへ軍糧を運んでいた新羅軍も、飢えと寒さに手足が凍って途中で死ぬものも数知れないほど多かった。自分たちの食糧までも底が尽きてしまったので、帰ってくるほか仕方がなかった。……後退の途上、瓠瀘河（臨津江下流）で高句麗軍の追撃を退けながら、かろうじて川を渡り、帰ってくることができた。

第一編　百済最後の決戦場の研究

　この文武王の報書はあくまでも苦境に陥った唐軍を救援したという手柄を強調し、一方で、犠牲も筆舌に尽くせないことを誇張したところもあるが、実際に想像を絶する状況であった。これに関してはなお次のように記述している。戦争の惨憺たる状況を切迫した表現で表した文章である。

　　帰ってきて１ヶ月も経たないうちに、またもや熊津府城からは緊迫した言葉で糧食が絶えたという知らせを送ってきた。今まで送った穀物だけでも全部で数万余石にのぼっている。南には熊津、北には平壌、二ヶ所に送らなければならないので、小国である新羅がこれを負担するにはとうてい力が及ばなかった。人力は極度に疲れはて、牛馬はみなたおれて死に、農作はその時期を失い、穀物は実らず、倉庫の中の穀物はみな運び出して蕩盡してしまったので、百姓たちは草根木皮で我慢しなければならないのに反して、熊津の唐兵らはむしろ食糧があり余っている状態であった。

　　また、留陣していた唐兵たちは長く家を離れているので、衣服はぼろぼろに破れて裸同然の有様であったので、新羅では百姓たちの着物類を集めて与えてやった。都護の劉仁願は遠鎮孤城で四面楚歌の状態であり、いつも百済兵に侵され囲まれて、常に新羅の解放救援を受けていた。１万の唐兵は４年の間新羅の衣食に頼って生き長らえたので、劉仁願をはじめ１兵士に至るまで、皮骨は漢の地で生まれたとはいえその血肉はみな新羅で養われた者である。

　この三つの文章を比べてみると、熊峴城は熊津ともいっているので、次のような解釈が可能である。すなわち、新羅軍は南川州に向かって北上した際、退路が遮断されることを憂い、熊津府城で危急の知らせが伝えられると、軍を返して甕(瓮)山城と雨述城の百済軍を掃討したのである。ゆえにこの中で位置を知ることができるのは、雨述(懐徳)・熊津の二つであるので、その中間に熊峴城があり、延長線上に甕山城と始飴谷停があるというわけになる。したがって、甕山城を懐徳東方の鶏足山城に比定しても別に無理なことではない。

　この甕山・雨述の二つの城をどの方向から攻撃したかという問題もはなはだ重要なことである。上州総管である品日の雨述城攻撃に加わったのは一牟山郡太守と沙戸(尸)山郡太守であった。

　『三国史記』地理志に「燕山郡　本百済一牟山郡　景徳王改名」といい、『東国輿地勝覧』文義県には「本百済一牟山郡」と述べ、続いて高麗の高宗代に文義に改名したことになっている。

第Ⅲ章　百済興復の戦い　その2

1-20　大田、鶏足山城（甕山城）の城壁（『大田の城郭』1993より）

　また、地理志には「潔城郡　本百済結己県　領県二　新邑県　本百済新村県　今保寧県　新良県　本百済沙尸良県　今黎陽県」と見えるが、『東国輿地勝覧』洪州牧古跡条には「驪陽廃県　在州南三十七里　驪一作黎　本百済沙尸良県」と述べている。今の保寧〜洪城の中間地点であるとみればよい。
　みな、懐徳つまり雨述城よりは北方に位置している郡の軍隊を動員させたのである。今まで通念上、錦山方面から進軍したと考え易いけれども、この一帯はまだ百済興復軍の本拠地として残っていた。したがって、この当時「熊津道路を開通した」(開通熊津道路)といったのは沃川〜報恩方面から錦江に沿って降りてくる路であったことが明らかになる。
　別の錦山方面から大田に至るルート上の百済根拠地を掃討したのは、次の年(662)7月である。『旧唐書』百済伝の次のような記録がこれを物語っている。
　　龍朔2年7月、仁願・仁軌らが留鎮兵を率いて福信の余衆を熊津の東で大破し、その支羅城および尹城・大山・沙井などの城柵を攻めとり、多くの兵を殺害、捕獲した後、兵士を分けてこの路を守るように取り計らった。
　　福信は真峴城が江に臨み、高く険しいだけでなく、要衝にあたっているので、いっそう兵力を増強して固く守った。仁軌は「新羅の兵」を率いて、夜に乗じて城の下まで迫って西方から城壁によじ登った。夜明け前に城を

第一編　百済最後の決戦場の研究

1-21　大田、沙井洞山城（『大田の城郭』1993より）

占領し、800余級を斬り、ついに「新羅運糧の路」を開いた。

この文はそのまま『三国史記』百済本紀に転載されているが、『新唐書』でも「新羅の糧道すなわち開く」（新羅糧道乃開）といっている。ここに登場する地名を調べてみれば次のようである。

まず、知られているのは末尾に登場する真峴城である。すなわち、『三国史記』地理志に「鎭嶺県　本百濟眞峴県(眞一作貞)　景德王改名　今眞岑県」と述べて、珍同県とともに黄山郡の領県になっている。今まで多くの学者の見解は現湖南線鉄道の黒石駅の西側にある「密岩山城」をこれに比定してきた。

次は支羅城である。『三国史記』は韓国の古代史を調べることのできる唯一の史料ではあるが、撰者の錯覚も少なからず目にとまる。彼は地理志で、「支羅城或云周留城」と簡単に片づけている。

尹城も同じことである。これは意外にも定山県に比定してしまった。『三国史記』地理志(三)に「悅城県　本百濟悅己県　景德王改名　今定山県」といっているが、地理志(四)においては「悅己県　一云豆陵尹城　一云豆串城　一云尹城」と註を付け並べている。これはおそらく豆良尹城がみな定山であり、新羅本紀の豆率城までも定山であると錯覚したようである。豆串は豆率の誤刻であるはずである。

第Ⅲ章　百済興復の戦い　その2

　これに対し、日本の学者池内宏は、『三国史記』地理志進礼郡条に「伊城県本百済豆尸伊県」と見えるところから、悦己県の註と同じなので、この註はそのまま信じるには不十分であるとの疑いを述べている。
　このように両地名に対する『三国史記』撰者の錯覚が後世の研究者たちを惑わせる大きな原因となったのである。
　支羅と伊城は『三国史記』地理志に「進礼郡　本百済進仍乙郡　景徳王改名今因之、領県三　伊城県本百済豆尸伊県　今富利県」と書いているので、進礼と伊城はこれに該当する。本文に「支羅および伊城」と連呼したのは、この二つの城がたがいに不可分の近い関係を持っていることを示している。
　要するに、支羅は進礼県、現在の錦山であり、西方に進楽山という城址がある。支羅・進礼・進楽は同音の異写にすぎない。
　伊城はその南方にある富利県で、三国時代には豆尸県と呼ばれた。錦山郡は新羅から熊津に通ずる要路であった。
　百済都城の陥落直後、佐平正武が反旗を掲げた「豆尸原嶽」もほかならぬ「豆尸伊県」つまり伊城にあたる。

3　新羅糧道作戦の真相

　熊津府城に向かう閉ざされた輸送路を開くための、新羅側の作戦を通じて分かることは、次の二つのルートが存在していたという事実である。
　まず、文武王元年9月の雨述城・甕山城の戦いは、南川州管下の報恩〜文義方面から錦江の川筋に沿って、熊津に至る路線から侵入した。報恩には三年山城がある。
　二つ目は次の年(662) 7月に「支羅城及尹城大山沙井等柵」を抜き、真峴城を陥落させて「遂通新羅運糧之路」といった路線である。これに関する『旧唐書』百済伝の文章をもう一度吟味してみる必要がある。
　　　龍朔二年七月　仁願・仁軌等　率留鎮之兵　大破福信餘衆於熊津之東
　　　抜其支羅城及尹城大山沙井等柵。殺獲其衆　仍令分兵以鎮守之　福信等以
　　　眞峴城　臨江高險　又當衝要　加兵守之　仁軌引新羅之兵　乘夜薄城　四
　　　面攀堞而上比明而入拠其城　斬首八百級　遂通新羅運糧之路
　ここにあえて原文を掲げて示すのは、それなりの理由があるからである。明

らかに「熊津之東」といっているではないか。ここに登場する多くの城の名前を熊津の東側を除いていったいどこに求めることができようか。しかし、このようには受け入れられないまま今日に及んだのが現状である。『三国史記』が支羅城の下に「或云周留城」をつけ足し、悦己県に「一云豆陵尹　一云豆串　一云尹城」と註をつけ加えたためである。

その結果、周留城が韓山であると主張する人たちには、都合の良いことになるであろう。「大山柵」が韓山のすぐ隣にある扶余の鴻山県の古号であるからである。『三国史記』地理志(三)に「翰山県　本百済大山県　景徳王改名　今鴻山」といっている。このようにして、「熊津の東」は「熊津の西南」にあてられてしまい、豆良尹城をひきつけていた定山はさらに尹城という註を付け加えたために、もう一度脚光を浴びるようになったのである。ただ『三国史記』唐州県条に「尹城県本悦己」とあるのを通して見れば、尹城だけは2ヶ所に使われたようでもあるが、熊津の東側ではない。

津田左右吉は『百済戦役地理考』の中において、「支羅城以下の城柵を熊津の西南方にあるといったようである。」と漠然と述べている。この支羅城が周留城、つまり韓山という先入観を持っていたためである。これが津田左右吉最大の錯誤であった。

李丙燾博士は『国訳三国史記研究』の中で、支羅城は大徳郡真岑面だといい、尹城もその付近であるとあてているが、この説も当を得ていない。

私は上で支羅城と尹城は錦山地方であると述べておいた。では、残りの地名、大山・沙井柵はどこであろうか。これは、支羅(錦山)・尹城(富利)と真峴城(真岑)を結ぶ線上で求めるほかないのである。

まず、沙井柵。『三国史記』百済本紀には東城王20年(498) 7月条に「沙井城を築く、扞率毗陀を以て之を鎮す。」、また、聖王4年(526)10月条にも「沙井柵を立てる。」と見られる。沈正輔教授は「沙井城が陥落し、すぐさま真峴城が陥落したことからして、おたがいに近い地域にあることを推しはかることができるが、珍山から大田を過ぎて儒城に出られる道筋の上にある、大田市沙亭洞倉坪部落の後ろの山に、これに適合した山城があるのを見ることができる。」といって、これに比定している(『百済興復拠点研究』1983)。

高さ160mの山を囲んだ、周囲350mの山城にすぎないけれども、この地名と地理的関係から推して、ここに比定するのが穏当であろうと考えられる。そもそも真峴城と比定される密岩山城も、その周囲は540m程度の鉢巻式山城な

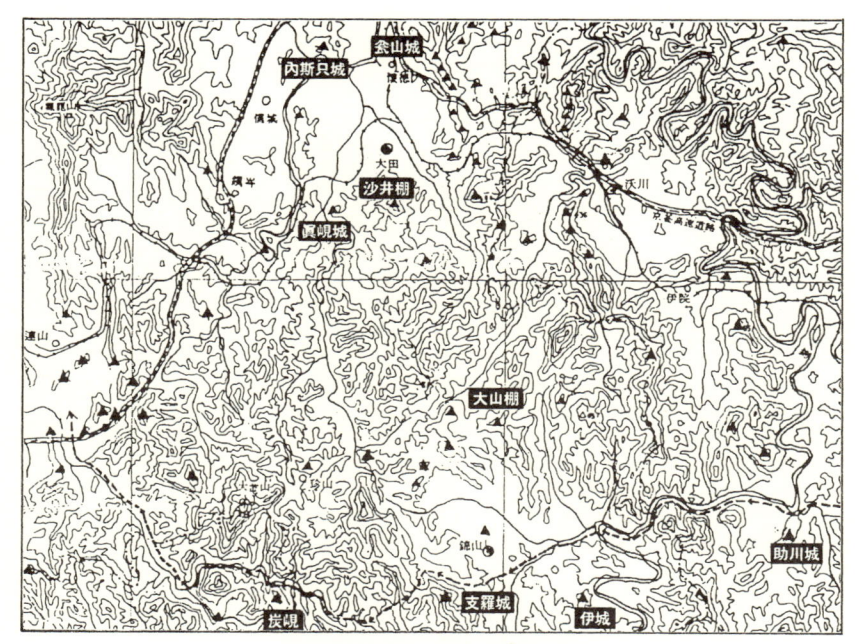

図1-12 「熊津之東」城郭分布図

のである。

　終わりに、大山柵はもっと狭められて、錦山と大田の間のある地点でなければならない。現在の大田～錦山の境界である秋富嶺から珍山一帯には、大小9ヶ所の城跡が防御線を築いている。大山柵はこれらの中の一つであるにほかならない。

　忠南大の成周鐸教授は炭峴をこの防御線上の珍山面墨山里山城に比定しているけれども、扶余南方から唐軍と合流することを約束した新羅軍が、強いてこの防禦線を突破するということは理屈に合わないだけでなく、この地域は当時もまだ百済軍の手中に健在であったのである。

　当時は梨峙を境界にして、珍同県はその西側、炭峴との中間にある玉渓にあった。梨峙以東は「㧾山県」であった。『世宗地理志』には「珍山郡別号玉渓　古属県一　㧾山」といっているが、『東国輿地勝覧』珍山、古跡条には「猿山郷在郡東三十里」といっている。元来は「㧾山」であったのが、『高麗史』の板刻がはっきりしていないために「㧾山」と書かれ、『輿地勝覧』においては、ついに「猿山」に移っていったのである。

第一編　百済最後の決戦場の研究

1-22　大田、黒石洞、真峴山城遠景　西から（1992）

　これを「伉山」とそのまま読んだのは、『文献備考』の編者であった。つまり、『輿地考』四において「伉山県　地志云　珍同属県有伉山　今未詳其地」といっている。地志とは『高麗史』を指すもので、「世宗地理志」で古属県といったのは、すでに三国時代から県が存在していたからであろう。

　しかし、統一後には珍同・伉山から一字ずつ取って、「珍山」と地名をかえ、その中間地点にあたる現位置に移した。これは、『輿地図書』珍山、古跡条に明らかにされているとおりである。つまり、「珍同古県基　在郡西北十里梨峙南五里炭峙　百済都扶餘時　邑兩峴之間　防備羅兵　百濟亡後麗朝癈之　而移邑於今邑基」と書いている。『輿地勝覧』珍山、古跡条には「山城の古基、郡北三里にあり。」といっているが、『大東地志』珍山、城池条には「古城　北三里　山上周圍四里」と見える。

　成周鐸教授はここを「珍山城」と呼んでいるが、百済時代には珍山ではなく、伉山であった。ここは分水嶺にあたるところである。渓流を辿って北に降りて行けば、すぐ大田川に合流する柳等川に沿って、沙井柵に比定される沙亭洞や真峴城がある黒石駅に容易に至ることができる。

　「伉」という字は「勇健である・剛正である・匹敵する」などの意味を持った字である。『三国史記』地理志には、錦山郡や珍山県にみなその名前が消さ

第Ⅲ章　百済興復の戦い　その2

1-23　錦山、校村里、珍山城遠景　南から（1994）

れて見えなくなっただけでなく、新羅本紀(文武王)にも、このような戦闘経過をさがし出すことはできない。ただ同じ年の8月に、「百済の残敵が内斯只城に屯聚して悪を作す。欽純等19将軍を遣わしてこれを討ち破る。」(八月百濟殘敵屯聚内斯只城作悪　遣欽純等十九將軍討破之)というくだりが見えるだけである。

内斯只城は『三国史記』地理志に「比豐郡　本百濟雨述郡今懷德郡　領県二　儒城県　本百濟奴斯只県　今因之」といっているのにあたる。内と奴は同じ音を借りた字である。

『東国輿地勝覧』公州、古跡条には「儒城山城　在儒城県東五里　石築周六百八十尺　内有一井今廢」といっている。大田市月坪洞にある周囲約700mの石城がこれに比定される。

以上、『旧唐書』百済伝の龍朔2年、つまり文武王2年7〜8月中、熊津の東の「ついに新羅の糧道を通じた」という作戦に現れた地名を調べてみた。

このような作戦の目的と、地政学的な史料の再検討がなされなければ、頼れるのは類似地名の引きあてに留まるほかない。

丹斎申采浩は『朝鮮上古史』で、「新羅や唐が、福信にしばしば負けて、17,000名孤軍をもって、危城を固守するにあたり、どうしてなんらの形勢の変動もなく、突然に出撃して支羅城、つまり周留城(現在の燕岐)・尹城(現在の定山)・大

山(現在の韓山)・沙井(現在の温陽)など、各地を平定できたのであろうか。『唐書』の疑うべきところがその二である。」と述べている。

彼は地名の比定に関する検証はさておき、百済軍に包囲されて、軍糧の心配のために士気が地に落ちた唐軍が、どのようにしてこのような積極的な作戦に出ることができたのか、というところに疑問を持っていたのである。

『資治通鑑』(唐紀高宗)を見ると、この時、百済王扶余豊・福信などは、劉仁願らが孤城無援状態に陥ると、彼らに使者を遣わして「大使らはいつ西の方に帰っていくのでしょうか、(知らせてくれれば)人を遣わして見送りするように取り計らいましょう。」といって、慇懃に皮肉をいう程度の余裕を持っていた。

『資治通鑑』はこの文に先立って、次のように述べている。

　　今や、孤立した城の一つが敵の真ん中に挟まれて、動こうとすれば、つまり(百済軍に)虜にされるようになり、みだりに新羅の土地に入ろうとすれば、これまた放浪者になりはてて、迷うことは当然であるので、逃げることも思いのままにできないし、後悔しても術がない。

この時、百済軍の防備が薄かったのを見て、仁願・仁軌が討って出て支羅城などを攻撃したことになっている。

上述した『旧唐書』には、「仁願・仁軌などが留鎮の兵を率いて、熊津の東で福信の余衆を大破した。」となっているが、真峴城の戦いだけには「仁軌が新羅の兵を率いて」となっている。

私が今、明らかにしておきたいことは、熊津の東の百済義兵掃討作戦は、決して仁願・仁軌など留鎮唐兵によって遂行されたのではないという点である。

まず、第一に申采浩が指摘したように孤立無援の状態に陥った唐軍が、新羅に通ずる輸送路を開拓するだけの余裕や力はなかったということ。

第二に、その前の年に南川州方面から雨述城(懐徳)を経て熊津に通ずるルートをようやく開拓した新羅としては、最短距離のコースである陽山〜錦山〜大田線のルートを開通させることが緊急の課題になったという点。前年に豆良尹城の戦いで大勝した福信将軍の側から見れば、この一帯で新羅と熊津の唐軍の間の連結の輪を切断して、唐軍を追い出そうと企んだのだと考えられる。

第三に、この作戦に登場する地名が新羅側から熊津に向って北上しているという事実である。もしも、熊津の方から唐軍が出動したとすれば、真峴城や沙井柵をまず攻撃しなければならないのに、強いて錦山方面まで出ていって、また逆に降りてくるということは、話にならないだけでなく、不可能なことでも

ある。

　これは、新羅軍によって単独になされた作戦であった。新羅軍は陽山方面から攻めてきて、まず、尹城と支羅城(錦山)を攻撃して北上していった。陽山は『三国史記』列伝金歆運伝にみえる太宗2年(655)助川城の戦いで有名である。この時すでに新羅の手に落ちていた。

4　倭国の救援と豊璋王の帰国──州柔城から避城へ

　『日本書紀』天智紀には百済興復軍に対する救援記事がいくたびか重なって残っている。特に豊璋王が本国に帰ったという記事は、上述した天智紀即位年(661)9月条に出ているが、次の年、天智紀元年(662)5月条にも見えているので、いろいろと解釈が可能である。

　　5月に、大将軍大錦中阿曇比邏夫連等、船師一百七十艘を率いて、豊璋等を百済国に送る。宣勅して、豊璋等を以て其の位を継がしめた。又金策を福信に与え、其の背を撫でながら、褒めて爵禄を賜った。時に、豊璋等と福信とともに、稽首(おが)みて勅を受け、衆、為に涕を流した。」

　　(五月　大将軍大錦中阿曇比邏夫連等　率船師一百七十艘　送豊璋等於百済国　宣勅　以豊璋等使繼其位　又予金策於福信　而撫其背　褒賜爵禄　于時　豊璋等与福信　稽首受勅　衆爲流涕)

　以上が、繰り返して記された豊璋王の出発記事の内容である。その前年の9月に織冠を下賜し、妻をめとらせ、5,000の兵士をもって本郷に行かせたという記録と重複するだけでなく、内容もはなはだドラマチックであって作りごとのような面すら感じられる。

　まずあらかじめ述べておきたい点は、倭国王が百済を自国の属国のようにみなし、あたかも豊璋王に対する任命権を持ち、彼を臣下のように取扱っていることである。その背景には、『日本書紀』を編んだ人の意識が少からず作用していることがうかがえる。

　とにかく内容を検討してみよう。もしもこの記事どおりだとすると、福信将軍が倭国に渡って行って豊璋王とともに出発しなればならないことになる。この年の正月に次のような記事が記されている。「廿七日、百済の佐平鬼室福信に矢十万隻・糸五百斤・綿一千斤・布一千端・なめし皮一千張・籾三千石を賜

わる。」となっているし、また3月4日には、「百済王に布三百端を送る。」と見えている。これだけの記事でも福信が倭国に渡って行ったかもしれないという推測が不可能なことでもない。『旧唐書』百済伝では龍朔元年(661)3月から翌年7月の真峴城の戦いに至るまで福信の名前はどこにも見られない。上述したように、道琛の動静だけが記されている。このような点から推測してみると福信が倭国に渡って行ったという蓋然性も排除できないと考えられる。

また3月初めの布三百端を賜わったという記事ですでに百済王という呼称を使っているが、5月になってさらに「宣勅して王位を継承させた。」というのはどうしても矛盾ではないかと思われる。

ただ『資治通鑑』唐紀、高宗条では福信が道琛を除去したのは、龍朔元年の古泗(古沙比)城の戦いの葛嶺道から逃げたという記事の次につながっているのだが、『旧唐書』百済伝では「その後のいつか福信は道琛を殺し、その兵衆を合わせた、豊璋はただ祭祀を司るだけだ。」となっている。

その後のいつかという言葉が確かではないが、とにかく道琛が害を被った時、豊璋王は現場にいたが、どうにも仕様がなかったという表現としてもとらえられる。

豊璋王、または倭国の救援部隊が百済に進駐したという記録は、百済王に布三百端を与えたという『日本書紀』天智紀元年(662)3月の記事につながっている。

「この月に唐人と新羅人が高句麗を伐つ。高句麗は国家(倭国)に救援を乞う。したがって軍将を遣わして疏留城に拠る。このために唐人はその南堺を攻略することを得ず、新羅はその西壘を移すことができなかった。」と見えている。

この記事は高句麗を救援するために出動したことになっているが、じつは百済に救援兵を送ったストーリーとして受け取られている。

疏留城はその発音が周留城(『日本書紀』の州柔城)と同じだけでなく、「唐人がその南堺を攻略することを得ず、新羅はその西壘を移すことができなかった。」(唐人不得略其南堺　新羅不獲輸其西壘)といった表現は、当時の状況を適切に描写していると思われる。これは周留城の位置を特定する助けにもなる内容である。

このようないくつかの情況から考えられるのは、豊璋王が百済に帰ってきて福信将軍麾下の興復軍と合流したのは661年の9月とみなされ、船舶など諸般の準備を整えて、少なくとも翌年の5月以前には到着したと考えられる。この間に福信将軍が倭国に渡って行ったといっても、史料の文脈の展開上決して無

第Ⅲ章　百済興復の戦い　その2

1-24　扶安、周留城から峡谷を見下ろす（1965）

理はないと思う。

　天智紀元年(662)正月条の福信らに弓矢などの軍需物資を渡したという記事を豊璋王の出発時点とみる見解もあるが、3月に疏留城、つまり周留城に救援軍が到着したのは、他の史料に依拠したこととみられ合理的だといえる。

　豊璋王の名前が表面に現われ、本格的な活動の跡を残しているのはこの年12月からのことである。『日本書紀』には次のように記されている。

　　冬12月の丙戌朔に、百済の王豊璋、其の臣佐平福信等は、狭井連・朴市田来津と議りて曰く、「此の州柔は、遠く田畝を隔て、土地は磽确にして、農桑の地に非ず。是れ拒戦の場なり。此に久しく処らば、民は飢饉えぬべし。今避城に遷るべし。避城は、西北は帯ぶるに古連旦涇の水を以てし、東南は深泥巨堰の防に拠れり。繚らすに周田を以てし、渠を決りて雨を降らす……地卑れりと曰ふとも豈遷らざらんや」という。

　　（冬十二月丙戌朔　百濟王豊璋　其臣佐平福信等　与狭井連・朴市田來津議曰　此州柔者　遠隔田畝　土地磽确　非農桑之地　是拒戦之場　此焉久處民可飢饉　今可遷於避城　避城者　西北帶以古連旦涇之水東南拠深泥巨堰之防　繚以周田決渠降雨　華実之毛　則三韓之上腴焉。衣食之源、則二儀之隩區矣。雖曰地卑、豈不遷歟）

この時、倭国の軍将、朴市田来津が独り進み出て反対している。

第一編　百済最後の決戦場の研究

1-25　金堤、城山（避城）西辺の土塁（1965）

「避城と敵の所在との間は、一夜にして行くべし。相近きことこれはなはだし。もし不虞有らば、其れ悔ゆとも及び難からむ。夫れ飢は後なり、亡は先なり。今敵の妄りに来らざる所以は、州柔、山険を設け置きて、盡く防御となし、山は峻高にして谷隘ければ、守り易くして攻め難きが故なり。もし卑しき地に処らば、何を以てか固く居りて、搖動かずして、今日に及ばんや。」

（避城与敵所在之間　一夜可行　相近玆甚　若有不虞　其悔難及者矣。夫飢者後也　亡者先也　今敵所以不妄來者　州柔設置山險　盡爲防禦　山峻高而谿隘　守易而攻難之故也。若處卑地　何以固居　而不搖動　及今日乎。）

しかし、倭国軍将のこのような意見を聞くには事態があまりにも切迫していた。彼らはついに避城に移ってしまった。『日本書紀』は引き続き百済を救援するために兵器・甲冑などを整えて、船舶を具備し、軍糧米も備蓄したと記述している。このような内容は、翌年の6〜8月間に最後の決戦を控えた事前準備工作として受け取られる。

上のような州柔城と避城との地理的な関係、および両地域の地形の特徴描写などは、今後、周留城がどこかという謎を解く鍵になることと思う。ここに記述された州柔(周留城)の地理的特徴を整理してみると次のようである。

　　　　　　　　　　　　　　　　　　第Ⅲ章　百済興復の戦い　その2

①田畑とは遠く離れており、土地はやせ地で農地としては適せず、ただ敵を防ぐ場であること。
②山は高くて険しく、谷は狭いので守りやすく攻めにくい。
一方、避城の特徴に対しては、
①西北には「古連旦涇之水」をおび、東南には「深泥巨堰之防」を持っているし、また周囲に田畑がある。
②敵の所在地とは一晩で行かれる距離にあるので、(根拠地として構えるには)あまりにも近過ぎる。
ところで、この州柔の地理的条件の説明と同じ内容を記しているのは、『東国輿地勝覧』扶安県山川条の次の一文である。
　　辺山はその峯が百余里にもわたってめぐらされ、幾重にも重なり合い、高大で岩の谷は奥深い。
　　（辺山……峯巒盤回百余里　重畳高大　岩谷深邃）
やはり『世宗実録』地理志も「重畳高大　岩谷深邃」という語が引用されている。
高麗時代の李奎報も『南行月日記』において次のように述べている。
　　重なった峯と複雑な岩穴はそびえ立って伸びている。その頭と尾がどこであり、足元の終わるところがどこであるのかとうてい分からないし、そのかたわらには茫々たる大海を控えている。
　　（層峯複岫　昂伏屈展　其首尾所措跟肘所極　不知幾許里也　傍俯大海）
このような一連の表現は州柔城に対する『日本書紀』の説明とあまりにも似ているではないか。それでは津田左右吉や李丙燾博士が主張する忠南韓山はどうであろうか。山川条の乾至山や城郭条の乾芝山城にもこのような表現をさがし出すことはできない。実際に扶安山川条と対照してみた場合、韓山は次のような矛盾を抱えている。
①土地がやせ地ではなく、農業ができる平野地帯を控えている。
②高く険しい山ではなく谷も開けている。
③岩の洞窟は存在しない。
④避城は「ヘキノムレ」と呼ばれているが、これは韓国語の「벼고을」(稲の邑)と同じ語で、金堤の昔の名前「碧骨」にあたる。
『三国史記』地理(三)には「金堤郡　本百済碧骨県　景徳王改名」と記されており、新羅本紀、訖解王21年(330)条には「始開碧骨池　岸長一千八百歩」

と見えている。今も碧骨堤と呼ばれている百済時代からの灌漑施設である。『日本書紀』の東南に深い溝と巨大な堤があるという記述と比べてみると、地名を特定する上に不可欠な条件が備えられていることになる。

5　福信最期の地—避城から再び州柔城へ

　避城に対してさらに調べてみることにしよう。『三国史記』地理志唐州県条には、

　　　古四州は本古沙夫里であり、五県がある。平倭県は本古沙夫村。帯山県は、本大尸山であり、辟城県は本碧骨である。佐賛県は本上杜県であり、淳牟県は本豆奈只である。

　　　（古四州本古沙夫里　五県　平倭県本古沙夫村　帯山県本大尸山　辟城県本碧骨　佐賛県本上杜　淳牟県本豆奈只）

と見えている。

　古四・古沙はみな百済時代の古沙夫里、現在の古阜であることは、誰も否定できないであろう。上杜県は百済の「首冬山」、豆奈只県は百済の「豆乃山」、後の万頃県でみな金堤郡の領県になっている。

　次の帯山・大尸山はやはり地理志の「大山郡本百済大尸山郡　今泰山郡」といったところで、後に仁義県と合わせて泰仁となった。

　辟城は金堤の古語である碧骨の異写であることが分かる。『日本書紀』はこの辟を避にかえて書き表したのである。また、避に改める前の別本には辟と表記されている。

　『日本書紀』神功紀49年条に次のくだりがある。

　　　時に比利・辟中・布弥・支半・古四邑は、自然降服した。是を以って、百済の王父子および荒田別・木羅斤資等、ともに意流村（今の州流須祇を云う）で会合した。相見て欣感し、礼を厚くして送り遣した。唯、千熊長彦、百済の王と百済国に至り、辟支山に登って盟った。

　　　（時比利辟中布弥支半古四邑　自然降服　是以百済王父子及荒田別・木羅斤資等　共会意流村今云州流須祇　相見欣感厚礼送遣之　唯千熊長彦與百済王　至于百済國登辟支山盟之）

　その年代やストーリーの事情は別にしても、ここに出てくる三ヶ所の地名は

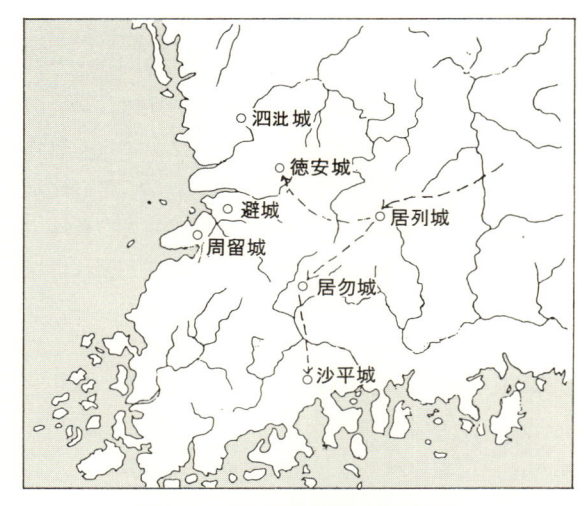

第Ⅲ章　百済興復の戦い　その2

図1-13　新羅軍の南畔四州攻略図

みなきわめて隣接関係にあったということが否定できない。

　まず、意流村には「今云州流須祇」と註を付けているが、州流はほかならぬ州柔・疏留とともに周留城を指す地名である。古沙山は上述した古沙夫里の山で古阜であり、辟支山は辟城・碧骨、現在の金堤の古地名である。

　したがって、この三つの地名はおたがいに三角関係をなしているわけである。

　さて、百済が遷った避城目指して敵が攻めてきたとすれば、周留城はそれよりも西側に位置するというのは、当然なことである。古阜・金堤より西側にあって山は峻険であり、岩谷は奥深い山勢に拠った山城だとすれば、今の周留山城を除いてどこに求めることができようか。

　では、土地は低く周りは田畑がめぐらされている避城はどこであろうか。私は1965年に金堤校村里にある山城を実測調査したことがある。

　高さ40mを若干越える南北に細長い山の上に、鉢巻式にめぐらされた土城の跡がよく残っている。周囲の長さは569m、平面は若干楕円形をなしている。幅4〜6mに至る広い回廊を掘り返えして土塁を築いた特徴のある山城である。

　しかし、この城郭は高麗時代に修築したもので、百済時代の城築はその下に埋もれている。

　「西北帯以古連旦淫之水」という文句は、『文選』西都賦(李善注)の「帯以洪河淫渭之川」という文から引用した内容で、「東南拠深泥巨堰之防」はこれと対連をなす句節である。この文章は「西都賦」から引用した内容が少なくない。「華実之毛　則三韓之上腴焉」というのも「華実之毛　則九州之上腴焉」から九州を三韓にかえただけであり、「繞以周田」も、「繞以周墻」から墻を田にか

79

えながらおのおの引用した文句である。

　このような博学な文章は、この時に、唐に渡り文章を勉強して帰ってきた百済貴族でなくては引用できるものではない。しかしこの状況の説明は、金堤のそれと一致しているのである。つまり東南の巨大な堤(巨堰)はほかならぬ碧骨堤を指すものであり、これと対連をなす西北の「古連旦涇之水」はこれに比定できる地名をさがすことができない。地図を広げてこれを金堤の南方の新坪川にみる学者もいるようだが、これは方向が違う。やはり西北にある万頃江に比定しても差し障りはないと思われる。

　周留城にいた百済興復軍は、倭国の援軍を迎えてますます食糧難に陥ってしまったことであろう。飢えに耐えられなかったので仕方なく避城に都を移したけれども、それも長くは続かなかった。

　それは663年2月、新羅軍が小白山脈を越えて、順天～南原～論山に至る、いわゆる全羅左道一帯のルートを占領したからである。

　『日本書紀』天智紀2年2月条には、

　　　新羅人、百済の南畔四州を燒燔し并せて安徳等の要地を取った。是に、避城も賊を去ること近かった。ゆえに勢い居ること能はず。乃ち州柔に遷居するようになった。田来津が計る所が当たったのである。

　　（新羅人燒燔百濟南畔四州　幷取安徳等要地　於是　避城去賊近　故勢不能居乃還居於州柔　如田來津之所計）

と記されている。

　このようなストーリーの記事は『三国史記』新羅本紀、文武王3年条にも詳細に記述されている。

　　　2月に欽純・天存が軍隊を率いて百済の居列城を攻撃して奪い、700余名を斬殺し、また居勿城・沙平城を攻撃してこれを破り、さらに徳安城を攻撃、1,700名を斬殺した。

　居列城は現在の居昌である。『三国史記』地理志(一)に「居昌郡本居烈郡(或云居陀)　景德王改今名　今因之」と見えている。ところで、『東国輿地勝覧』晋州牧建置沿革条には「本百濟居列城(一云居陀)新羅文武王取而置州　神文王分居陀州　置晋州摠管」といって、居昌と晋州にみな居列・居陀という名前が付けられている。

　ここで注目しなければならないことは、居列州の前に「本百済」という語が添えられているということである。居昌であれ、晋州であれ、みなもともと「百

済の領土」であったという話である。しかし、居列・居陀は明らかに居昌の古地名である。

『三国史記』地理志(一)に「康州　神文王五年　分居陀州　置菁州　景徳王改名今晋州」といっているのをみれば、神文王5年(685)に居陀州を分けて菁州を置いたことが明らかである。この居列(居陀)は、もともと下州であったものをこの年に百済の故地に移して完山州に改めたので、洛東江以西の空白を埋めるために晋州に改めて菁州を設置したのである。

『三国史記』には晋州に居列州という地名は見あたらないが、『高麗史』地理志や『東国輿地勝覧』の編者たちは、居列を晋州牧の沿革条にも挿入する錯覚を起こしたのである。したがって、居列城を晋州とみるのは誤りである。

次に居勿城は今の南原にあたる。南原の古号は古龍郡、『日本書紀』継体紀7年条の「己文」、『翰苑』括地志に見える「基汶」、さらに『梁職貢図』百済国使条に見える「上己文」などが、みな同じ地名の異写にすぎない。「거미리」(Komiri)・「거물」(Komul)、すなわち「大水」の意味である。

沙平城は今の順天である。『高麗史』地理志に「昇平郡本百濟欱平郡(欱一作沙一作武)新羅景徳王改今名」と見えている。欱平は『三国史記』には「欱平」となっている。この方が正しい。

『日本書紀』の安徳城は『三国史記』の徳安城にあたる。地理志には「徳殷郡　本百濟徳近郡　景徳王改名　今徳恩郡」と述べている。『隋書』・『北史』など、百済伝には「其外更有五方、中方曰古沙城、東方曰得安城」と見えているし、『括地志』には「國東南百里　有得安城　城方一里此其東方也」と記録されている。徳殷・徳近・徳恩・得安などはみな徳安の異写である。現在の忠清南道論山郡恩津である。

このように、唐軍が孤立無援の状態にあるのに乗じて、新羅は小白山脈以西に進出した。そして、新羅軍の作戦によって避城に遷った百済興復軍はかえって窮地に追い込まれ、自中之乱に直面するようになる。

ところで、豊璋王と福信の間に隙が生じ、福信が殺害されるという悲劇的な事件が起きた。福信はかつて領軍将軍道琛を殺した応報を受けたことになる。

『旧唐書』百済伝には龍朔2年(662)条の真峴城の戦いに続いて次のように記録されている。

　　時に、福信はすでに兵権を把って、扶余豊との間におたがいに猜疑の念が生じた。福信は偽って病と称し、「窟室」に隠れ、扶余豊が見舞いに来

第一編　百済最後の決戦場の研究

1-26　扶安、開岩寺から見上げた禹金岩（1986）

るところを待ちかまえて奇襲し、王を殺害しようと企んだ。しかし、これを先に悟った扶余豊は腹心を連れて福信を引き出し殺害してしまった。

『日本書紀』天智紀2年6月(663)の記録はもっと具体的に描写されている。

　　百済の王豊璋は、福信が謀反心有ることを疑って、革を以て掌を穿ち縛った。時に自ら決めることができずになす所を知らず。乃ち諸臣に向って、「福信が罪、既に此の如し。斬るべきや否や」と問うた。是に、達率徳執得が「この悪逆の人をば放し捨つべからず」といった。これを聞いた福信は即ち執得に唾をかけながら「この腐った犬のようにかたくなな奴め」とののしった。王は健児をしたがえて、（福信の）首を斬って塩漬けにした。

　　（百濟王豐璋嫌福信有謀反心　以革穿掌而縛　時難自決　不知所爲乃問諸臣曰　福信之罪　既如此焉　可斬以不　於是　達率德執得曰　此悪逆人不合放捨　福信卽唾於執得曰　腐狗癡奴　王勒健兒　斬而醢首）

この記事は『旧唐書』百済伝の龍朔2年(662)とは、一年の食い違いがある。しかし『日本書紀』では、その年の12月、避城遷都の議に立ち合っているし、翌年2月、南畔四州占領後も福信は唐の俘虜を上送した記事が見える。こうなると書紀の記事が正しいことになる。『旧唐書』がどうしてこの事件を一年くり上げたのか、今のところ解明できない。

第Ⅲ章　百済興復の戦い　その２

1-27　扶安、福信将軍が隠れたという州柔城の窟室（1996）

　私たちはこれら百済興復軍の分裂を惜しんでやまないところであるが、それよりももっと重要なことは、周留城の中に「窟室」があるという事実である。これまた周留城の位置を明らかにしてくれる決定的な証拠物である。
　『東国輿地勝覧』扶安山川条に、次のような文が載せられている。

　　　禹陳岩は辺山の頂にあるが、その岩体は丸くて高く、巨大であって、（色が白いので）雪のように眩しい。岩の麓には洞穴が三ヶ所あるが、おのおの僧侶たちがそこに住み込んでいる。岩の頂は平坦であって登って眺望ができるところである。

　　　（禹陳岩在辺山頂　岩体円而高大　望之雪色　岩下有三窟　各有居僧　岩上平坦　可以登望）

　現地の住民たちはこの洞穴を元暁窟・「베틀굴」（はたおりの洞穴）と呼んでいる。山城の西南にそびえ立っているいわゆる禹金岩は高さ30余mの巨大な岩の塊であって、東津江の入口でもたやすく目につくところであり、ここに登る人たちは三つの洞穴がなお残っていることを確かめることができるはずである。
　私はあえて、忠清南道の韓山や洪城、または燕岐説を唱える人たちに反問したい。そこにこのような窟室があるかどうかを……。

第Ⅳ章　百済最後の決戦

1　決戦迫る—白村江に結集する倭軍と周留城に向かう唐軍

　羅唐連合軍によって百済の王都、泗沘城が陥落した直後から満三年間にわたって、羅唐軍と百済、そしてこれを後援した倭国軍の戦闘状況について、記録にしたがって考察してきた。
　この戦闘過程を通して分かったいくつかの事実をまとめてみることにしよう。
　⑴　新羅は唐と連合しているにもかかわらず、機会さえあれば単独で軍事作戦を決行して統一の成就と唐軍の追い出しを謀っていたこと。
　豆良尹城の攻撃がそうであったし、支羅城(錦山)など熊津の東の糧道開拓作戦もまたそうであった。663年2月のいわゆる南畔四州を席巻して論山～順天間のルートを確保したこともそのような脈絡の一つとして捉えられる。
　⑵　倭国の救援軍が百済興復戦争に深く介入していたという事実。その後、『日本書紀』に記された記録をひろい出してみると次のようである。
　天智紀元年(662)豊璋王を本国に帰した後にも倭国では兵甲を修繕し、船舶を備え、軍糧を備蓄したという記事が載っている。
　翌年2月新羅が南畔四州を占領したという記事に次いで、3月には大軍を派遣して新羅を攻めたという内容が記されている。すなわち、前将軍の上毛野君稚子・間人連大蓋、中将軍の巨勢神前臣譯語・三輪君根麻呂、後将軍の阿倍引田臣比邏夫・大宅臣鎌柄らが27,000人の兵力を率いて出動し、6月には上毛野君らが新羅の「沙鼻岐・奴江」の二つの城を奪取したというのである。
　後将軍の阿倍引田臣比邏夫は天智紀即位年8月条にすでに見えているほか、占領したという二つの城の名前も比定しにくいだけでなく、27,000名という大部隊の行跡としてはあまりにも抽象的であり、断片的であるので、この記事は後世に挿入された可能性までも排除することはできない。
　この中でも前将軍上毛野君稚子は現在の群馬県一帯の地方豪族であったようである。私は1990年に、高崎市で開かれた綿貫観音山古墳の実体を明らかに

第Ⅳ章　百済最後の決戦

する国際シンポジウムに、百済との関係についての主題発表を頼まれて参加したことがある。

この古墳の外形は前方後円墳であるが、埋葬主体は珍しく切石を組み合わせて積んだ百済系統の横穴式石室であった。このような切石の使用は百済の6世紀後半頃からの山城で見かけられる手法であるので、その年代もおおかた推測可能である。

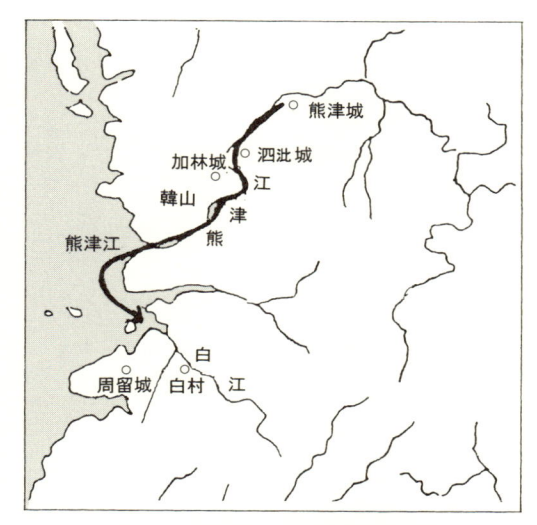

図1-14　唐軍の白江・周留城進攻路

ところが、中国側の代表として参加した山西省考古学研究所の王克林所長は、その石室の基本構造とそこから出土した金銅製水瓶が北斉時代の鮮卑族の墓から出たものと同じという理由で、中国北朝文化との関連性を強調していた。

しかし、これにもまして百済と当地の関係を物語る直接的な証拠は、百済武寧王陵出土の七乳七獣鏡の同范鏡の出土である。同范鏡というのは同一の鋳型によって二面以上造られた鏡をいう。武寧王陵から出土したものと同じ銅鏡が、どうしてこのように数千里も離れた日本の関東地方に埋葬されていたのであろうか。この一つだけの事実をもってしても、ここの住民たちが百済と切り離すことのできない深い関係を結んでいたということを推して知ることができる。

次に『日本書紀』天智紀2年条は福信将軍の殺害事件を記述した後、8月13日の記事につながっている。この日の記録もまた非常に生々しい内容である。

　　新羅は、百済王が自軍の良将を斬ったことを契機に、直ちに(百済)国に入ってまず州柔を取ろうと謀った。是に、百済は賊の計る所を見抜いて、諸将に向かっていうには、「今聞く、大日本国の救将盧原君臣が健児万余を率いて、正に海を越えて到着することであろう。願はくは、諸の将軍等は、預め図れよ。我は自ら往って、白村に(彼等を)待饗しよう。」と。

　（新羅　以百濟王斬己良將　謀直入國先取州柔　於是　百濟知賊所計　謂諸將曰　今聞　大日本國之救將廬原君臣　率健兒萬余　正當越海而至　願諸將軍等　應預圖

85

第一編　百済最後の決戦場の研究

之　我欲自往待饗白村）

このようにして、四ヶ国による最後の決戦の秋は一歩ずつ迫ってきたのである。

> 戊戌(17日)に賊将、州柔に至りて、其の王城を繞む。大唐の軍将、戦船一百七十艘を率いて、白村江に陣列せり。
>
> （戊戌　賊將至於州柔　繞其王城　大唐軍將　率戰船一百七十艘　陣烈於白村江）

では、中国側の史書の記録をこれと比べてみよう。『旧唐書』には「福信を殺した扶余豊は高句麗・倭国の二ヶ国に使臣を送り救援兵を要請して（これを引き付けて）官軍(唐軍)を防ごうとした。右威衛将軍孫仁師に命じて軍隊を率いて海を渡り、(唐軍を)救援するように計らった。」と見えている。

『唐書』本紀には龍朔2年7月に「孫仁師を熊津道行軍総管に任命して百済を討たせた。」となっている。

『旧唐書』の記録は龍朔2年に扶余豊が福信を殺したことになっているが、『唐書』百済伝でもやはり、同年条で次のように書いている。

> 劉仁願が(本国に)救援を要請すると、右威衛将軍孫仁師を熊津道行軍総管に任命して斉(山東地方)の兵士7,000名を駆りたてて派遣した。福信が国権を欲しいままにし、王を謀殺しようとしたが、(かえって発覚し)豊が腹心の部下を率いて福信を殺し、高句麗・倭国と連合した。

と記している。

次の年の龍朔3年、苦境に陥っていた劉仁軌が、ついに孫仁師と合流するようになると兵士たちの士気がおおいに奮った。彼らはすぐ戦略会議に臨むことになる。

この場で「加林城は水陸の要衝の地であり、これをまず打たなければならない。」という意見も出たが、劉仁軌はこれに反対し、次のように語った。

> 加林城は険固で、これを急に攻撃すれば戦士が大きく傷くことになろう。これを固く守れば多くの時日を費やすことになるので、まず周留城を討つことが大事であろう。周留城は敵の巣窟であり、凶漢の群集するところであるので、悪を退けるためには当然その根を切り除かなければならない。
>
> もし周留城が陥れば、(その他の)諸城は自ずから降ることになろう。

『唐書』でも同じようなストーリーを述べているが、これはみな劉仁軌伝の記録である。ただ『唐書』では、加林城をまず討とうという意見に対して劉仁軌は「兵法には避実撃虚という言葉がある。」という一文を付け加えている。

第Ⅳ章　百済最後の決戦

1-28　扶余、聖興山城（加林城）を望む（1994）

　加林城はどこであろうか。『三国史記』地理志(三)に「嘉林郡本百濟加林郡　景德王改加爲嘉　今因之」と見えている。『東国輿地勝覧』林川郡沿革条には「本百濟加林郡　新羅改加爲嘉　高麗成宗置林州刺史」と述べて、これが現在の忠清南道扶余郡林川面であることを明らかにしている。面所在地の東方にある聖興山城と呼ばれる石城がこれで、周囲800余ｍで石垣の高さは４〜５ｍに及ぶ。

　『三国史記』金庾信伝(中)には、

　　龍朔３年、百済の諸城が隠密に百済の興復を企み、その首領は豆率城に依拠して倭国に援兵を請うた。そこで大王は自ら庾信・仁問・天存・竹旨らの将軍を率いて、７月17日をもって征討に出て熊津に行幸し、劉仁願と合流して８月13日には豆率城に至った。

と見えている。

　ここで注意しなければならないことは、加林城と周留城との関係である。周留城がもしも忠清南道韓山であるとすればどうであろうか。『東国輿地勝覧』道里条の該当する部分をひろい出せば、「林川郡　南至韓山郡界二十七里」・「韓山郡　東至林川郡界十五里」となっている。

　加林城に比定される山城がある聖興山は「在郡北二里　鎭山」といっている

87

ので、韓山から加林城までは合わせて40余韓里、つまり16.8kmにすぎない。

どんな愚かな将軍たちでも、16kmを隔てた二つの城のうち、どちらをまず攻撃しなければならないかなどといい争うことはあり得ないだろう。

『東国輿地勝覧』の城郭条を見れば、「聖興山城　石築周二千七百五尺高十三尺険阻」となっている。また韓山の乾芝山城に対しては「土築周三千六十一尺」と見えている。これに反して扶安の周留城は「禹陳古城一云禹金城在辺山　自禹陳岩縁山兩麓合於洞　周十里」と見えている。

周囲がわずか2～3,000尺にすぎない加林城や韓山城と比較すると、周囲が10里、つまり4km位の大規模であるとすれば、王城としても決して劣らないし、逆にいえば「敵の巣窟であり、凶漢群れ集まる所」という『唐書』の記録にも符合するのである。

それにもまして重要な事実は、『旧唐書』の劉仁軌伝や百済伝にもっぱら、「劉仁軌は別帥杜爽・扶余隆とともに水軍と糧船を率いて熊津江から白江に行き、陸軍と会ってともに周留城に向かった」と記されていることである。

「自熊津江、往白江　以会陸軍　同趨周留城」という文章は、周留城と白江が錦江下流地方ではなく錦江、つまり熊津江とは別の、熊津江口を抜け出たところにあったという事実を確認させてくれる表現である。

2　白江の戦い──倭水軍大敗の真相

ついに東北アジアの四ヶ国が参加して両陣営に別かれ、百済の運命を決定する最後の決戦が迫ってきた。

まず再編成された羅唐連合軍の行跡を追ってみよう。『旧唐書』劉仁軌伝には引き続き次のように記録されている。

> ここに孫仁師・劉仁願と新羅王金法敏は陸軍を率いて(陸路から)進撃し、劉仁軌および別帥杜爽・扶余隆は水軍と糧船を率いて熊津江から白江に出て陸軍と合流してともに周留城に向かった。

この陸軍と合流する過程において、白江口海戦が繰り広げられたわけである。

> 仁軌(の水軍)は白江口で倭軍に出合い、四回戦って勝ち、その船400隻を焼き払った。煙は天にみなぎり、海水はみな赤く染まった(煙炎漲天、海水皆赤)。敵の群れは大きく敗れて扶余豊は身を引いて逃亡し、彼の宝剣

第Ⅳ章　百済最後の決戦

を鹵獲した。

『旧唐書』列伝百済伝には「仁軌が白江口で扶余豊の群れに出合った。」となっており、その点が違うのである。ただ『冊府元亀』では「倭兵と白江口で会った。」というくだりを「倭敵数万」と表現しているので、この戦闘の規模が大きかったことを推し計ることができる。

『日本書紀』天智紀２年の記録はもっと生々しくその日の戦闘の経過について具体的に記している。

上に述べたように８月13日、豊璋王は倭国の救援軍を迎接するために白村に下りて行った。17日には敵(新羅)将がその王城を包囲した。大唐将軍は戦船170隻を率いて白村江に陣を張った。『日本書紀』は引き続き戦闘の状況に対して次のように述べている。

　　戊申(27日)に、日本船師の初至者と、大唐の船師と合戦した。日本軍は不利になって退いた。大唐軍は陣を堅く守った。
　　（戊申　日本船師初至者　与大唐船師合戦　日本不利而退　大唐堅陣而守）

翌28日、最後の運命の日は迫ってきた。

　　己酉(28日)に、日本の諸将と、百済の王は、気象(あるかたち)を観ずして、おたがいに、「我等先を争はば、彼はまさに自ら退くであろう」といった。さらに日本の隊伍の乱れた中軍の卒を率いて、堅く陣をかまえている大唐の軍を攻め打った。
　　（己酉　日本諸將　與百濟王　不觀氣象　而相謂之曰　我等爭先　彼應自退　更率日本亂伍中軍之卒　進打大唐堅陣之軍）

　　大唐、便ち左右より船を挟んで繞み戦う。しばらくの間に、官(倭)軍は敗績してしまった。水に身をなげて溺れ死ぬ者も多かった。へさきを廻すこともできなかった。
　　（大唐便自左右夾船繞戰　須臾之際　官軍敗績　赴水溺死者衆　艫舳不得廻旋）

　　朴市田来津は、天を仰いで誓い、歯をくいしばって嗔り、数十人を倒したが、ついに戦死した。是の時に、百済の王豊璋は、数人とともに船に乗って、高麗に逃げ去ってしまった。
　　（朴市田來津　仰天而誓　切齒而嗔　殺數十人　於焉戰死　是時　百濟王豐璋　與數人乘船　逃去高麗）

ここで注目しなければならないことは、攻める時にあっという間に「自左右夾船繞戰」や「艫舳不得廻旋」したという内容である。つまり、左右から包囲

され、へさきを廻すひまもなくぬかるみに釘付けにされて、どうすることもできずに敗れたというのは、なぜなのか。気象を省みないで攻めて行ったというのは、いったいなにを意味するのであろうか。

これは海水の干満の差、つまり満ち潮と引き潮の時間を考慮しなかったという内容である。満ち潮によって白江口を抜け出た倭国の水軍は、間もなく引き潮に出くわしたのである。

『東国輿地勝覧』扶安県山川条を見ると、「界火島、在県西三十里　潮退即連陸」といっている。つまり潮水が引いた後には陸地に連がるということである。

時代は降るが、高麗の神宗2年(1199)、全州司録兼掌書記に着任して辺山の斫木使(木を伐る監督)を命ぜられ、この保安県に立ち寄った李奎報という人は、潮水が滔々と押し寄せてくる情景を『南行月日記』に次のように表記している。

　　潮水が満ちてくると平路でも突如として海にかわるので、潮水の進退を
　　計りながら時に合わせて行かなければならない。

　　　(方潮汐之来　雖平路忽漫然爲江海　故候潮之進退以爲行期)

つまり「気象を省みなかった」というのは李奎報がいった「潮水の進退を計りながら時に合わせて行かなければならない。」という話と対応する内容である。したがって、倭軍戦船は敵陣深くで挟み撃ちにあい、ぬかるみの真ん中に釘付けにされ進退きわまってしまったのである。ここで唐軍は左右から攻撃し、船に火を付けると倭軍は水に飛び降りて溺れ死ぬ者が多かったはずである。

これが「不觀氣象」の真相であり、三国統一の別れ道になった決定的な要因であった。

もしも400艘という数的に優勢であった倭国水軍が170艘にすぎない唐軍を退けたとすれば、どうなったのであろう。この代理戦争で羅唐連合軍が敗れたとすれば、東北アジアの古代歴史の章は書き換えられたかもしれない。しかし歴史には「もしも」という言葉はあり得ない。

ここで私たちは、もう一度「白江」という地名を調べておく必要がある。そのためにはまず「白村」がどこであるかについて究明していかなければならない。『日本書紀』には白江を白村江と書いているためである。

白村を『日本書紀』では「ハクスキ」と訓読しているが、このように振り仮名を付けた人はおそらく「白」という字はその音で読み、「村」という字は韓国語の「스굴」(sukul)という訓で読んだようである。『新撰姓氏録』(摂津国諸蕃・百済)に「村主」とかき「スクリ」と傍訓しているのも同例である。しかし、

第Ⅳ章 百済最後の決戦

1-29 扶安、東津江口満潮時の光景（1995）

1-30 扶安、東津江口干潮時の光景（1995）

これは三国時代の百済の地名が分からなかった後世の考証学者が速断した結果にすぎない。

百済の郡県で『三国史記』地理志の中でこれに該当する地名をあげてみれば、次のようである。

> 古阜郡はもともと古沙夫里であり、領県が三つあるが、その中の扶寧県は百済時代の皆火県であり、喜安県は百済時代の欣良買、後の保安県である。尚質県はもともと上柒県である。
>
> （古阜郡　本百済古沙夫里郡　景徳王改名今因之　領県三　扶寧県本百済皆火県今因之　喜安県本百済欣良買県　今保安県。尚質県本百済上柒県今因之）

この中の保安県と扶寧県は李朝太宗15年に併せられるにおよび両地名から一字ずつを取って、扶安という現在の地名にかわったのである。では合併する前の二つの県はおのおのどこにあっただろうか。

まず欣良買県、「흔내뫼」(hun-ne-moi)は、「쉰느믹」(hsin-ne-moi)・「흰내뫼」(hin-ne-mol)つまり、「白い水の村」または「白い江の水」という意味になるのである。欣の中国古代の音は hin であり、現代音は hsin である。つまり hin→hsin→sin とかわったことが分かる。新羅時代の「喜安」、高麗時代の「保安」、『高麗史』食貨志漕運条に見える「主乙浦　在希安」の「希安」などがみな「흰내」(hsin-ne)を書き表した字である。白村・白江もまたこれの別写地名であることはいうまでもない。したがって、白は「ハク」と音読せず「쉰」(hsin)と訓読しなければならない。

ところで、『東国輿地勝覧』扶安県、古跡条には「保安廃県　在県南三十里」と記されているので、今まで多くの学者たちを惑わせた結果になったわけである。この県は新羅時代には現在の舟山面富谷里、古阜川の西側に移り、高麗時代にはさらに南の茁浦湾側に移動して「県南三十里」になった。

しかし、百済時代の「欣良買」の昔の地、つまり白村には白山という地名が厳然と残っている。近世の郡県統合以前は古阜郡に属していた。『古阜邑誌』山川条には「在郡北三十里」になっている。

白山の東側の麓に沿って蛇行しながら北流する川が東津江である。「東津」は韓国語で「시느루」(she-naru)になる。『文献備考』輿地考山川条を見れば、「東津江　古称漳水　又名息漳浦」と記されている。息漳はやはり「쉰・느르」(hsin-naru)であり、百済時代の県名である欣良やその後の喜安・希安などとともに「희다」(hi-da)、つまり白いという言葉を書き表した字である。

第Ⅳ章　百済最後の決戦

1-31　扶安、東津江下流から眺めた白山城　北から（1995）

1-32　扶安、白山城から見下ろした東津江　西から（1965）

第一編　百済最後の決戦場の研究

　次に扶寧県、つまり皆火県はどこにあったであろうか。『東国輿地勝覧』には「扶寧、或稱戒發」と見えている。皆火・戒発はみな『三国史記』に見える「伎伐」・「只火」などと同じ言葉である。現在も界火島という名前が残っている。現地では「지화도」(chi-hua-do)と呼ばれている。

　扶安邑から界火島に行く途中に、九芝山という高さ20余mにすぎない低い丘陵がある。元来は界火島に面した海岸線から近いところに位置していたと思われる。その南側にある村の名前は「宮内」と呼ばれている。どうしてこのような低い地帯に宮の内という名前が付いているのだろうか。興味深いことである。

　とにかく、この低い丘陵の上には鉢巻式にめぐらされた土城跡がよく残っている。私は1965年にこの土城を実測調査したことがある。

　この城郭は直径300m内外の不規則な楕円形の平面を持っているが、外郭の周囲は1,395m、城内の広さは約5.7haである。ここでは三国時代の百済土器片だけでなく、無文土器片も出土しているし、磨製石器類も発見され、青銅器時代から早くも農業集落が形成されていた遺跡であることを示してくれる。

　ところで、なによりも看過することができないのは、この地名である。「九芝山」・「九芝里」は「旧・芝火」、つまり「昔の只火」・「昔の伎伐」、または「昔の皆火」という意味である。「旧」と「九」は同じ音であるために、旧を九に書き換えるのはよくある例である。高敞郡内には「九星里」があるが、元来は「旧城里」であったのが書き換えられたのである。

　九芝山はつまり、百済皆火県の元の県治であったのである。したがって白江口に位置する問題の伎伐浦は、この皆火県の上陸地点である浦、つまり九芝里土城に至る海岸線でなければならない。よって白江や白村の位置もこの一帯から離れることはできない。

　白江についてはすでに佐平成忠・佐平興首の話の中に現れた地名で、その地理的条件が険しく船を並べることができないところであり、『旧唐書』・『唐書』の「升東岸」・「出左崖」のように、そこは南北に流れる川の河口にあたるということもすでに述べたとおりである。これは東津江の西岸である現在の白山土城である。つまり伎伐浦と白村は東津半島の東西両脇にひかえた昔の県名であった。

第Ⅳ章　百済最後の決戦

3　周留城陥落―倭国に亡命する百済遺民

　一方、当事国である新羅側の記録を『三国史記』から引き出してみよう。新羅本紀、文武王3年条には次のように記録されている。

　　この時、劉仁軌は劉仁願とともに力を合わせて兵士を休養させながら本国の増員軍を請うた。唐高宗は孫仁師を派遣した。彼は兵士40万人を率いて徳物島に至って熊津府城に立ち入ったが、王は金庾信ら将軍28人（または30人）を率いて唐軍と勢力を合わせ、豆陵尹（または豆良尹）城・周留城など、諸城を攻撃してみな陥落させた。扶余豊は逃げ出し、王子忠勝・忠志らはその群れとともに降伏した。

この記録では唐軍が40万であると書いているが、『唐書』には7,000名になっている。とにかくここで問題にされるのは豆陵尹城、つまり豆良尹城と周留城を別々の城のように併記していることである。

　また文武王11年「答薛仁貴書」（大王報書）にも次のように記録されている。

　　総管孫仁師が唐兵を率いて熊津府城を救援するために到着した。新羅軍もまたいっしょに出発して周留城の下に至った。この時、倭国の戦船と軍隊が百済を救援するために到着した。倭船1,000余隻が白沙に留まり、百済の精騎は海岸で船を掩護していた。新羅の勇敢な騎馬部隊は唐軍の先鋒になって、まず海岸に布陣していた（百済の）陣地を撃破すると周留城は大きく驚いてついに降伏した。（こうなると）南方はすでに平定され、北方を打つため軍隊を廻した（南方已定、廻軍北伐）。

　一方、『三国史記』新羅本紀、金庾信伝にも次のように記述されている。

　　文武王3年に百済の諸城に隠れていた集団が密かに（百済の）興復を謀り、その頭が豆率城に拠って倭国に援助を求めた。（ここに）大王自ら庾信・仁問・天存・竹旨らの将軍を率いて7月17日をもって出動、熊津州に行幸して鎮守、劉仁願と勢力を合わせた。8月13日、豆率城に至ると百済人が倭人とともに出陣してきた。わが軍は応戦してこれをおおいに破った。彼らはみな出て降伏した。

　この金庾信伝に書かれた内容では、唐水軍の白江口の海戦は徹底的に黙殺されている。しかしこの文において重要な事実は、周留城が豆率城と記録されている点である。

95

第一編　百済最後の決戦場の研究

1-33　周留城出土の百済瓦（左：丸瓦、右：軒瓦）

　豆陵尹城・豆率城は実際に豆良尹城と同じ地名の別字であり、『日本書紀』では「州柔城」・「疏留城」、『唐書』では「周留城」と書いている地名である。借用字は異なるが、これらはみな同じ音を書き表したことは周知の事実である。したがって文武王3年条に「攻豆陵(一作良)尹城・周留城等諸城　皆下之」といって、まさに別々の二つの城のように記されたのは誤りである。

　これは『三国史記』を編さんした金富軾の錯覚から導き出されたことであり、また彼は「豆陵(一作良)尹城・豆串城」を忠清南道定山の百済地名である悦己の下に注記したことも錯誤であることは、すでに指摘したとおりである。したがって「豆串城」は「豆率城」を誤刻した字であることはいうまでもない。

　豆良尹城・豆陵尹城・豆率城は上述したとおり、周留城を別字で記写した新羅、または百済側の名称である。これらが別の城だと考えている人がいれば、それは大きな誤りである。

　1977年に出版された李丙燾訳註『国訳三国史記』には、豆率城の率が漢音Luであるとして周留と音が近いといいながらも、一方では「豆陵尹城は、韓山の乾芝山城が周留城だとすれば、ここから近接した現忠清南道舒川郡麒山面永慕里山城に比定される。」と述べている。軍事地理学的に記録を検討することなくなされた地名比定の例である。

　ところで、西紀663年9月7日、周留城もついに陥落してしまう。その崩れた石垣の中から生還した百済遺民たちの生々しい体験談に耳を傾けてみよう。

　　　9月の辛亥の朔丁巳(7日)に、百済の州柔城、始めて唐に降いぬ。是の
　　時に、国人相謂りて曰く、「州柔降りぬ。事奈何ともすること無し。百済

第Ⅳ章　百済最後の決戦

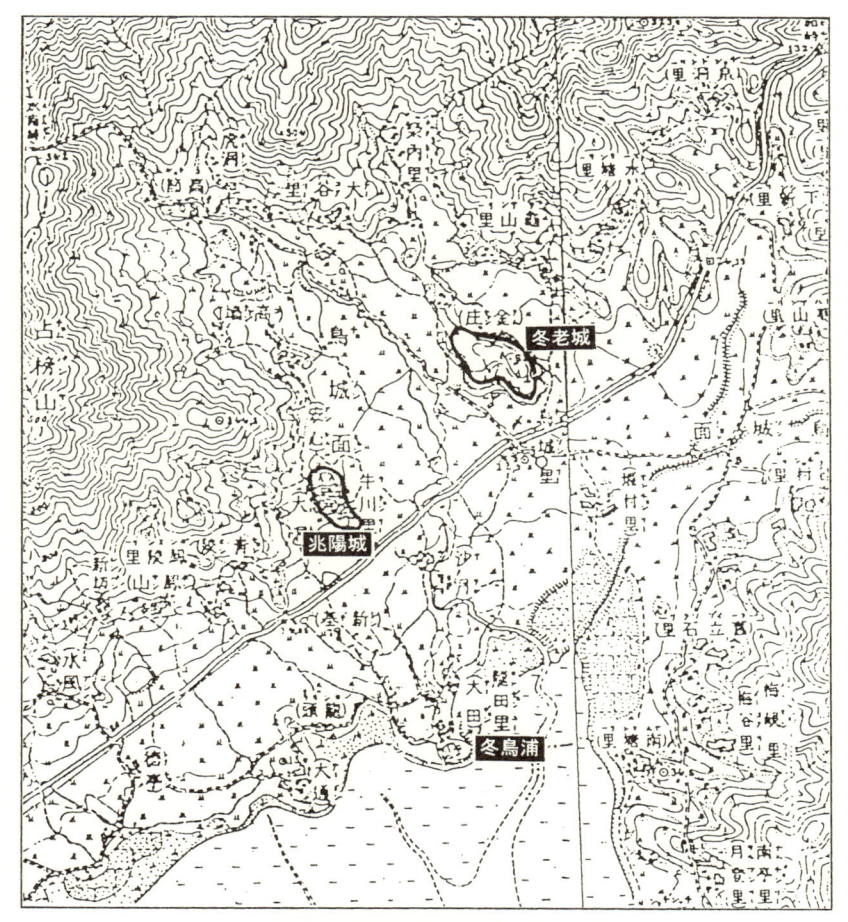

図1-15　百済亡命軍最後の出港地、弓礼城付近地図

の名今日に絶えぬ。丘墓の所、豈に能く復た往かんや。但弓礼城に往きて、日本の軍将等に会いて、事機の要とする所を相謀るべし。」遂に本より枕服岐城に在る妻子等に教えて、国を去る心を知らしむ。

　（九月辛亥朔丁巳　百濟州柔城　始降於唐、是時國人相謂之日　州柔降矣　事无奈何　百濟之名絶于今日　丘墓之所　豈能復往　但可往於弓禮城　會日本軍將等相謀事機所要　遂教本在枕服岐城之妻子等　令知去國之心）

　辛酉(11日)に、牟弖を発途す。癸亥(13日)に弓礼に至る。甲戌(24日)に、日本の船師及び、佐平余自信・達率木素貴子・谷那晋首・憶礼福留、并て

第一編　百済最後の決戦場の研究

1-34　宝城、百済冬老城（弖礼）に立つ筆者（1996）

　国民等、弖礼城に至る。明日、船発ちて始めて日本に向う。
　　（辛酉　發途於牟弖　癸亥　至弖礼　甲戌　日本船師及佐平余自信・達率木素貴子・谷那晉首・憶禮福留　幷國民等　至於弖禮城　明日　發船始向日本）

　『日本書紀』天智紀2年条のこの短い文の中で、倭国は必ず「日本」という固有名詞を付けているが、百済側は単に「國人」・「國民」などの普通名詞を付けているという事実に注目する必要がある。これは、ボート・ピープルになって、永遠の亡命の地を求めて、日本へと発った百済人によって書かれた生々しい手記をそのまま『日本書紀』に組み入れたことをかいまみることができるくだりである。

　それだけではない。この文を通して私は確実に周留城の位置を距離上から算出することができたのである。そのためにはここに出てくる地名がどこに該当するかについて調べてみなければならない。

　まず、亡命集団が船に乗って出航した「弖礼」であるが、これは百済の「冬老」県にあたる。弖は、氐または天の異体で、テ(te)という音を表記した日本の国字である。冬老県は『東国輿地勝覧』宝城郡古跡条に、「兆陽廢県　在郡東三十里　本百濟冬老県」と見えている。『日本書紀』神功紀に「枕彌多禮」という地名があるが、多礼は「弖礼」・「冬老」と同じ地名にすぎない。

「牟弓」は百済未冬夫里県、後の南平に該当する。つまり、『三国史記』地理志(三)に「武州本百済地　神文王六年爲武珍州　景德王改名今南平郡」と記されている。『職官志』に「未多夫里停　衿色黒」と見えているが、その衿色が黒色であるので、「玄雄」に改名したが、実際には「未多」・「未冬」・「牟弓」はみな同じ地名である。

　南平は『東国輿地勝覧』に「光山県南至南平県界二十八里」、「南平県北至光山県界十里」と書いているので、南平～光州は38里つまり15km離れていることになる。この一帯には「牟弓」・「未冬」・「未多」と同じ音の地名も少なくない。

　『東国輿地勝覧』光山、山川条に「無等山　在県東十里鎮山　一云武珍岳一云瑞石山」と書いているが、「無等」・「武珍」・「瑞石」などもみな「未冬」・「未多」と同じ地名を書き表わしたものである。

　とにかく、牟弓は百済の未冬夫里で、現在の南平、弓礼は冬老県、現在の宝城郡鳥城面と得粮面一帯であることが分かる。実際に「得粮」は今なお残っている「冬老」の異写である。

　『東国輿地勝覧』各郡県間の距離を計算してみると、鳥城～南平間は135里になる。亡命軍は9月11日、牟弓、つまり南平を出発して13日には弓礼、つまり鳥城に到着した。すなわち3日の日程がかかったので、1日に45里くらい歩いたことになる。

　9月7日、州柔城が陥落して脱出した亡命軍が牟弓に到着したのは、その前日であったはずであるので、周留城～南平間は4日の日程を要したことになる。1日に45里を歩く速度で4日間を歩いたとしたら、その距離は180余里になるわけである。

　もし、周留城が扶安郡上西面にあると仮定してみよう。南平から古阜までは197里、周留山城がある開岩寺の入口までは204里になる。これを4日間で歩いたとすれば、1日に51里ずつ歩いたことになる。このような速度で歩くと南平～鳥城間も1日に51里ずつ、最後の1日に33里、13.2kmぐらい歩いたことになるので、なにも怪しいことはない。

　しかし、周留城が忠清南道の韓山だとすれば、話は違ってくる。古阜から韓山までは150里であるので、南平～韓山間は少なくとも351里(約88km)になる。1日45里、あるいは51里を歩く速度で351里を歩くには何日かかるのか。少なくとも7日以上はかかったであろう。

　まして韓山～南平間には、錦江・万頃江・栄山江など、歩いて渡れない川筋

第一編　百済最後の決戦場の研究

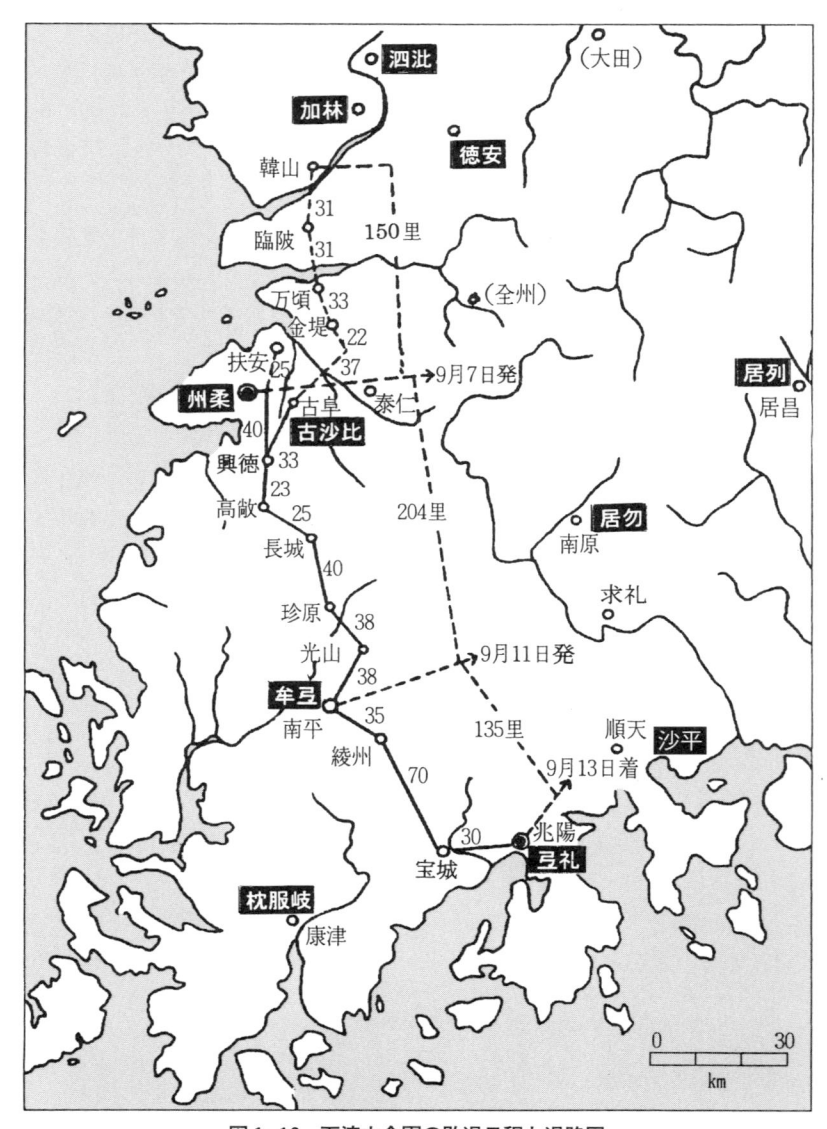

図1-16　百済亡命軍の敗退日程と退路図

が横たわっている。この多くの敗残軍を乗せる渡し船でも待機させておかない限り、不可能なことである。

　かつて私の論文(「周留城・白江位置比定にかんする新研究」扶安郡、1976)に添え

第Ⅳ章　百済最後の決戦

1-35　大宰府、大野城の百間石垣（1983）

た一枚の地図を見た日本の同志社大学、森浩一教授は、これこそ決定的な証拠であると賛同された。1982年に現地を訪問した彼は、東津橋の上に立って私と抱き合いながら、「さあ！百済将軍と日本軍将との1,300年ぶりの白村江上の出会いだ。記念写真をとろう。」といいながら、感激してやまなかった。

4　大野城の語るもの─その後の百済遺民

　亡国の恨みを抱きながら、海を渡っていった百済の遺民たちが、どのくらいの数にのぼるかは、知る由もないことである。ただ、『日本書紀』に記されたいくつかの記録を通して、彼らの動向を推しはかることができるだけである。
　亡命後2年目にあたる天智紀4年2月には、佐平福信の功を顕彰するため、その子である達率鬼室集斯に小錦下の官位を授けた記事が見られる。おそらく、悲嘆にくれる百済遺民に対する労いの意がこもっていることであろう。また、百済の遺民400余人を近江国神前郡に移し、3月には田畑をあたえて住みつかせている。
　同年8月には、達率答㶱春初を遣わして、長門城を築かせ、達率憶礼福留・

101

第一編　百済最後の決戦場の研究

四比福夫らには、筑紫の大野城・椽(基肄)城を築かせている。私は二度にわたって大野城にのぼったことがある。周囲6.2km、水口には、いわゆる百間石垣という石積みの城壁が残っている。百済遺民たちの叡智がやどっている面影があり、亡国の恨みをふくんだ記念碑ともいえるであろう。

　翌5年の冬には、百済男女2,000余人を、東国に移住させている。また同6年には対馬に金田城を築いている。同8年には、佐平余自信・鬼室集斯など、百済遺民700余人を近江国に移している。

終章　百済最後の決戦の舞台はどこか

　周留城が敗れた後、百済には、ただ北方の任存城だけが残るようになった。これに関し、『三国史記』新羅本紀では、引き続き次のように述べている。

　　　　遅受信だけが、ひとり任存城に立てこもって降伏しなかった。冬10月21日から之を攻撃したが勝てず、11月4日には、軍を撤退させて舌利停に至った。

　文武王答書にも「南方己定　廻軍北伐」と記されている。すなわち「周留城が落ち、南方は己に平定されたので、軍を廻らして北を伐った。」と。ただ、任存城だけは固く守り降伏しなかったので、羅唐軍は、力を合わせて攻撃した。しかし、頑強に抵抗するので奪うことができず、新羅はついに撤収するようになった。

　ここにいう「南方己定　廻軍北伐」という一句こそ、周留城の位置を特定してくれる鍵になることはいうまでもない。周留城に関しては、今までいくつかの地名比定があった。

　①支羅城一云周留城（金富軾『三国史記』地理志）
　②洪州邑城、古之周留城（金正浩『大東地志』）
　③周留城、今燕岐（申采浩『朝鮮上古史』）
　④韓山（李丙燾『震檀学会　韓国史　古代篇』）

　このような比定は、論理的な考証によるものではなく、地図の上での地名さがしによる付会に過ぎない。しかし、このような推定は、かえって百済滅亡に至る最後の決戦場の比定に、少なからぬ混乱をもたらす結果になってしまった。

　任存城は、『三国史記』地理志に「任城郡　本百濟任存城　景德王改名　今大興郡」と記されているし、『東国輿地勝覧』では「任存城　今県西十三里有古石城」と見え、その位置まで明らかにされている。

　もし洪州が周留城だと仮定すれば、任存城はその北方ではなく、東方でなければならない。また、その隔たりも25里(10km)にすぎない。周留城が百済の運命をかけて戦っているのに、10km先の任存城では、腕を組んで、対岸の火事見物をしていたことになってしまう。

　燕岐説となると、これとは反対に、任存城は西方にあたることになる。「東

方己定　廻軍西伐」と改めなければならない。ところが最近、燕岐郡在住の金在鵬氏は『百済周留城研究』という著書の中で、実際にそのように原史料を改作して憚らなかった。地域エゴイズムから導き出された結論には、常に真実の歴史を歪める危険性が伴うということを忘れてはならない。

　1993年5月、扶安郡の地で開かれた「周留城・白江位置比定に関する討論会」で、李基東教授(東国大)は「南方己定は、韓山とみてもいいのではないか」と主張していた。「韓山も任存城の南方にあることに間違いはないから。」というのが、その理由である。

　しかし、このような見解は、やはり原史料を精読していないことによる錯覚であるというほかない。周留城が陥落したのは9月7日、羅唐軍が任存城を攻撃し始めたのは10月21日であった。韓山から任存城がある大興までは136里(54.4km)である。この距離を軍を廻らして北進するのに、1ヶ月半以上もかかったということは、常識外のことである。

　羅唐連合軍は、任存城の攻撃にあたって、14日以上は耐えきれず撤退してしまった。この最後の牙城を攻めるために、1ヶ月半を行軍したとすれば、この間の距離は決して近くなかったと推定することができよう。

　『三国史記』金庾信伝では、ただ、任存城だけは、土地は険しく、城は固いだけでなく、兵糧も不足していなかったので、30日間攻めても奪うことができなかった上、新羅軍卒の士気は地に落ちてしまったので、大王は「今、城一つを取れなかったとはいえ、他の諸城はみな降伏したので、功が空しかったとはいえないであろう。」と自らにいい聞かせながら11月4日軍隊を収めて、慶州に帰還している。

　『新・旧唐書』では、任存城を攻撃したいきさつを記述した後、「百済の余燼悉く平らぐ」・「百済の余党悉く平らぐ」などと表現し、3年余にわたる百済興復軍との戦いに幕をおろしたことを告げている。

　百済を平定したということを裏付ける痕跡は、その後、各地に残る地名に見つけ出すことができる。

　その一つは、『三国史記』地理志に見える唐州県である。これは唐総章2年2月、前司空英国公李勣らが、高宗に奏称したもので、もとの百済地域を都督府と7州に分け、その下におのおのの県を置いている。その中の一つである古四州には、「本古沙夫里　五県　平倭村　本古沙夫村」と見えている。「倭を平定した」という意味を含んでいる地名である。

また、『三国史記』地理志には、「古阜郡　本百濟古沙夫里郡…領県三　扶寧県本百濟皆火県、喜安県　本百濟欣良買県　今保安県」と見えている。古四・古沙夫里が、今の井邑、古阜で、豆良伊城攻撃の時の「古沙比城」であることはいうまでもない。扶寧県は、後に保安県と併せて現在の扶安になったわけであるが、この扶寧という地名こそ「扶余国を平寧した」ということになる。
　さらに、『高麗史』食貨志に「濟安浦　前号無浦　保安郡安興倉在焉」と見えるが、済安も「百済を平定した」という意味になる。この一帯に、このような「平倭」・「扶寧」・「済安」などの地名が並んで付けられたのは決して偶然なことではない。
　『文献備考』輿地考や、『大東地志』には、「扶安　上蘇山　在東北一里」といっている。蘇定方が上ったという意味である。これは、明らかに『唐書』に「乗山而陣」したという記録と符合する。
　しかし、近世に付けられた地名もある。はじめに「來蘇寺」をあげることができる。これは、『東国輿地勝覧』をはじめ、『大東地志』ですら「蘇萊寺」になっている。次は、『東国李相国集』の『南行月日記』にある「位金岩」、『東国輿地勝覧』の「禹陳岩」、『大東地志』の「禹金岩」などがいつの間にか、「遇金岩・遇金山城」などと改められている。このように改められた由来に関しては、周留山城入口に建てられた開岩祠にある「有唐奉常正卿新羅太大角干　追封興武王遺蹟碑」、つまり金庾信将軍を祀る祠の碑文に刻まれている。ここでは、「辺山來蘇寺東　遇金岩　有興武王奇蹟」といっている。これは、ここで蘇定方と金庾信が遇ったとして付けられたというのである。しかしこの碑文は「崇禎紀元後五丙午三月趙秉悳撰」となっているので、光武10年（1906）にようやく書かれたことになる。
　どうしてこのような地名の文字替えが行われたのであろうか。これに関しては、強いて論じたくはないが、百済興亡最後の決戦の舞台である歴史的現場の寺院や岩の名前まであえて変えて、勝利者を称える碑石を建てたことに対しては、一抹の悲憤を禁じえない。
　1982年に国立地理院で発行した五万分の一地図に「周留山城」と書かれていたこの山城が、いつの間にか「遇金山城」に書き替えられたが、1994年からは、ついに「周留山城」という原地名に戻っているのは幸いなことである。
　今まで述べてきたように、周留城・白江、すなわち州柔城・白村江を舞台とする百済最後の決戦の場について、日本の学者をはじめ、これを受け継いだ研

第一編　百済最後の決戦場の研究

究者によって、根強く固持され続けてきた「忠南、韓山説」の虚構性を明らかにするため、別表のような設問を並べて各説を対比してみた。もし私の判断に矛盾するところがあれば、ご意見を開陳していただければ幸甚である。

　百済最後の決戦、つまり三国統一戦争の舞台は、ほかならぬ百済の躯幹部に相当する全北、扶安地方であった。ここでは、多くの遺跡がそのまま放置されているだけでなく、日ごとに破壊されている。特にはなはだしいのは、「白村」に比定されている白山山城と、「豆良尹城」である蓑山山城である。これらの山城は、採石場と化し、城壁の直下まで40～50m以上の絶壁をなしている現状である。

　このような、歴史的意義を持っている遺跡群は、辺山半島の自然景観と相俟って無限の可能性を持つ韓・日共有の歴史観光資源でもあることを信じてやまない。

終章　百済最後の決戦の舞台はどこか

周留城・白江位置比定設問30条　対比表

内　　容	扶安説	韓山説	燕岐説
①〈自熊津往白江〉の白江は熊津江口外の別個の江であるか	○	×	×
②白江口に沿って伎伐浦が存在しているか	○	×	×
③〈險隘・不得方舟〉〈我国之要路〉にあたる地形か	○	×	×
④〈海岸泥濘　陷不可行〉する地形であるか	○	×	×
⑤〈升東岸、出左涯〉にあたる北流する江があるか	○	×	×
⑥〈乗山而陣〉した遺跡があるか	○	×	×
⑦〈岸上守船〉する沿海防御遺跡があるか	○	×	×
⑧徳物島を発した唐軍が伎伐浦に上陸、20日間補給、休養し台風を待避した熊津江外の地点であるか	○	×	×
⑨伎伐浦・白江の古県名と符合しているか	○	×	×
⑩伎伐浦・白江の三国時代遺跡が残っているか	○	×	×
⑪伎伐浦の転写地名が残っているか	○	×	×
⑫白江の転写地名が残っているか	○	×	×
⑬〈所夫里州　伎伐浦〉に属しているか	○	×	×
⑭豆良伊・周留の転写地名が付近にあるか	○	×	×
⑮古沙比城（古阜）と対峙する地形であるか	○	×	×
⑯古沙比城にあたる三国時代の城址があるか	○	×	×
⑰古沙比城から新羅軍が船便に依らず城南に至れるか	○	×	×
⑱古阜～加戸兮津間に賓骨壌・角山・加召川の遺跡、または地名があるか	○	×	×
⑲避城（金堤）の西方、沿海の山岳地帯か	○	×	×
⑳日本水軍が唐軍の威嚇を受けず来泊できるか	○	×	×
㉑熊津江口の方向に伎伐浦・白江があるか	○	×	×
㉒周留城に符合する三国時代の山城があるか	○	×	×
㉓周留城外郭に都城防御線が形成されているか	○	×	×
㉔〈土地磽确、非農桑之地〉の地形であるか	○	×	×
㉕〈山峻高谿隘、守易而攻難〉の地形であるか	○	×	×
㉖〈窟室〉があるか	○	×	×
㉗加林城から遠く離れているか	○	×	×
㉘〈南方已定、廻軍北伐〉にあたる南方にあるか	○	×	×
㉙牟弓（南平）の北、50里ずつ4日程かかる地点であるか	○	×	×
㉚〈平倭〉・〈扶寧〉など、百済・倭の平定を記念する地名が残っているか	○	×	×

第一編　百済最後の決戦場の研究

三国末、羅・済戦闘関係主要地名転写一覧表

史　料	伎伐浦	白　江	周留城	古沙比
三国史記　百済本紀	伎伐浦	白江	周留	古泗
三国史記　新羅本紀			豆良尹(伊)	古沙比
三国史記　新羅本紀	伎伐浦	白沙	豆陵(良)尹、周留	
三国史記　金庾信伝	依[伎]伐浦		豆率	
三国遺事　太宗武烈王	只火浦　長岩	白江　孫梁		
三国史記　地理志	皆火　扶寧(戒発)	欣良買　喜安		古沙夫里
三国史記　地理志(唐州県)				古四州　平倭県(古沙夫村)
高麗史　食貨志		希安	主乙浦　済安浦	
旧唐書　劉仁軌伝		白江	周留	
唐書　劉仁軌伝		白江	周留	
日本書紀　天智紀	加巴利濱		疎留	
日本書紀　天智紀		白村、白村江	州柔	
日本書紀　斉明紀			都都岐留(都留岐)	
魏志　馬韓伝	支半国		捷盧国	狗素国
晋書　張華伝		新弥国(依山帯海)		
翰苑				狗素
日本書紀　神功紀	支半		意流村(州流須祇)	古四邑　古沙山
文献備考　山川　東国輿地勝覧　世宗実録地理志		東津　息漳浦　東津	済安浦　玉浦	
五万分の一地図現地名	芝飛里　九芝里　界火島　大筏里	白山　東津江　欣浪里　白良里	蓑山(도롱이뫼)　苫浦	金寺洞山城

108

第二編　周留城・白江関連戦跡地の調査

1 東津半島一帯の海岸防柵跡

(1) 九芝里土城(扶安郡東津面九芝里)

　九芝里土城は東津半島の西側に面した微高地の地形に沿った鉢巻式の土段城柵跡である。もっとも高い東北角は27.5mである。東西と南北の軸の長さはおのおの300m内外である。

　城廓の西北面は急傾斜であり、東南面は緩慢であるが、その縁を削って土段が作られている。土段の高さは2.5～4mに及ぶ。

　城廓の周囲の全体の長さは1,347mであるが、東辺の中央の部分は内側に徐々にへこんで、東西の幅が130mまで狭くなっている。南辺の長さは200m

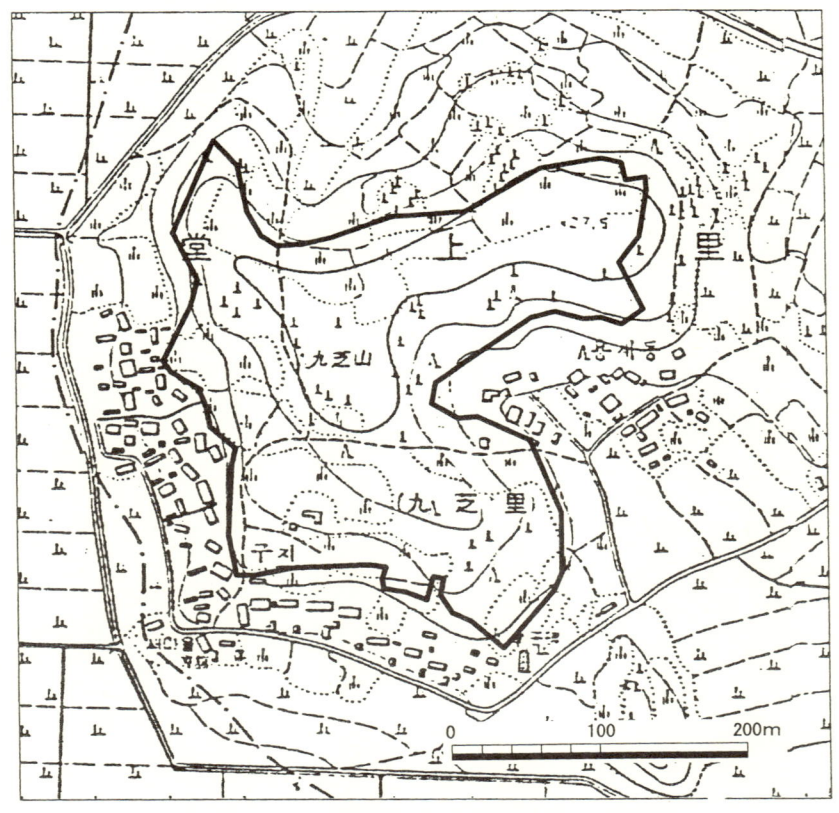

図2-1　扶安、九芝里土城（百済、皆火県）実測図

1 東津半島一帯の海岸防柵跡

2-1 九芝里土城 全景(1965)

2-2 九芝里土城 北辺に立つ筆者 背景は界火島(1965)

内外であり、西辺は329mであるが、南東角から80m入ったところに海に通じる出入口がある。

　南西角の約60㎡は、現在畑として耕作されているが、もとは建物跡と推定される。西北部には南北67m、東西幅48mの長方形の建物跡とみられる台地状広場がある。城内にあった本丸の跡と推定される。その北方城郭の外には井戸跡があったが、現在は埋められている。

　城郭は比較的よく残っている丘陵を削り落として土段を形成しているが、北辺は二重になっている。城内は耕作されており、多くの民間墳墓(以下「民墓」と呼ぶ)が立ち並んでいる。

　この土城は海に近接した要地であり、九芝里という地名は「旧只火・皆火」の意味で、すなわち百済時代の皆火県の旧址である。もちろん羅唐連合軍の侵攻に対する防御地としての役割を持っていたところである。

　この遺跡は古代城郭として非常に珍しい型式で、日本の「吉野ヶ里遺跡」に似た類型である。この付近からは無文土器をはじめとして、百済時代の土器片まで採集されたことがある。また、打製の石鋤・石斧や三角形石庖丁、砥石など磨製石器も発見されたことがある。

(2) **龍化洞土城**(扶安郡界火面昌北里)

　龍化洞土城は九芝里土城から北方へ約500m離れたところの低い微高地をめぐった土段城柵跡である。前面のいちばん高いところは24～25m、平面は地形に沿って東西に約215m走って北側に折れ、東辺では南北の細長い稜線に沿って二重の土段が走っている。ここからまた西側にコの字形に走っているが、現在は昌北里の集落団地になって北側は破壊されている。もとは南北軸の長さは370mになり、東西幅は270mである。西辺には海に向かった幅6mの出入通路の跡が残っている。これが西門跡であろう。また東辺の中央に東門跡と推定される陥没した出入通路がある。南辺では東辺に折れる稜線上に破壊された古墳1基が確認された。

　一部を除いた土段の痕跡は比較的よく残っている。しかしここも民墓が日に日に増加している。

　海に面した防柵土城の類型として、百済末期に羅唐連合軍の侵攻に備えた遺跡である。1965年採集された遺物には、石鋤・尖頭石器・石斧・抛石丸などの石器、および牛角形把手など赤色無文土器片・百済系の灰色瓦質土器片など

1 東津半島一帯の海岸防柵跡

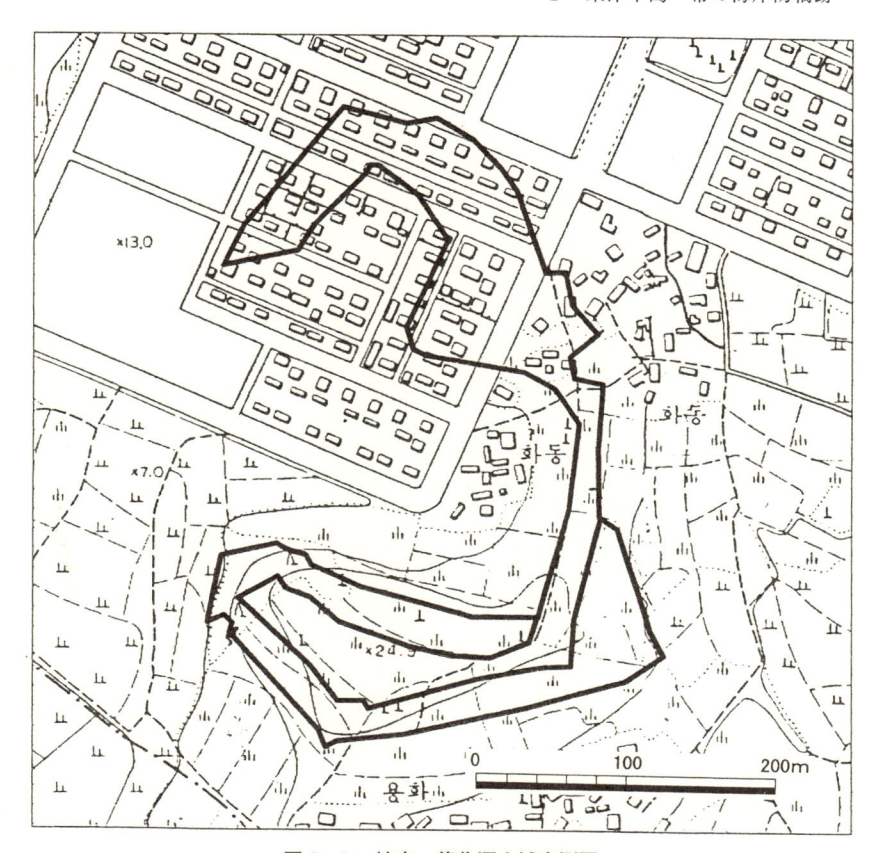

図 2-2 扶安、龍化洞土城実測図

があった。

(3) **廉昌山城**(扶安郡界火面昌北里)

　廉昌山城は東津半島の西北端に位置し、界火島と向かい合っている。もとは海に突出した丘陵地帯で、高さ52mの山峰を鉢巻式に囲んだ城跡である。城郭は南北に長い楕円形の平面をなし、百済時代の城柵跡とは異なる土塁で築かれていた。しかし基本プランにおいては伝統的な鉢巻式である。この城はおそらく高麗時代に倭寇に備えて修築されたと推定される。

　城郭の周囲は478m、40度方向の南北長軸の長さは約190mであり、城内の最大幅は約85mの平面楕円形である。城郭の外側は急傾斜で、高さが11mに及

第二編　周留城・白江関連戦跡地の調査

2-3　龍化洞土城　西辺全景（1989）

2-4　龍化洞城内にあった百済古墳群　南から（1965）

ぶところもあるが、北辺は崩れている。

　頂上部は仁同張氏の民墓によってほぼ原形を失っており、南側の城内は開墾されたところもあるが、原形に近い。城内では高麗時代から近世に至る瓦片・土器片などが採集されている。

　廉昌山城はもと塩倉の雅字表記で、昌北里という地名も廉昌の北という意味である。山上の鉢巻式山城はその築造方法からみて高麗時代のものであるが、立地やプランから考えてみると、すでに百済時代に創築されたことが考えられる。山麓をめぐった龍井里土城とともに歴史上において、百済の重要な防御拠点であったと推定される。

(4) **龍井里土城**(扶安郡界火面昌北里)

　龍井里は廉昌山の南麓にある村の名前である。この土城は廉昌山の麓と東南に伸び下った微高地をめぐる城柵跡である。廉昌山の東南はおたまじゃくし形、または曲玉の形をなし、伸びた丘陵の高さは最高27.9mであるが、だいたい標高20m前後の山麓を一段、あるいは2～3段に削って回廊道を設置した土段城柵跡である。最南端の先は龍化洞土城の西辺と約200mの距離をおいて向かい合っている。

　この土城の南端G地点から廉昌山の北端C地点までの北東辺の長さは750mに及ぶ。南辺は共同墓地になって城郭の跡が曖昧なところもあるが、西側は比較的よく残っている。長さは116mであり、再び西辺を巡っているが南に走った土城の内側幅は70～80m前後である。

　廉昌山の西辺は石切り場によって削られ、城郭の原形が切断されており、南面は耕作によって原形を失っているが、所々回廊道の跡が残っているので、廉昌山全体を巡っている城郭の全長は約2,563mである。

　城郭には地形に沿って2～3段の回廊道を設置したところもある。そして北辺中央と南辺の西南角には海から上陸できる通路があり、これがおのおの北門跡と南門跡に推定される。城内の畑では百済時代の土器片がみられる。

　原形は比較的よく残っているが、東辺の一部は耕作地の拡張によって破壊されている。南側に伸びた土城内は共同墓地になっており、耕作地として開墾されている。

　龍井里土城は意外にもその規模が大きく、他の地方ではみられない百済時代の典型的な海岸防柵地として、その跡がよく残っている。

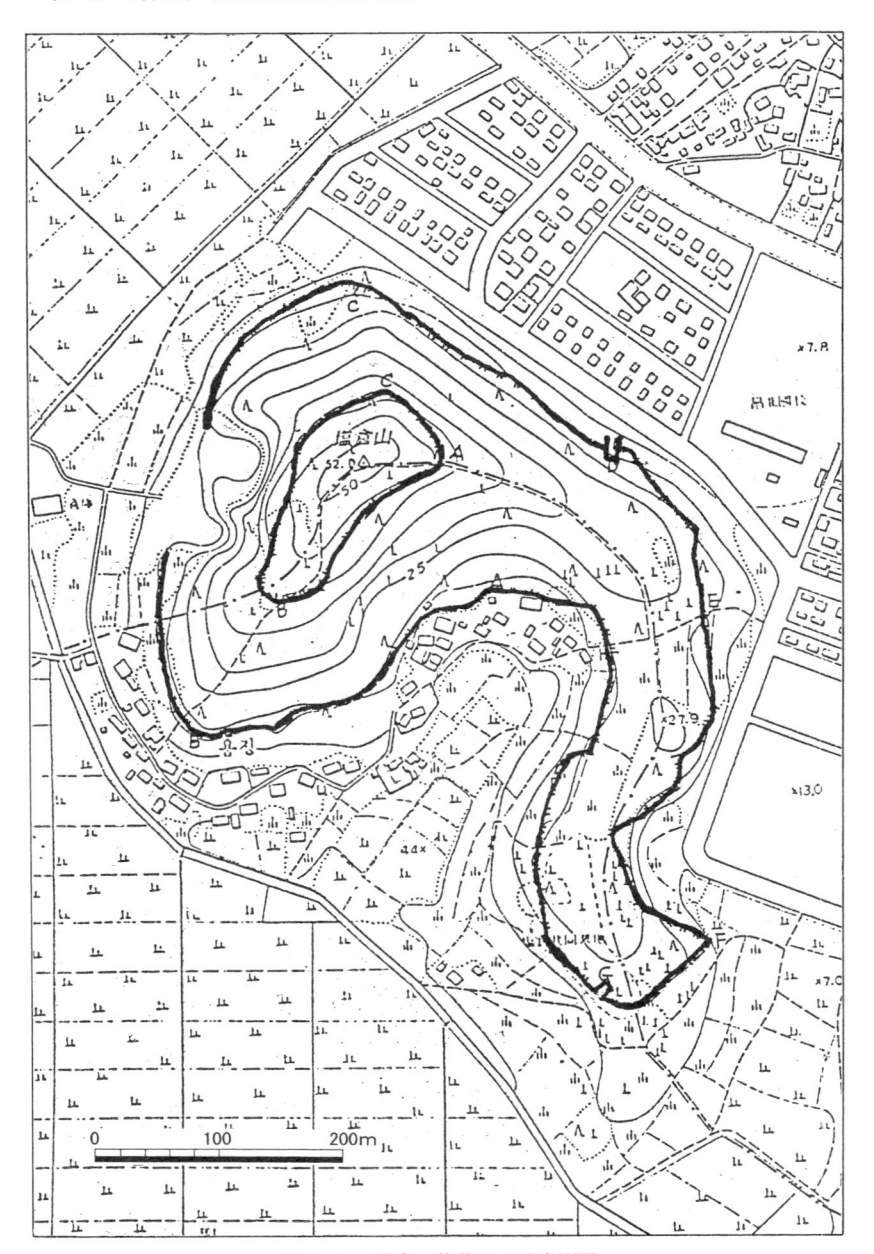

第二編　周留城・白江関連戦跡地の調査

図2-3　扶安、龍井里土城実測図

1　東津半島一帯の海岸防柵跡

2-5　龍井里土城　東辺土段跡　南から（1994）

2-6　龍井里土城　南方突出部の防塞跡　西から（1994）

(5) **修文山土城**(扶安郡界火面昌北里)

　昌北里の北方に走った丘陵地帯に最高32.5m、三面にいくつかの土段を削って成形した防柵地である。下段の外城は南に約170m伸びて、今の昌北教会がある稜線まで含んでいる。北端には海に向かった通路がある。この下段防柵地の幅は約80m内外であり、周囲は約1,230mに及ぶ。

　上段(内城)は南北長軸の楕円形をなす回廊道を設置しているが、周囲は433m、南北長軸は183mであり、最大幅は95mに及ぶ。城内はほぼ平坦であるが、これは人為的に削られたと思われる。

　外城は耕作地に開墾され、東辺の一部は民墓が設置されているが、土段や回廊道を確認することができる。内城は松林に覆われて原形がよく残されている。

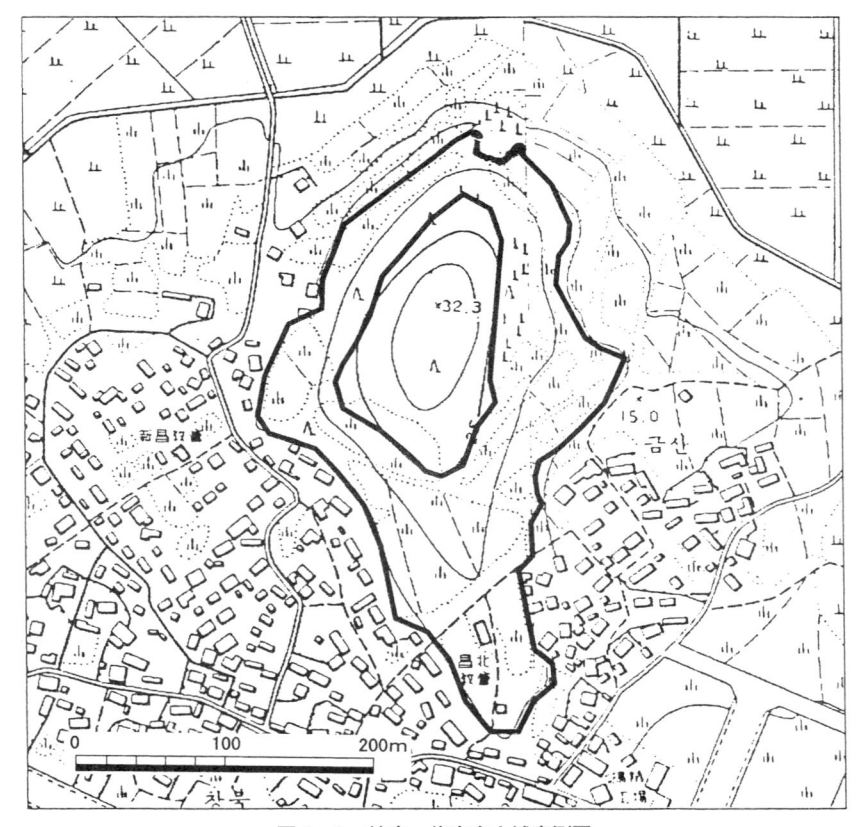

図2-4　扶安、修文山土城実測図

1　東津半島一帯の海岸防柵跡

2-7　修文山土城　東辺遠景（1994）

2-8　修文山土城　北端の土段回廊道（1965）

東南方の畑の中に無文土器片が散乱している。1965年に匙形など打製石器が採集され、ノコギリ文肩帯をめぐらした壺片、牛角形把手などがあり、三国時代の陶器片も出た。

龍化洞・龍井里の土城とともに百済時代の海岸防柵地の類型として考古学的に重要な意義を持っている。

(6) **盤谷里土城**(扶安郡東津面安城里)

盤谷山は廉昌山とは対称的に、東津半島の東側の海に面した峰である。独立した峰のようにみえるが、廉昌山から東西にえんえんと長い丘陵地帯が延びて、東津半島を馬蹄形に防御することができる天然の防御線を画している。

山城はこの盤谷山を最高峰として西側に長く走る丘陵を囲み、上面を削って土段を設置した防柵地である。

この防柵の長軸は西南215度方向で、長さは300m。城郭は中央部が柳腰のように狭くなって、いちばん狭いところの幅はわずか12mにすぎない。

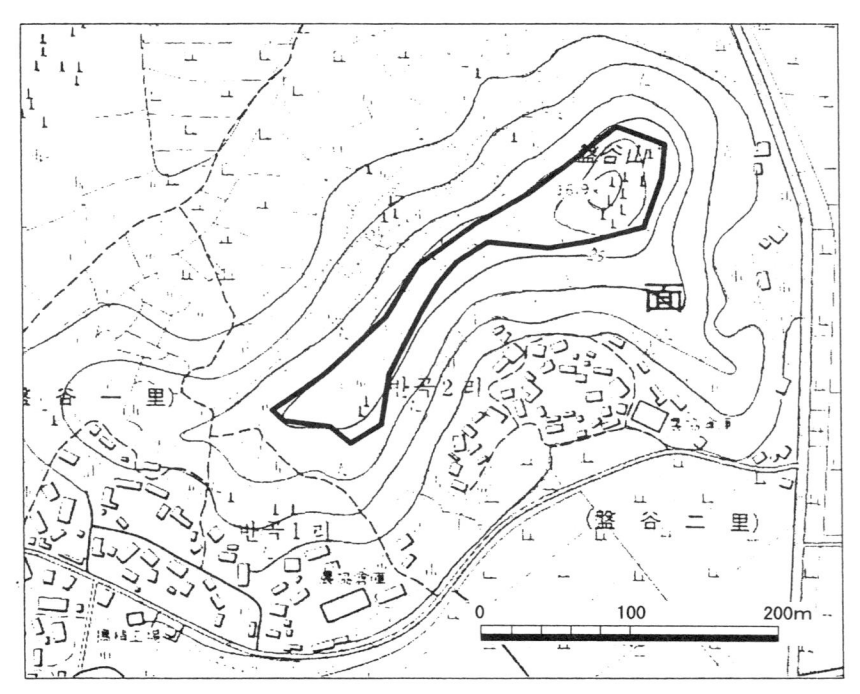

図2-5　扶安、盤谷里土城実測図

1 東津半島一帯の海岸防柵跡

2-9 東津江畔から眺めた盤谷里土城 (1994)

2-10 盤谷里土城、城内光景 西南から (1965)

防柵地は高さ3〜4mに及び、北辺には二重、三重の土段が設置されている。城郭の周囲は745mである。

城郭の南辺と峰は松林に覆われて原形がよく保存されている。城内はほぼ開墾されている。

1965年、無文土器ならびに百済時代の陶質土器片などが採集された。表面には縄席文・格子文などが施され、牛角形把手があり、環状把手の裏には籾痕が押されていた。最近九州大学の西谷正教授と現場を訪れた時、打製石鏃1点を採集したことがある。

廉昌山など、東津半島の防御遺跡と同じ時期、同じ類型の城郭で、特に百済時代、東津半島馬蹄形防御遺跡の東端部分にあたる。考古学的な研究保存価値が高い。

(7) **上蘇山城**(扶安郡扶安邑東中里・西外里・駅里)

扶安邑の主山である上蘇山(高さ114.9m)を囲んだ二重の城である。李朝中宗(1506〜1544)代にこれを拡張して平山城である邑城を築くまでは二重の鉢巻式山城であった。

内城は現在の八角亭がある頂上部を鉢巻式に囲んだ土城で、長軸が正南北方向のボート形をなしている。南北長軸の長さは140m、最大幅は70mである。直線の南辺は長さ33m、弧形の東辺は165m、周囲の全長は334mで、蓑山・所山山城と比較される典型的な鉢巻式山城であった。北端は張り出しており、西辺は136mである。土築で城壁の高さは3〜4m内外である。西辺の北側の近くに幅9mの陥没部があり、城門跡と推定される。

外城は地形に沿って内城を囲んでいるが、平面はかいこのマユ形をなしている。南辺は長さ138m、西辺は353mであり、弧形の東辺の長さは317.2mで周囲800mに及ぶ。中宗朝の邑城は外城の西辺に沿ってそのまま利用しているが、西辺の一部と東辺には石築の痕跡が残っている。

北端には幅10m程度の陥没部があるが、これはもと北門の跡と考えられ、それより東に約15m離れて幅6mの平行な側壁があり、これは修築後の北門跡と推定される。

城郭はよく残っているが、遺跡を無視した西林公園の開発によって原形は毀損されている。

上蘇山は「蘇定方が登った」という意味だといわれている。いつからこのよ

1　東津半島一帯の海岸防柵跡

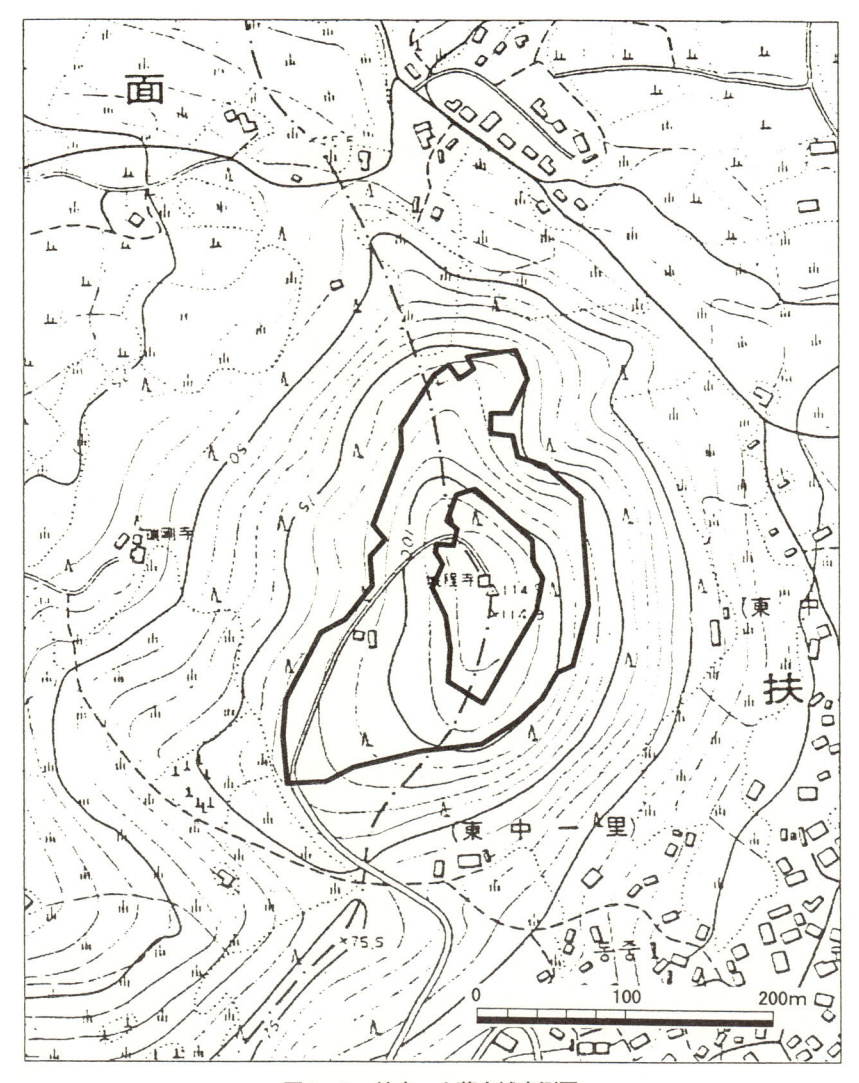

図2-6　扶安、上蘇山城実測図

うな名前が付けられたかはっきり分からないが、『文献備考』・『輿地図書』などには上蘇山という名前が見えている。

　このような名称は『旧唐書』・『唐書』などで、蘇定方が「東岸に上がって山に登り、山に陣を張って後ろから攻撃して大きく(百済軍を)破った。」という記

第二編　周留城・白江関連戦跡地の調査

2-11　上蘇山城　東辺遠景（1965）

2-12　上蘇山城　中城東辺石垣（1965）

録とも符合する。蘇定方は当初は西北岸の伎伐浦(または只伐浦)に上陸を試みたが、百済軍の防備が堅いので迂廻して東岸に上陸し、山に登って百済軍の海岸防御陣地を逆撃したという話である。

このシナリオを東津半島に適用させてみると、龍井里・龍化洞・修文山などの防御線との正面対決を避けて、東津半島の東岸に上陸したことになる。したがって蘇定方が登った山は、つまり上蘇山であるとみてよい。

2 周留城と外廓防御遺跡

(1) **周留山城**(扶安郡上西面甘橋里)

1994年3月発行以後の国立地理院の五万分の一、および二万五千分の一地図には「周留山城」と記載されているので、これに従う。その以前は「禹金山城」、または「位金岩山城」・「禹陳古城」と書かれ、「禹金岩山城」とも呼ばれた。

城郭はいわゆる禹金岩(高さ329m)を西南角とし、西辺には282mの高地、331.5mの高地などを連結し、北端の300mの高地と東辺の302mの高地、そして234.7mの高地などを連結する稜線と、南辺中央の水口を塞ぐいわゆる「四高中寛」の包谷式山城である。

南辺は禹金岩から東に水口に向かって走る稜線に沿って石城を築き、西辺は西斜面の八部稜線に石築したがほぼ崩れている。東辺では石築の痕跡はみえない。これは最初から築かれていなかったと考えられる。ただ水口から東南角までの前面は石築したが、これもほぼ崩れている。

城郭の西辺に北将台があり、南辺水口の西側には南将台がある。

城郭の南辺西側、つまり禹金岩から南将台までの距離は675m、ここから水口までは118mである。南辺東側は563mであり、禹金岩の根元から西北角である331.5mの高地までは800m、この城郭は稜線に沿って夾築している(夾築とは平地に積み上げた版築の表裏を石で築き上げる工法であり、「華城城役儀軌」に記されている工法。山の斜面に托して築造する工法は「内托」という)。またここから北端までは830mであり、東辺の長さは1,010mで、山城の周囲の全長は約3,995mになる。城壁の高さは3m内外で上面の幅は2m以上である。水口には小川を挟んで東西両側に南門の礎石が転がっている。

北将台 西辺の最高峰である331mの高地上に設置されている。幅4mの城

第二編　周留城・白江関連戦跡地の調査

2-13　禹金岩から見下ろした周留城内の妙岩寺跡（1965）

2-14　王宮跡と推定される妙岩寺跡の石築基壇（1994）

壁の上面を15mくらい広げて、長さ22mの台地を形成している。つながれた城壁は直角に屈折し、将台は北へ突出している。

特に城壁の内外は高くなって、内側は4m以上、外側も3m以上である。しかし城壁は大部分崩れている。

南将台 禹金岩から東へ走る稜線にしたがって下る端に突出した絶壁の上に位置する。この稜線にしたがって下っていく城壁は南将台の根元に幅3mの暗門(潜り門)が設置されている。南将台の西辺はこの暗門から39m南へ伸びているが、南端は約12m四方の大きな岩盤になっている。東辺の長さは約42m、根元の幅は約30mで、平面はほぼ三角形をなしている。

南将台は根元から幅2.5m、高さ50cmの障壁に区画されている。この障壁には幅4mの出入口があるが、外には長さ45m、幅30mの広場が隣接している。

元暁房・窟室 城外である禹金岩の西辺には半月形の窟室がある。窟室の前面門口の幅は20mであり、掘られた深さは23m内外である。元暁房は禹金岩の頂上にあったが、この窟室を元暁房と呼んできた。このような窟室は北方にも二つある。

妙岩寺跡 城内の入口は中央に伸びてきた丘を境界にして東西の二つの谷に分かれる。西側の谷は小川を挟んで、さらに南北の二つの地域に分かれるが、南側を第一地区、北側を第二地区と呼ぶことにしよう。

第一地区は長軸が東南120度方向で、長さ100m、幅約60mの広場であるが、内側に石築基壇を築いた建物跡がある。石築の高さは約3.5mであり、広さは前面の長さが60mで、幅が15m内外である。

妙岩寺跡は第二地区の東側にあり、小川を渡った所に石で築いた井戸がある。この井戸の東側の傾斜面には4段に整えて石築した建物跡がある。石築の前面は210度方向である。最下段の石築基壇は高さ4mであり、長さは45m、建物跡の幅は9mである。2段目の石築は高さ2m、長さ50m、幅12mであり、3段目は高さ2m、長さ37m、幅18mである。最上段は現在民墓が3基あるが、石築は高さ2m、幅15mである。この最上段には二本杉老木2本が27m離れて東西に向い合っている。東の側面と北辺は竹林に覆われている。高麗神宗の時代に全州司録兼掌書記であった李奎報は『南行月日記』の中で、妙岩寺について次のように詩を詠んだ。

    妙岩高揖　位金岩　　(妙岩寺は高く位金岩を仰ぎえしゃくし)
    偸覷清都　愧眼凡　　(清き都をぬすみみれば平凡な眼を愧じる)

第二編　周留城・白江関連戦跡地の調査

　　幽澗水渟　　猿掬飲　　（幽谷に水渟れば猿が掬って飲み）
　　陽崖草活　　鹿來銜　　（日向の崖に草茂れば鹿来たりて銜み）
　　僧高只対　　虚心竹　　（高僧は只虚心の竹に対して坐し）
　　寺古空看　　合抱杉　　（古寺は空しく合い抱えの杉をみるだけ）

　時代は異なるが、700年前に妙岩寺があった当時の風景とそっくりではないか。この妙岩寺跡が百済亡国後、豊璋王が3年間とどまった王宮跡である。建物跡周辺には、百済から近世に至る瓦や土器片などが散乱している。建物跡の四方にも、渓流に沿って奥に60m、幅30mの平面楕円形の台地が伸びているが、ここにも瓦片が散乱している。この中には直径19cmの唐草文と連珠文をめぐらした丸瓦や8星形の軒瓦も出ている(p.96　1-33参照)。

　禹金岩から南将台に至る城郭の原形はよく残っている。しかし西辺と南辺東側の城郭は大部分が崩れている。この城は北端から北に向かって約100m延長されている。東辺の稜線では石築は見あたらない。

　城内には建物跡の石築がそのまま残っているが、民墓設置・開墾・無許可建物などによって将来破壊されるおそれがある。

　なお、周留山城の重要性については、以下の点があげられる。

　①『三国史記』の「豆率城」・「豆良尹」、『旧唐書』・『唐書』の「周留城」、『日本書紀』の「州柔城」にあたる根拠になる。これはわが国の歴史上において三国統一戦争の現場としてのもっとも重要な歴史的意義を持っている。

　②城郭の規模は最大であり、これは3年という短い期間でありながらも、興復軍の王都として使われたことを裏付けるものである。

　　高句麗式山城の周囲の大きさを比べてみると次のようである、

　　　1．長寿山城(黄海南道新院郡)　　　　　9,680m
　　　2．山城子山城(吉林省集安市)　　　　　6,951m
　　　3．大聖山城(平壌市)　　　　　　　　　7,076m
　　　4．公山城(公州市)　　　　　　　　　　2,660m
　　　5．夢村土城(ソウル市)　　　　　　　　2,285m
　　　6．金寺洞山城(井邑郡永元面)　　　　　2,467m(古沙夫里の方城跡)
　　　7．大野城(日本太宰府市・大野城市)　　6,200m

　③『日本書紀』天智紀に豊璋王が窟室に隠れていた福信将軍を引っ張り出して処断したという記録がある。したがって周留城の位置を考証するためには窟室が存在しなければならない。『東国輿地勝覧』扶安山川条には「禹陳岩　在

邊山頂　岩体円而高大　望之雪色　岩下有三窟　各有居僧」と記されている。

(2) **蓑山山城**(扶安郡舟山面士山里)

蓑山山城は周留城の入口である開岩寺の谷間と向かい合っている東側にあり、ほぼ独立した山峰の頂上を囲んだ鉢巻式土城である。山の高さは105.4mである。地形に沿ってほぼ平坦な頂上を楕円形に囲む土段を築き、内側に回廊道が設置されている。

城郭の長軸は東北約42度の方向で、その長さは100m、最大幅は55mである。城郭の斜面は急傾斜で高さは3m内外である。南辺と西辺には回廊道を掘り上げて土塁を造っている。

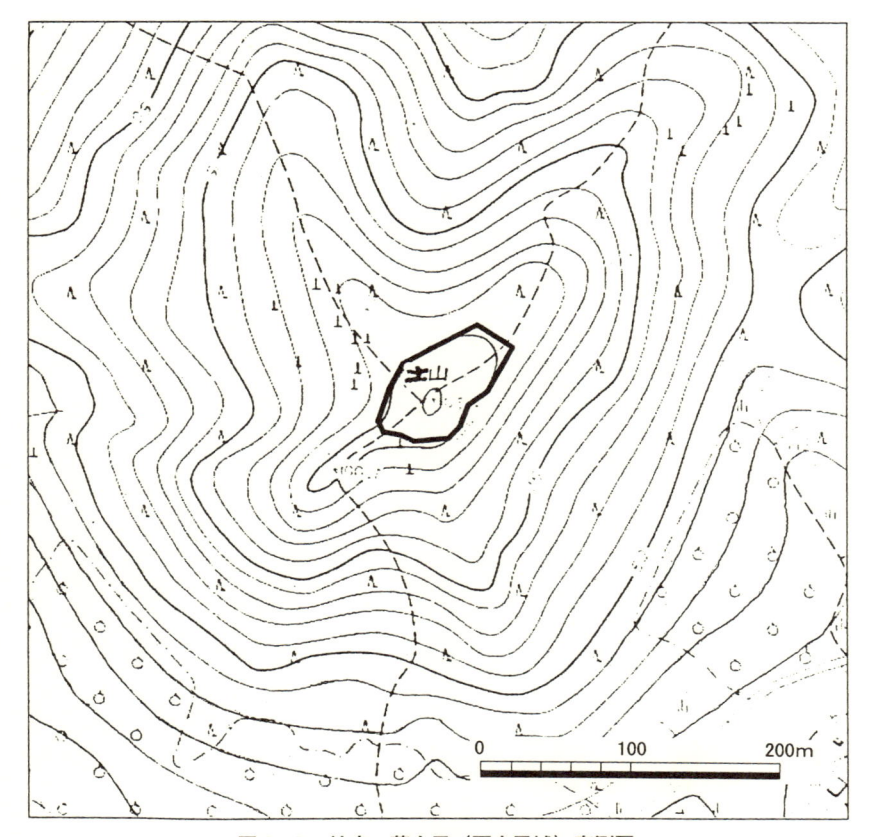

図2-8　扶安、蓑山里（豆良尹城）実測図

第二編　周留城・白江関連戦跡地の調査

2-15　蓑山里、豆良尹城遠景　南から（1994）

2-16　蓑山山城　南辺土塁跡（1965）

東辺の長さは84m、北辺は30m、西辺は113.5mであり、中央部には幅4m内外の出入口跡がある。南辺の長さは44m、全長は275mである。

城郭の内外はこんもりとした松林に覆われ、頂上部には民墓が設置されている。

城郭の南辺近くには石切り場が許可され、高さ50余mの人為的な絶壁を形成している。1994年3月からは東辺に磨砂土の採掘が許可され、自然が大きく毀損されている。

山の名である糞山は「トロンイ・メ」(Torongi-me) と呼ばれているが、これは『三国史記』新羅本紀の「豆良尹」・「豆率」、『旧唐書』・『唐書』の「周留」に対応する。百済最後の決戦場である周留城と関連があることを裏付けている。

このように地名が違うのは、各国で地名を表記するために借りた漢字が異っているためであるが、その源は馬韓時代まで遡る。つまり『三国志』魏志馬韓五十四国の国名の中で「支半国・狗素国・捷盧国・牟盧卑離国」という記録がみえる。これは現在の全羅北道扶安郡を中心として西海岸地域の昔の地名に対比される。支半は皆火・戒発であった扶寧県であり、狗素は古沙夫里と同じ音で現在の古阜である。牟盧卑離は百済時代の毛良夫里県で、現在の高敞に該当する。したがって、これら3ヶ国を結ぶ三角地帯の中に位置した捷盧国はつまり豆良尹・周留であり、これは「糞」として残っていることが分かる。

以上のように地名から考えてみても周留城が扶安地方であることは十分に裏付けられているのである。

羅唐連合軍によって百済王都が陥落した次の年の3月、新羅軍は百済興復軍に包囲された唐の劉仁願の軍隊を救援するという名分の下に独自に軍を出動させ、豆良伊城を攻めようとした。百済軍は城の南に陣を張ろうとする新羅軍を奇襲して退けると、新羅軍は古沙比城に駐屯し、36日間も対峙していたが、勝てず退いていった。古沙比城は古沙夫里の異写である。

また、退いた新羅軍が通過したコース上の地名は賓骨壌(後の泰仁)～角山(現在の任実郡舘村面城米山城)～加召川(居昌の北方、加祚県)などであり、これは古阜から居昌まで連絡する路線である。つまりこの路線を西側に延長すると周留城に至るのはいうまでもない。

これは周留山城の陥落に先だって、新羅軍の攻撃を受けて抗戦した百済の遺跡としてだけでなく、百済の鉢巻式山城の典型としても保存価値が高い山城である。

(3) 所山里山城（扶安郡舟山面所山里）

　舟山（高さ231m）の山筋の東端にある所山（高さ146m）の頂上を囲んだ鉢巻式の土城である。蓑山からは東南方向に約2.5km離れている。東には古阜川を挟んで古沙夫里の昔の跡である古阜と向かい合っている。城郭の長軸は西南130度方向で楕円形をなし、南北長軸の長さは125m、最大幅は64mになる。東辺の長さは163m、北辺は51m、西辺は126m、南辺は36mであり、周囲は326mである。

　城の内外は森に覆われているが、よく保存されている。こんもりとした雑木林によって通路が遮られて接近しにくい状態である。

　蓑山山城の立地と規模が類似し、百済時代の典型的な鉢巻式山城である。

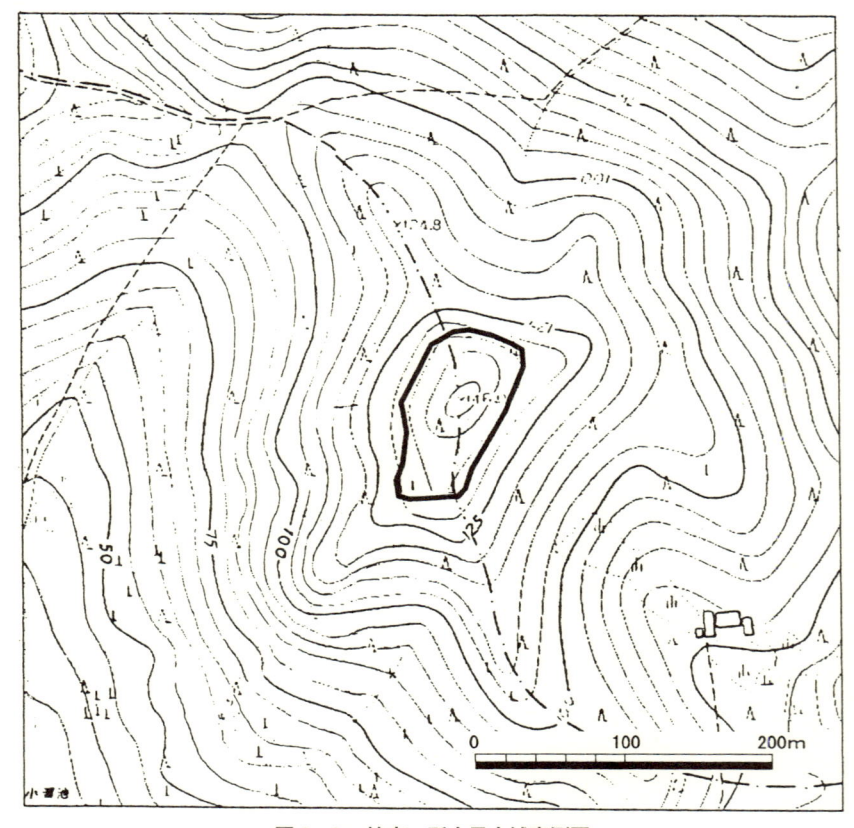

図2-9　扶安、所山里山城実測図

2　周留城と外廓防御遺跡

2-17　所山里山城　遠景　西方から（1965）

2-18　所山里山城　西辺のテラス状台地（1965）
　　　最初のモミ圧痕土器が発見された。

第二編　周留城・白江関連戦跡地の調査

蓑山山城とともに百済末期、豆良伊城侵攻の際の防御遺跡として非常に重要な意義を持っている。つまり『三国史記』新羅本紀、太宗8年条に新羅軍の先発隊が豆良伊城の南で陣を張る場所を物色していたところ、これを見た百済軍の襲撃を受けて古沙比城へ退いていったという記録と対応する城である。

この城もやはり百済時代以前の山上囲郭遺跡があるところで、ここで私は1965年にわが国最初の籾痕がある無文土器片を発見した。これは東津江流域が早く無文土器時代から稲作が始まったことを証明してくれる資料である。

(4) 白山土城 (扶安郡白山面龍渓里)

白山土城は井邑川の筋である東津江下流の西岸に位置する高さ47.4mの独立した峰と南方に走る台地を囲んだ多重の土城である。

この城郭は山上を平坦に整えた山上台地であり、長軸方向が東南135度のかいこのマユ形で、最大幅25m、長さ80m、周囲181.5mである。約3m下にある2段目の土段の平面もやはり楕円形で鉢巻式である。長軸の長さは120m、最大幅60mである。城郭は土段を築き、幅が8〜12mの回廊道を廻らしている。土段の高さは3m前後である。その下にまた鉢巻式に囲まれた中城はだいたい同じ長軸方向で、周囲は506mに及ぶ。南側の丘陵を廻った土城につながる南辺は土段が不明確である。

鉢巻式山城の西南215度方向に走る約10mの高さの細長い丘陵地帯までを含む外城の周囲は1,064m、平面長軸の長さは358m、最大の幅は230mである。この外城は鉢巻式の中城の根元から約320m伸びており、幅は70m内外である。開墾・民墓の設置などによって原形が損傷され、痕跡が不明確なところもあるが、土段はよく残っている。土段の高さは3〜4mである。城内の回廊道からは無文土器と百済時代の土器片が発見されている。

城郭の東西両側には石切り場の花崗岩採取によって保護区域以上に破壊されている。城内には「東学革命紀念塔」が立てられている。土城、つまり外城内はほぼ開墾されたが、近来の民墓設置を除いては原形がよく残っている。

城内の出土品や城郭の構造からみて、やはり盤谷里や龍井洞の防柵土城跡と同じ類型に属する。

白山土城は百済末期、興復軍の豊璋王が日本の救援軍を迎えるために州柔城から下りてきたという記録がある白村(ハクスキ)にあてられる。『日本書紀』天智紀2年8月条には次のように記されている。

2　周留城と外廓防御遺跡

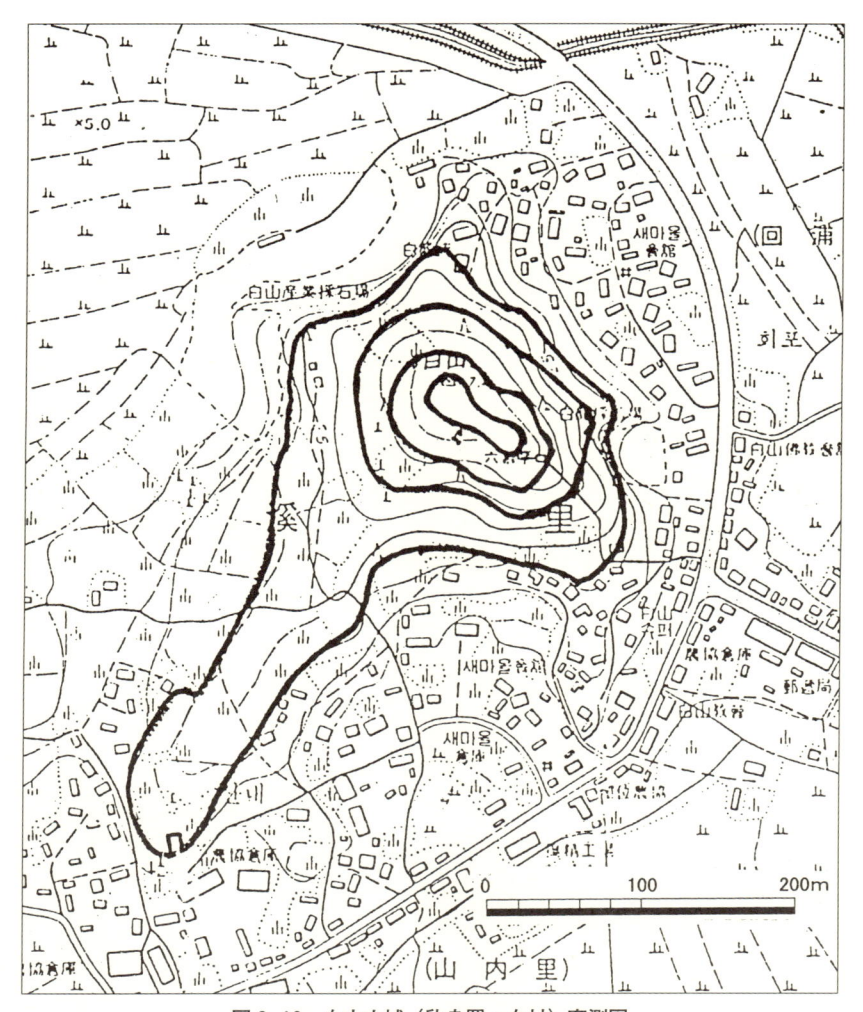

図2-10　白山土城（欣良買・白村）実測図

　百済(王)は敵の計るところを知りて、諸将に謂りて曰く、「今聞く、大日本国の救将廬原君臣、健児万余を率いて正に海を越えて至る。願わくば諸将軍等応に預めこれを図れ、我れ自ら白村に行きて(これを)待ち饗へむと欲す」

　（百済知賊所計　謂諸將曰　今聞　大日本國之救將廬原君臣　率健兒萬余　正當越海而至　願諸將軍等　應預圖之　我欲自往待饗白村）

135

第二編　周留城・白江関連戦跡地の調査

2-19　白山土城　東辺遠景（1992）

2-20　白山土城　南面城内の光景（1994）

2　周留城と外廓防御遺跡

　この白村は百済時代の欣良買県、今の白山城にあたり、欣良買は「힌내말」(hin-ne-mol)を表記したもので『日本書紀』の白村江に対応する。
　1894年、東学農民戦争の当時、東学軍がはじめて革命の旗幟を揚げた場所、いわゆる「白山起包」の遺跡として有名である。しかし城郭は東学軍が築いたものではない。白山土城については次の諸点を留意すべきである。
　①すでに地方文化財に指定されているが、百済時代の山城にも関わらず案内板には東学軍の「白山起包」のことしか記載されていないので、修正しなければならない。
　②指定当時の城郭画定は鉢巻式山城の城郭の縁辺を基準としたが、さらに下辺に外城があるので、城郭の土段の根元を基準としなければならず、再画定の必要がある。今回の調査によって鉢巻式山城だけでなく盤谷里式山城の類型として南に走る丘陵の土城まで含めなければならないことが分かってきたので、再び精密実測した後に保護区域を拡張調整しなければならない。そのためには実測、および試掘調査が行わなければならない。
　③「白山起包」遺跡とともに史跡として保存する価値が高いので、国家指定史跡（日本の国史跡にあたる）に指定し、保護区域も拡張しなければならない。
　④確固たる文化遺跡の拠点都市への開発の一環として、石山の採石許可は取消すべきである。

(5) **金堤城山城**（金堤市校村洞）

　金堤市の西郭を画する城山は、高さ42mの南北に長い独立した小山であるが、その頂部を地形に沿って楕円形に囲んだ土城である。この土城は東北辺(D〜E)104.6m、東辺(E〜G)181.5m、南辺(G〜A)22.5m、西辺(A〜D)250.6mで、周囲は559.0mに及ぶ。城郭は山斜面を削って、幅5m内外の回廊を廻らし、余土を利用して土塁を築いている。土塁の断面は内側斜面の高さ1.6m、上面は幅2.4m、外斜面は西辺では13.5mで急峻である。西辺B地点と、東辺F地点では城門の痕跡がみられる。現在、流失または破壊されたところもあるが、ほとんど土塁はよく残っている。ただし、この土塁が高麗時代に修築されたことは、洗い流された断面の中に、百済時代の瓦片が埋もれていることで推測される。結局、この土城は百済時代に築かれたものが、高麗時代に再度築き直されたのである。城内では、百済時代から高麗時代にわたる土器片などがみられる。
　金堤は馬韓五十四国中の辟卑離国、百済の碧骨郡である。『日本書紀』天智

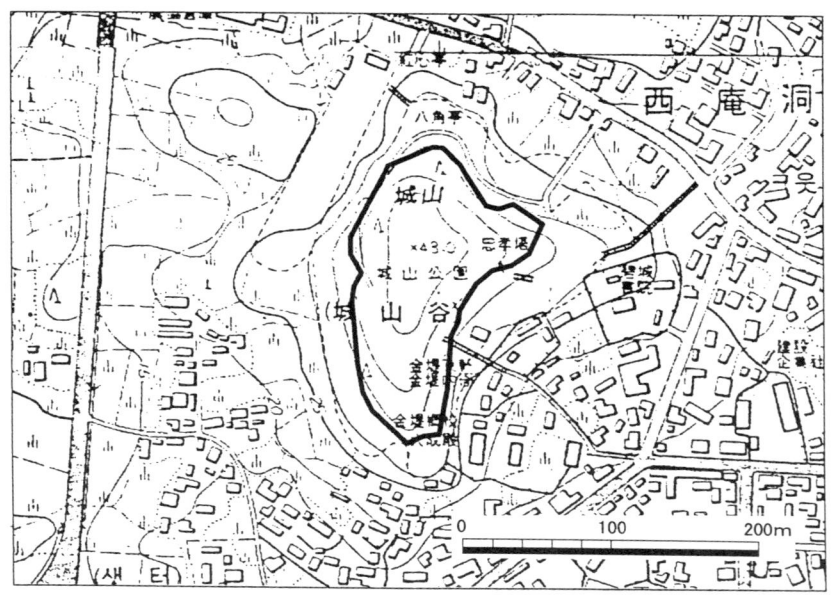

第二編　周留城・白江関連戦跡地の調査

図2-11　金堤、城山山城（辟支山）実測図

2-21　城山山城　西辺土塁（1966）

3 中方古沙夫里城の関連遺跡

紀2年条の避城は、異本には辟城となっているので、現在の金堤であることは明らかである。つまり、百済の豊璋王が一時、州柔城(周留城)から遷都したというところである。したがって、州柔城は金堤より西方に求めなくてはならないのは当然である。

3　中方古沙夫里城の関連遺跡

(1) 金寺洞山城(井邑市永元面隠仙里)

　この山城は、斗升山から天台山に向かって北走する山稜から分かれて、西方に伸びた海抜200mと170mの東西両峰を鉢巻式に囲み、さらに北斜面の水口をかかえた複合的包谷式山城である。

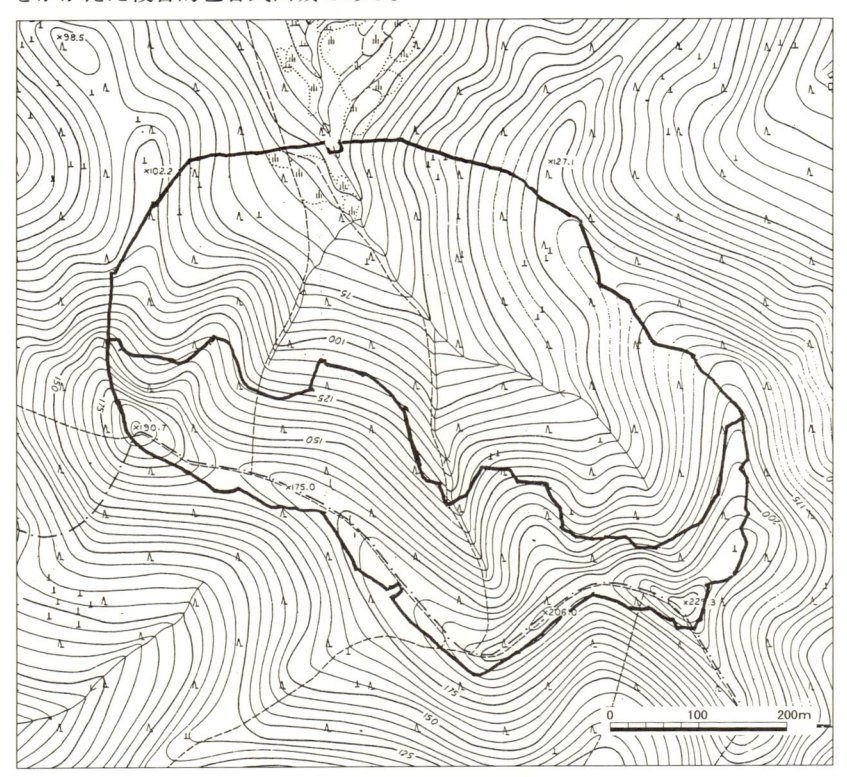

図2-12　井邑、金寺洞山城実測図

第二編　周留城・白江関連戦跡地の調査

2-22　隠仙里土城から見上げた金寺洞山城　北から（1965）

2-23　金寺洞山城中間回廊道から見下ろした北門跡を隔てた隠仙里土城（1965）

3　中方古沙夫里城の関連遺跡

　1966年の私の実測結果によると、この山城は、上城・中城・外城の三重構造になっている。外城は東西長さ710m、南北620mの平面を擁し、周囲2,365mに及ぶ。南辺は山稜線に沿って石垣を築き、長さは778m、東辺は766m、西辺は303m、北辺は518mで、北辺の中央に水口がある。ここが北門跡にあたる。水口の西方は幅120m程度のテラス状の広場があるが、外辺は石垣を積んでいる。

　中城は、外城の南辺を外郭となし、東南隅角から北に約300m下がったところから、山中腹の地形に沿って回廊と土塁を設けている。この回廊は西に向かって走り、西南隅角から14m下った地点で結ばれる。現地の古老はこれを「馬走り」と呼んでいる。日本でいうところの「犬走り」にあたる。外城と重なった部分を含めて、中城の周囲は2,260mになる。この中城の北辺には、3ヶ所の入口があり、また3ヶ所の井戸跡がある。

　上城は、東西両峰間長さ427mにわたる鞍部を舟形に囲んでいるが、南辺中央に南門跡がみとめられる。さらに、東方200m高地は、鉢巻式山城をめぐらしているが、頂部は平坦な隅楼台地になっている。この一帯では、百済、または新羅系土器片などが発見されている。

(2) **隠仙里土城**(井邑市永元面隠仙里)

　金寺洞山城から約1km北方、平地越しに見下ろすことができる。土城は海抜20m内外の台地を囲んでいる。南北長さ280m、東西幅最大36m程度の広さであるが、城内はおおかた平面になっている。縁辺は高さ6〜8mの土段を形成している。台地南辺土段の長さは134m、その中央に長さ20m、幅4mの陥道を穿っている(陥道とは、土段を切り下げて坂道をつくり上げた出入口をいう。土段は柵を立てた可能性があるので、奥に木戸を設けたと思われる)。これは南門跡にあたる。東辺の長さは328m、台地の北端は尖っているので、平面五角形を呈している。東南辺には長さ130mの空濠を切り拓いている。

　西北辺の長さは198mで、北端から約55m南の地点に長さ30m、幅12mの陥道を穿っている。これは北門跡にあたる。西南辺の長さは114m、西南隅角にも陥道がある門跡があり、ここから北に98m行くと水口があり、側に井戸がある。

　土段には、土塁を築いた痕跡は残っていない。柵を立てて囲んだに違いない。北門跡付近から、「里」を丸で囲んだ字がスタンプされた平瓦片や、縄蓆文などが押された百済系土器片が採集されている。

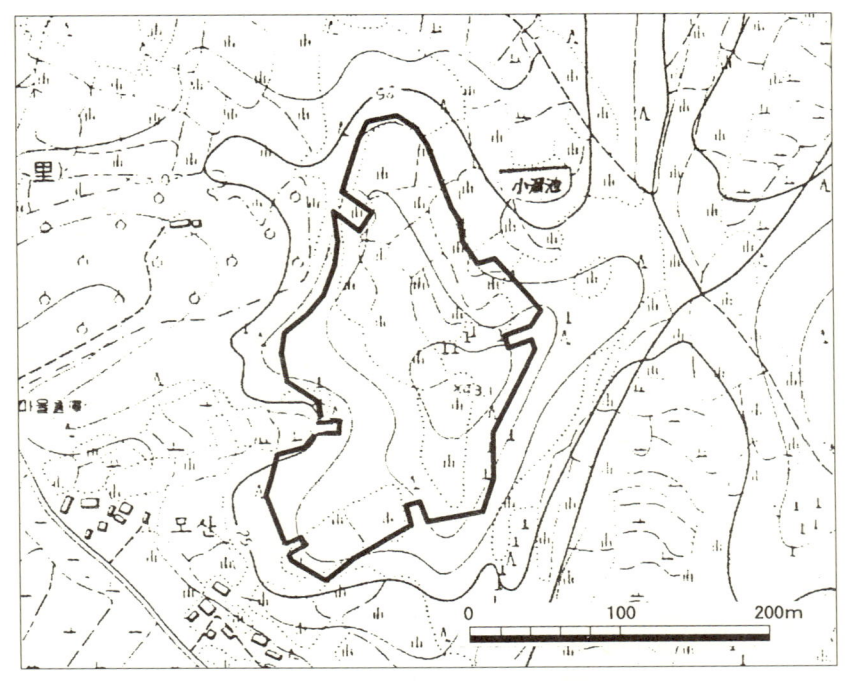

第二編　周留城・白江関連戦跡地の調査

図2-13　井邑、隠仙里土城実測図

2-24　隠仙里土城　東辺土段跡（1965）

3　中方古沙夫里城の関連遺跡

2-25　隠仙里土城内で遺物を採集する筆者の家内（1965）

2-26　隠仙里土城出土の遺物片（1965）

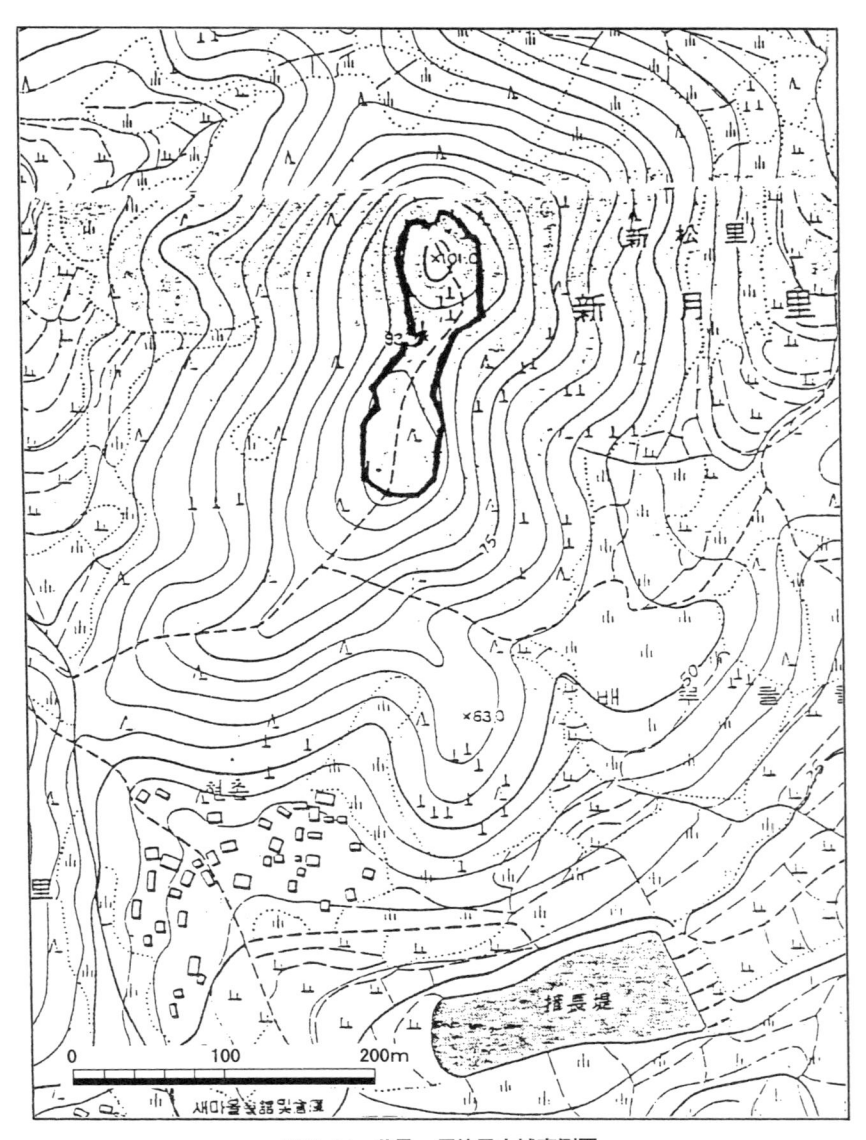

第二編　周留城・白江関連戦跡地の調査

図2-14　井邑、優徳里山城実測図

3 中方古沙夫里城の関連遺跡

2-27 優徳里山城　城内の光景（1965）

(3) **優徳里山城**(井邑市徳川面優徳里)

　泰仁方面から古阜に至る旧道路上、井邑川西方にある海抜101mの甑峰(シルボン)山上を囲んだ鉢巻式の代表的な山城である。

　南北長さ180m、最大幅45mであるが、腰部分は27mにすぎない平面蜂腰形をなしている。城郭は、南北両峰と鞍部を囲んでいる。周囲414.9m。外見上、土段城柵跡のようであるが、東南辺では石築が露出しているので、元来は石城であったらしい。土段内には広い回廊をめぐらしている。西北端と鞍部西辺にはおのおの北門と西門跡がある。多くの百済土器片が発見されている。

(4) **堂山里土城**(井邑市浄雨面堂山里)

　井邑市の北方、井邑川の東岸に位置して、西方の優徳里山城と相対している。高さ最高35.3mの山上を、平面かいこのマユ形に囲んだ土段式囲廓遺跡で、その高さは4m内外である。土段上縁の周囲は379mに及ぶ。城郭の長軸は西南方向長さ250m、幅100mであるが、中央の腰部分の幅は30mにすぎない。城内は平坦にならしているが、多くの瓦・土器などの破片が出土している。別に出入のための陥道は設けていない。やはり木柵を立てて囲んだらしい。瓦片などから推して新羅時代のものとみられる。

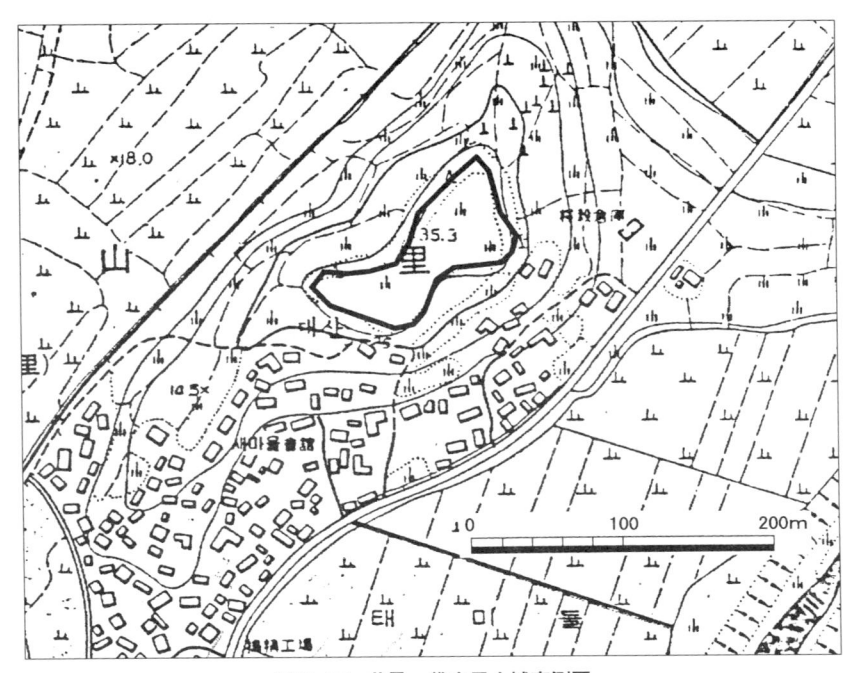

第二編　周留城・白江関連戦跡地の調査

図2-15　井邑、岱山里土城実測図

2-28　岱山里土城　西辺全景（1965）

4　炭峴関連遺跡

(1) 姑中里山城(完州郡雲洲面姑中里)

『朝鮮古蹟調査資料』に「姑中里　農城、石築周囲百五十間、高約六尺、処々崩壊セリ、百済ノ要衝デアル炭峴ハ、本城ノ西方約三百間地点ニアリ。」とみえている。

いわゆる「スッコゲ」(숯고개、炭峴)の東方にある海抜375m(比高255m)の峰を囲んだ平面楕円形の鉢巻式山城である。1980年春、私は実測調査にあたった。周囲150m、城内は、南北長さ55m、東西幅40mで、北側が若干高い。石築の大部分は崩れているが、西辺の一部分では原形を残している。外壁高さ5m内外、石塁内壁の高さ1.15m、上面の幅は1.5mの夾築された石塁である。規模こそ小さいが、地勢は険峻で、設備は堅固である。

城壁は崩壊し、門跡の確認は難しいが、北方稜線に連なる北門跡、西南方の谷間に下る南門跡、そして、東門跡などの痕跡が残っている。城内では百済系瓦や土器の破片が発見される。

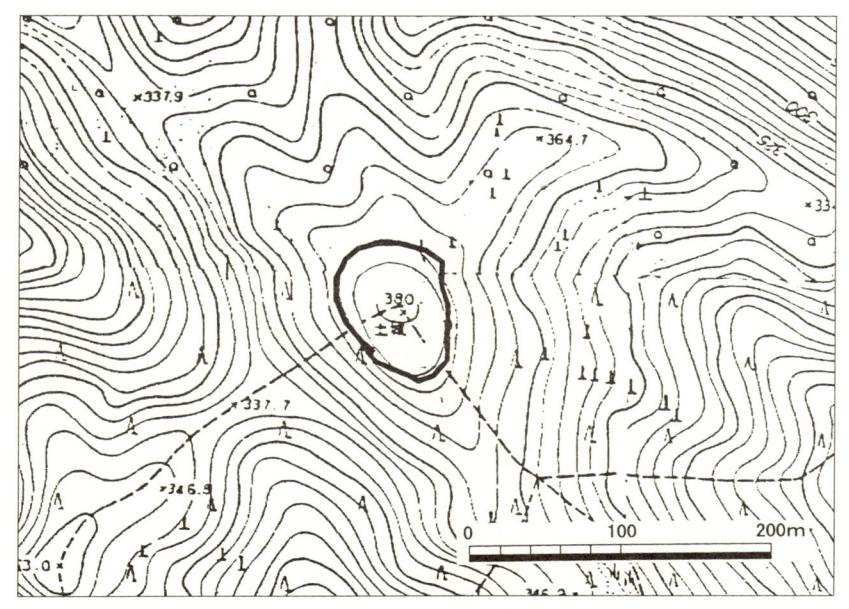

図2-16　完州、姑中里（炭峴）山城実測図

第二編　周留城・白江関連戦跡地の調査

2-29　炭峴から見上げた姑中里山城西辺遠景（1981）

2-30　姑中里山城　西辺城壁（1981）

4 炭峴関連遺跡

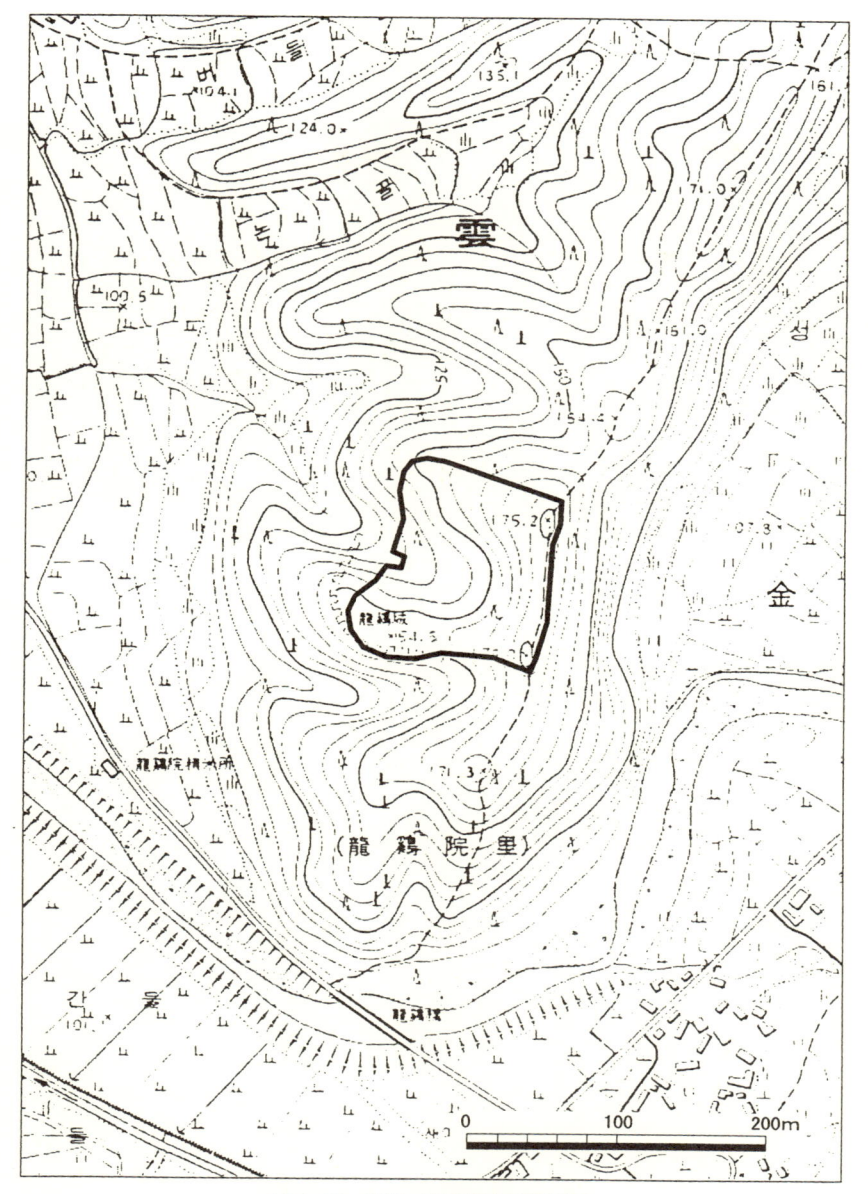

図2-17 完州、龍渓里山城実測図

第二編　周留城・白江関連戦跡地の調査

2-31　龍渓里山城　南辺城壁（1981）

2-32　龍渓里山城　西辺城壁（1981）

(2) 龍渓城(完州郡雲洲面龍渓里)

『東国輿地勝覧』高山、建治沿革条に、「龍渓城　在龍渓川上　距炭峴西十里許　西北距連山界三十里　有古城　石築周一千十四尺　高十尺　今半頽廃」と記されている。また、『文献備考』輿地考、城郭、高山条には、「世伝百済屯戌處」と付け加えている。

　この山城は、天嶝山の南麓を流れる龍渓川に向かって伸びた丘陵の鼻先に位置する。城郭は平地からの比高50mの高さで、東廓はほとんど絶壁をなしているが、稜線にしたがってコの字形に城郭を石積みし、西に面した水口をかかえている。1980年、私の実測した結果は、周囲493m、西辺122.6m、東辺144m、南辺145.8m、北辺100mである。水口から東辺中央までの直線距離は約100mである。

　城壁は内外に石塁を積んでいる(これを夾築という)。内壁の高さ2.2m、外壁は4.0m以上である。城廓の内部には廻廊道を設けているのが特徴である。西北コーナーには広い建物跡がある。城内には多くの瓦片が埋っているが、裏に縄蓆文を打ち出した百済時代のものである。甕・壺などの陶質土器片も疑似縄蓆文が施されている。やはり百済時代のものである。

5　葛嶺道沿道遺跡

(1) 山城里山城(井邑市瓮東面山城里)

　東津江の支流にあたる泰仁川の北岸に並びたつ二つの山峰、およびその間の鞍部をかこんだ平面かいこのマユ形の山城である。実測の結果、周囲は670m、東峰の高さ166.2m、これと190m隔たった西峰(花蔵山)の高さは155m、平面上の東西長軸の長さは255m、南北最大幅126mである。

　城郭の南辺はほぼ東西直線であるが、その長さは249m、西方にかたよって水口がある。ここに南門が設けられているが、その内側に井戸跡がある。水口は西峰から約23m下ったところにある。城内は広場になっている。城壁はさらに東方に伸びて東峰を囲んでいる。この南辺の東端に東門跡がある。城壁の高さは4mあまりの石築であるが、おおかた崩れている。

　南門の外側、約2mほど下って、左右に二重の石壁を積み迂回して入るように造られている。一種の甕城である。西辺は南西角から65m北に伸び、さらに

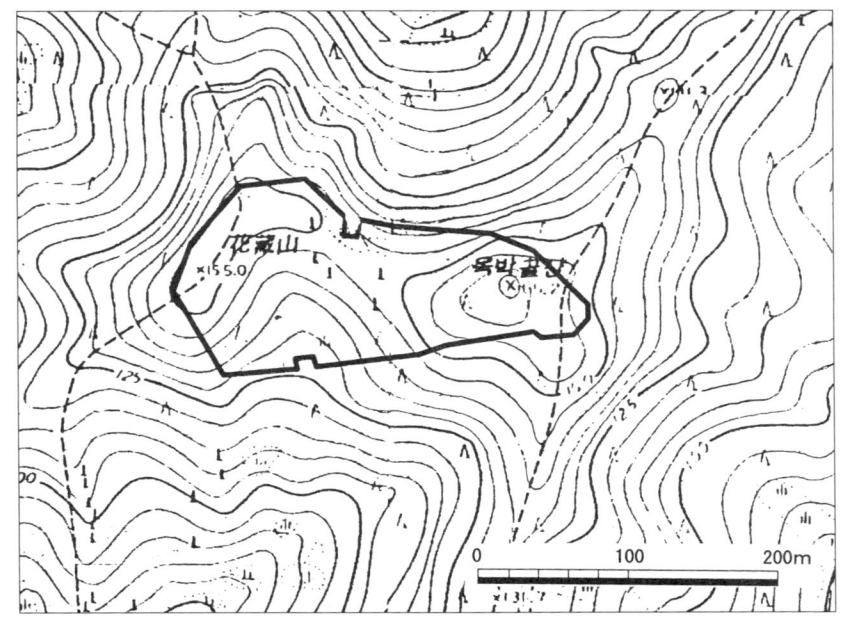

第二編　周留城・白江関連戦跡地の調査

図2-18　井邑、山城里山城実測図

2-33　山城里山城　南辺西部城壁（1966）

5　葛嶺道沿道遺跡

2-34　山城里山城採集の百済系土器片（1966）

東北に85.5m進んで北辺と出合う西北隅角をなしている。

北辺は長さ260.5m、中央に幅3mの陥道を設けた北門跡がある。この北門跡を中心にした城内も、テラス状広場になっている。城内には百済系の土器片や瓦片が残っている。賓骨壌戦闘はおそらくこの山城を根拠とした百済軍によってくりひろげられたものとみられる。

(2) **武城里山城**(井邑市七宝面武城里)

山城里山城東南約2.5km、泰仁川の南岸に突き出ている山峰を囲んだ山城である。城郭の周囲は実測の結果、832.4mで、西方が高く東方が低い地形を利用して箕形に囲んでいる。西方の最高峰は高さ109.7m、東辺は72m低い。城郭はもと石築であったがほとんど荒廃している。

西方城内は山峰をめぐらした鉢巻式の内城がある複合式山城である。この内城の周囲は263m、楕円形平面の東辺中央には門跡があるが、城の南門跡につながる通路が設けられている。

外城の南辺は、長さ270m、西辺は153m、北辺は258.6m。西辺城内には長さ103m、幅25mのテラス状の台地を設けている。この台地の南辺は最高峰と結んで内城と重なりあっているので、後の建物跡とみられる。

東辺の水口面中央部は、40mほど内側にくぼませて東門を設置しているが、城内に井戸が残っている。東辺の長さは83m、左右には突き出た隅楼台地がある。城内には百済系の土器片・瓦片などが散乱している。

この武城里は百済時代の大尸山、新羅の太山郡にあたる。羅末には崔致遠が太山太守として赴任している。これは、統一後慶州から西海岸に至る横断ルート上の関門要地であったことをものがたる。

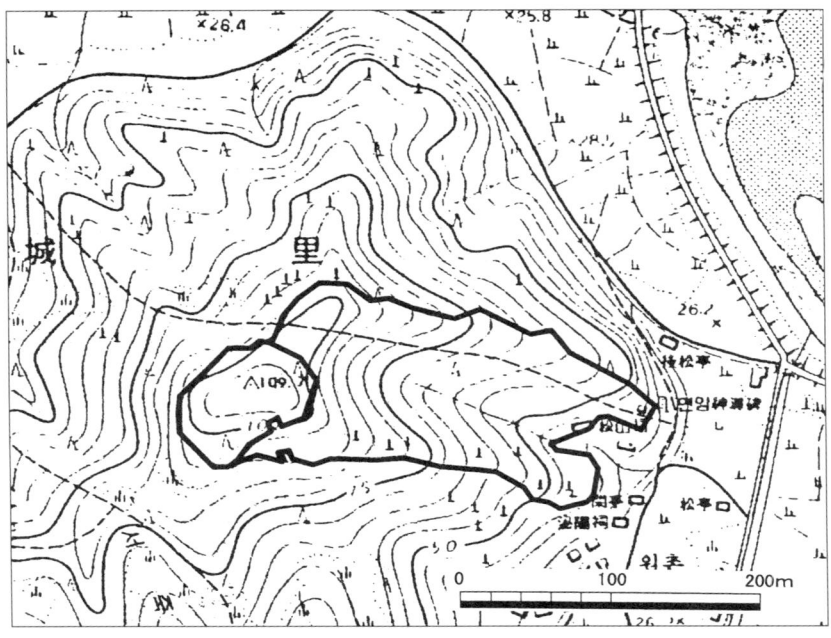

第二編　周留城・白江関連戦跡地の調査

図 2-19　井邑、武城里山城実測図

2-35　武城里山城　遠景　北から（1966）

5 葛嶺道沿道遺跡

(3) 平沙里山城(井邑市山外面平沙里)

　武城里の東北方約6km地点、泰仁川の上流、川筋が折れ曲る山外面所在地の南方にある独鶏峰(156m)の山脈が北に伸びてY字形に水口を形成している二つの山峰をかいこのマユ形に囲んでいる鉢巻式山城である。石築であったが大部分崩壊している。周囲403m、頂上から24m下って水口がある。北辺は地形に沿って内側に湾曲している。地中に埋もれているが、高さ3m以上の石垣を築き、上面には幅8m内外の回廊をめぐらしている。

　北辺の長さは158.3m、西側に偏って北門跡がある。西辺の長さ91.5m、南辺は東西一直線で84.6mの長さである。南辺は地面が平坦であるので、石塁を築いている。西南隅角に南門跡がある。東南辺長さ68.6mである。城内の平面は東西長軸143m、南北幅は中央部で約52mである。城内では、百済時代の土器片などが発見されている。

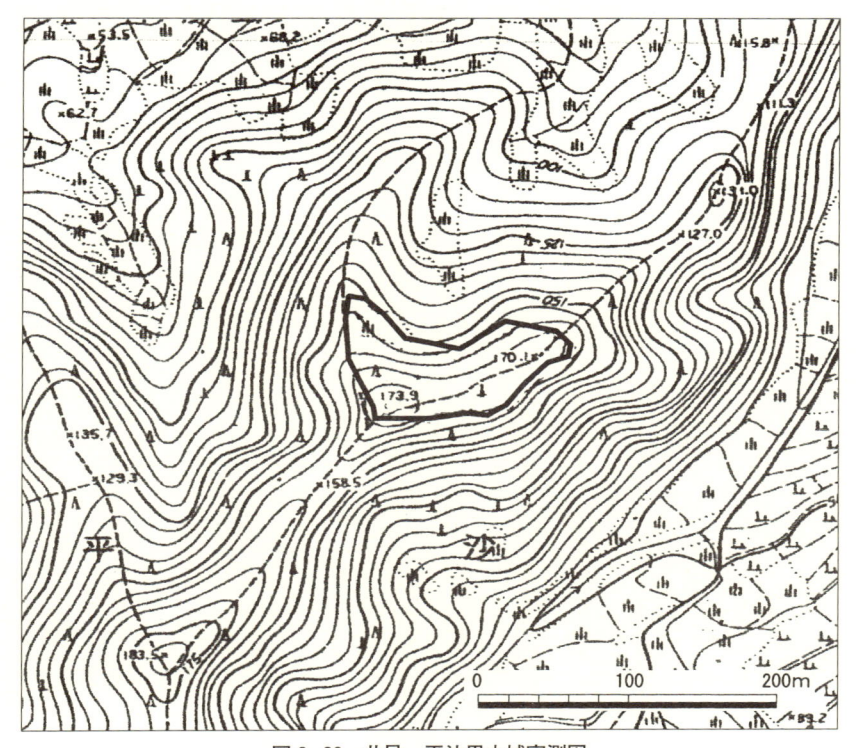

図2-20　井邑、平沙里山城実測図

第二編　周留城・白江関連戦跡地の調査

2-36　平沙里山城　北辺遠景（1966）

2-37　平沙里山城　北辺テラス状台地（1966）

5　葛嶺道沿道遺跡

(4) **大里山城**(任実郡舘村面大里)

　鎮安にある馬耳山に発源する蟾津江の上流にあたる烏院川が西流して南に折れる西岸絶壁の上に位置する。309.5m高地西辺をめぐって平面楕円形に下ってきた城郭は、岸壁の上では地形に沿って北方にある二つの谷間を囲んでいる。西辺は最高峰から約180m北方にある294.9m高地までやはり二つの峰を囲んでいる。城郭はもと石築であったが、ほとんど痕跡を留めていない。309.5m高地の南西辺は6～8m幅の回廊道が残っている。実測の結果、周囲827m、東西最大幅270mである。百済系土器片がみられる。

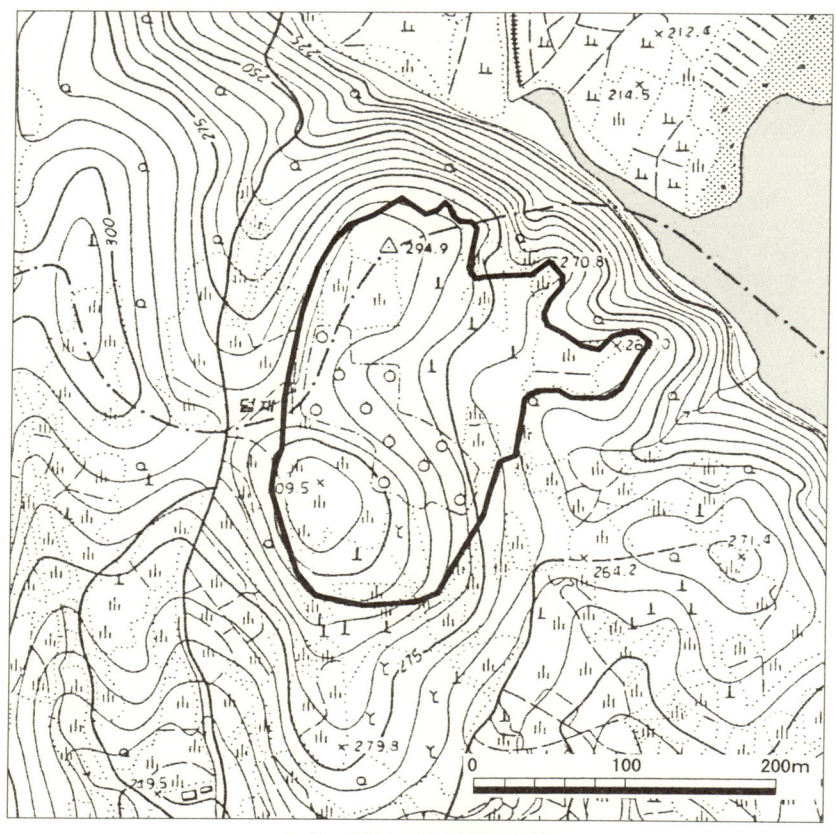

2-21　任実、大里山城実測図

第二編　周留城・白江関連戦跡地の調査

2-38　大里山城　全景（1966）

(5) **徳川里山城**(任実郡舘村面徳川里)

　烏院川を間に隔てて、その南岸にそびえる城米山(高さ430.5m)の頂上南斜面を郭した石城である。城嵋山城とも呼ぶ。せまい長三角形を呈する城内は下りながら数段の建物跡を形成し、375m地点に至って南辺を郭している。鉢巻式とはまた違った特異な立地プランをとっている。

　城郭の西辺は絶壁をなして江岸にせまっているが、河床との比高は約210mになる。実測の結果、城郭の周囲は517.5m、東辺209m、西辺は218m、麓の南辺は90.5mである。東南角に門跡があるが、城内は広場になっている。その外側に井戸が残っている。この一帯からは、縄蓆文土器片などが発見され、上部建物跡には瓦片が散乱しているので、百済時代の創築に違いない。

　この城がある峰と川を挟んで西方に拱手峰という高さ367.3mの独立した尖峰がそびえている。西方の大里山城側から望むと、二つの峰はあたかも角のようにみえる。城米山のもとの名前は「ペンミサン」・「プルメ」、つまり「角の山」である(ソウルの主山である三角山の「セブルメ」は「ソウルの山」を漢字あてしたものである)。

5 葛嶺道沿道遺跡

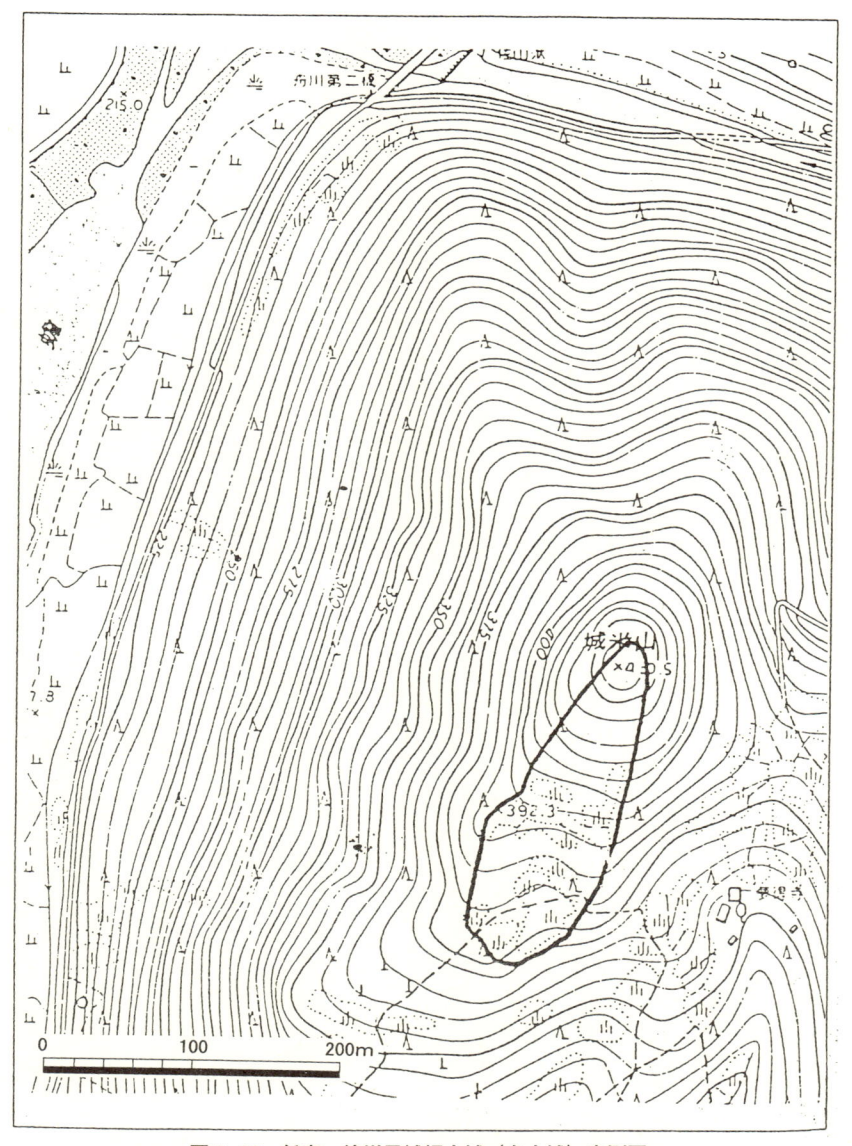

図 2-22　任実、徳川里城帽山城（角山城）実測図

第二編　周留城・白江関連戦跡地の調査

2-39　城帽山城　空から見た全景　東から（2000）

2-40　城帽山城　北辺城壁（1966）

5 葛嶺道沿道遺跡

2-41 城帽山城採集の百済土器片

新羅太宗8年(661)、唐軍が苦境に陥った隙に乗じて独自に百済義兵の根拠地である豆良尹城を奪い取ろうとしたが失敗、葛嶺道から撤退した新羅軍が角山城で再び奇襲にあったが、これを退けかえって百済屯堡に攻め入り、2000余級を斬ったという『三国史記』新羅本紀に記載された戦いの現場がここである。

上にあげた拱手峰の北方にはもう一つの山城がある。このように蟾津江を挟んで3ヶ所に防御陣地が集中しているのは、稀にみる例であろう。

角山城は『三国史記』百済本紀、武王6年(605)条に「角山城を築く。」という記事がみえている。

(6) 芳峴里山城(任実郡 舘村面 芳峴里)

上にあげた拱手峰の北方、芳峴という峠を越して約700m距てた339.5m高地を囲んだ土城である。東方は南流する蟾津江を見下ろす位置にある。芳峴という地名はもと防峴、つまり防御の意味である。

城郭は南北に長い楕円形を呈しており、西辺は稜線に沿って回廊道を設けているが、東辺は下方の水口をかかえて伸び、稜線に沿って長く北に走

2-42 芳峴里山城採集の投げ石 (1966)

161

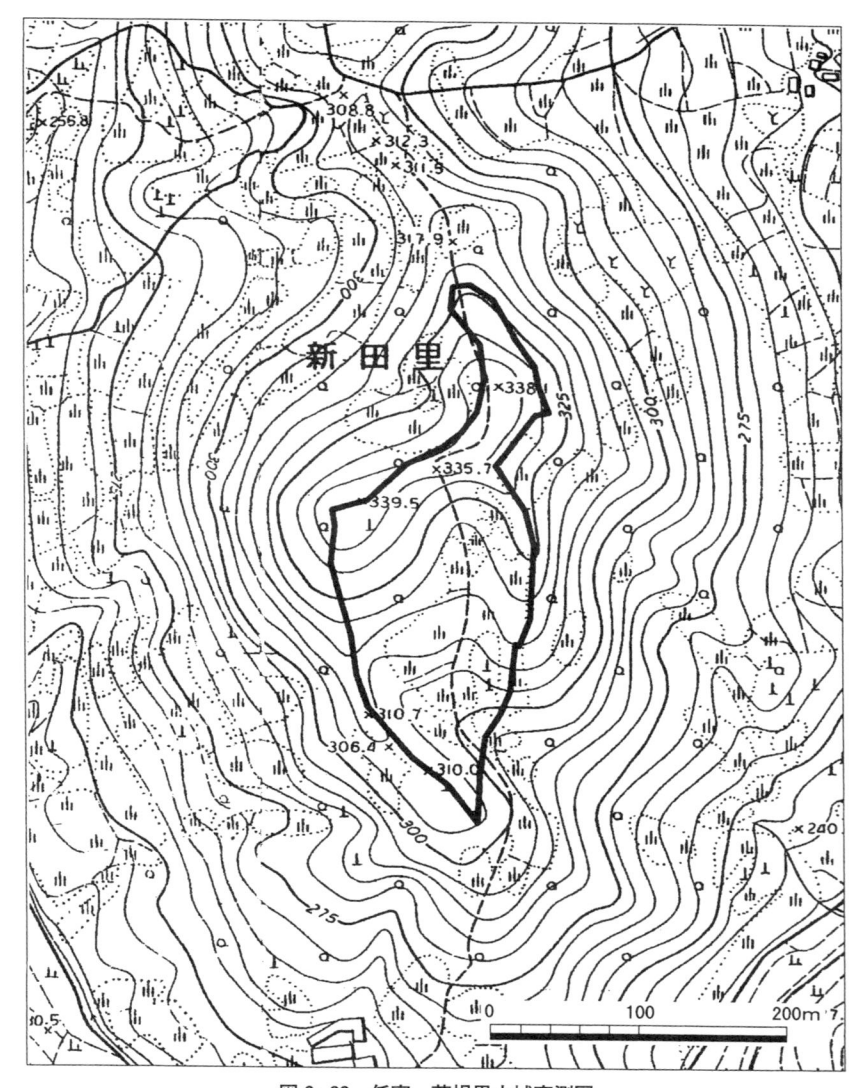

第二編　周留城・白江関連戦跡地の調査

図 2-23　任実、芳峴里山城実測図

5　葛嶺道沿道遺跡

2-43　芳峴里山城　城内東辺土塁跡（1966）

り、338.1m高地を囲む。20～30mの幅をおいて西辺を画して南に下りながら339.5m高地の北斜面を囲みながら西辺に連なっている。つまり北郭は出城（翼城）になっている。実測の結果、西辺の長さは250m、東辺は出城の北端まで261m、北辺は227.8mで、全体の周囲は885mになる。この山城の特徴は蟾津江の川筋と平行に稜線上に長く伸びた出城を設けていることである。

　これは明らかに江流に沿って西進してくる新羅軍を防ぐ役割を持っていたことをものがたっている。城内では百済系の条文が押された土器片や瓦片がみられる。また、直径10cm内外の抛石丸（投げ石）が目につく。

(7) **江亭里山城**（鎮安郡馬霊面江亭里）

　馬耳山から西方に伸びた山筋の鼻先部分、蟾津江上流の三つの川が合流する要地に設けられている。地図の上に韓尾城と表記されているが、合米城のなまったものである。城郭は高さ405mの山峰と西辺の低い水口台地を囲んでいるが、比高差は約70mである。城壁の東南辺55mあまりが残っているが、4m以上の高さを保っている。城壁は西辺のテラス状台地を築いた部分を除けば、みな内外に石塁を積みあげる夾築法を使用している。百済式山城としてはまれにみる

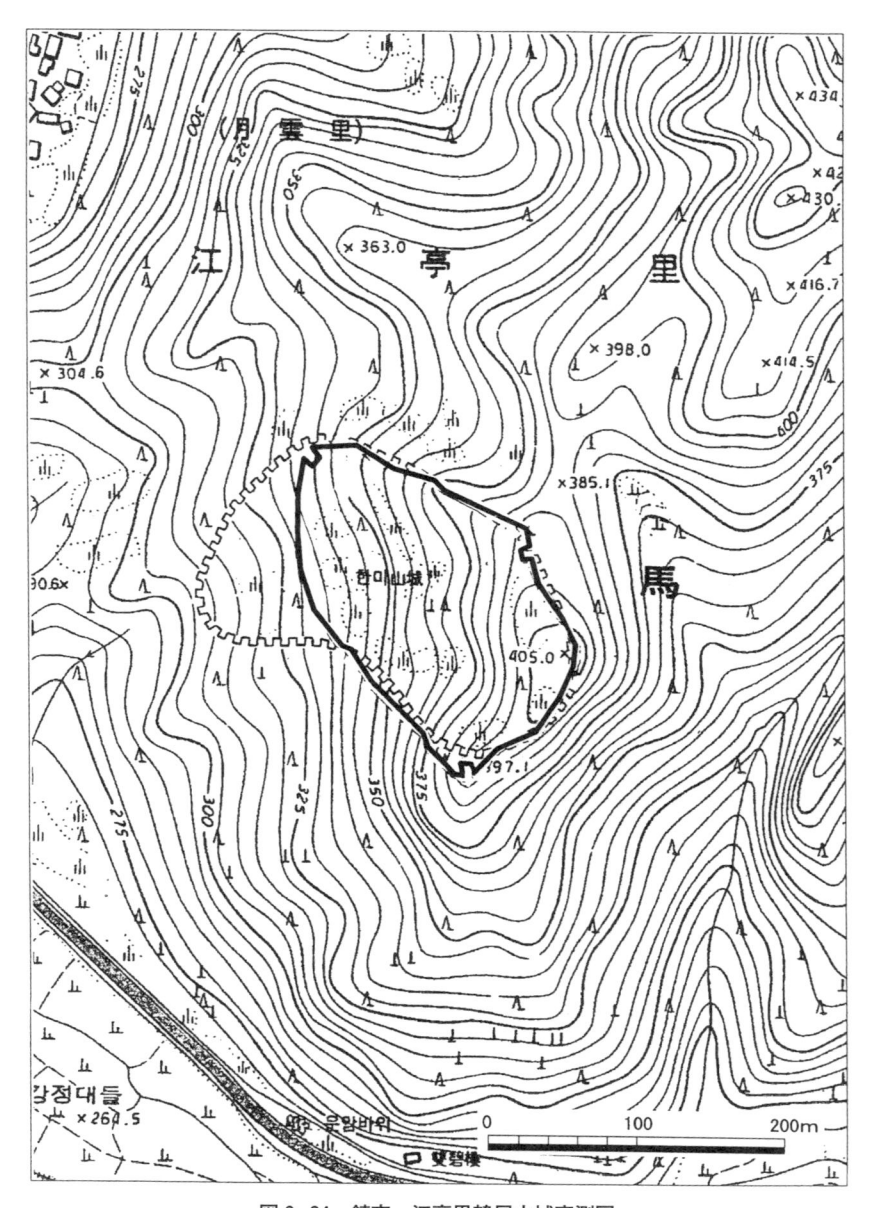

第二編　周留城・白江関連戦跡地の調査

図2-24　鎮安、江亭里韓尾山城実測図

5　葛嶺道沿道遺跡

2-44　江亭里韓尾山城　遠景　南から（1966）

2-45　江亭里韓尾山城　南辺城壁（1966）

完璧な石築山城である。

実測の結果、城の周囲は611m、平面楕円形を呈する。南北長軸228m、東西幅138m、西辺は長さ249mであるが、そのうち南半分は高さ6mの石垣を夾築している。水口テラス状広場には井戸跡がある。この西辺の南北両端に南門と北門跡がみとめられる。東北辺長さ164.5m、東辺87.6m、南辺は109.4mである。

東北辺と東辺の折点に東門がある。東南部の高地は平坦な建物跡になっている。裏面に縄蓆文が押された瓦片、百済系の条文が打ち出された土器片、三足杯・蓋杯などがみられる。

この地域の沿革については、『東国輿地勝覧』鎮安県条に「馬霊廢県在南三十里　本百濟馬突県　一云馬珍　一云馬等良　新羅改今名」と記されている。

2-46　韓尾城採集の投げ石（1966）

2-47　韓尾城採集の瓦片（1966）

(8) **郡下里山城**(鎮安郡鎮安邑郡下里)

鎮安の西南方、鎮安川が南から東に折れるコーナーに位置する聖墓山上を鉢巻式に囲んだ山城である。

馬耳山を分水嶺として、蟾津江と錦江に分かれるので、北流する鎮安川は錦江上流にあたる。聖墓は城山のなまったものである。海抜661.9mであるが、川床との比高は60mにすぎない。しかし、西北は険しい絶壁をなしている。実測の結果、城郭の周囲は479.5m、南北長軸の長さ198m、最大幅132m、平面

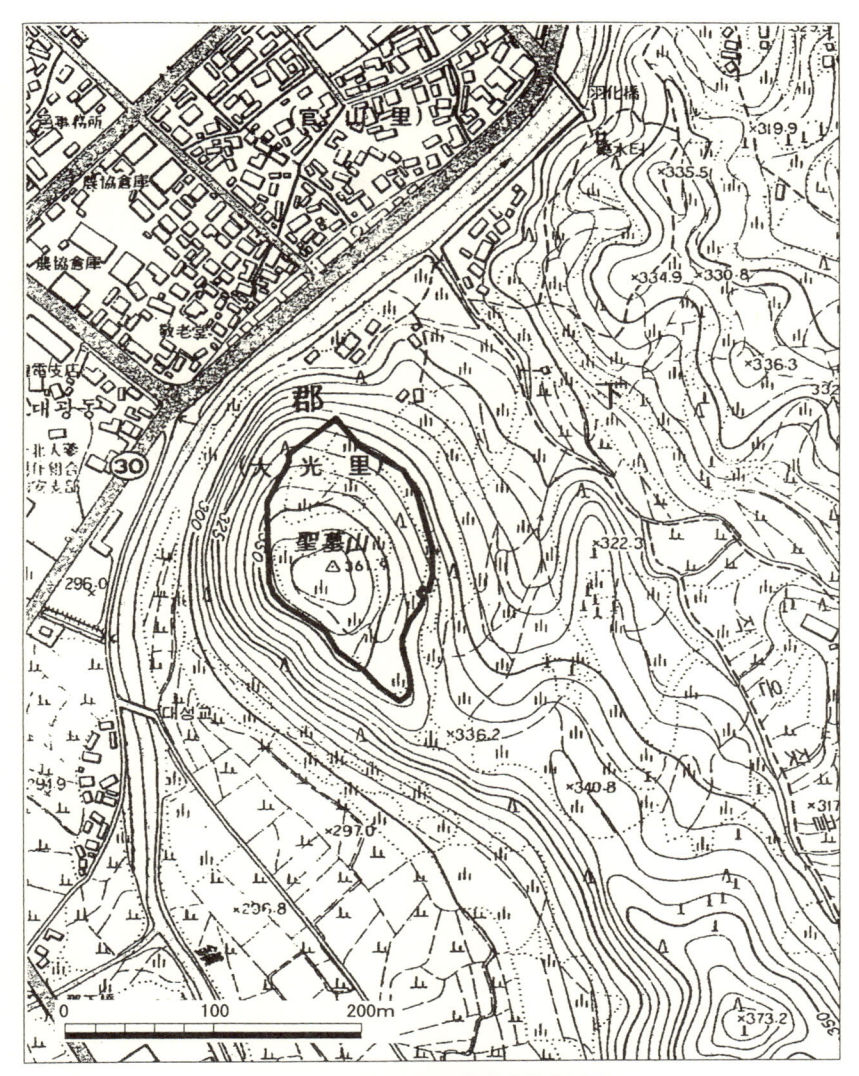

図 2-25　鎮安、郡下里聖墓山城実測図

第二編　周留城・白江関連戦跡地の調査

2-48　聖墓山城　全景　南から（1966）

2-49　聖墓山城に立つ筆者　背景は馬耳山の双峰（1966）

5 葛嶺道沿道遺跡

2-50 聖墓山城採集の百済瓦片 (1966)

楕円形を呈する。西辺は252m、東辺は227.5mになる。
　外面は石築で回廊道をめぐらしているが、ところによっては石塁を夾築している。石塁の上面幅2.7m、外面城壁の高さ6m、内側の高さは2m内外である。南北両端、および南端から80m北寄りに東門跡がある。門跡は広さ6.5mである。城内には百済系土器片や裏面に縄蓆文が押された瓦片などが散乱している。

(9) 砧谷里山城(長水郡渓内面砧谷里・砧嶺山城)

　渓内面所在地の西方2.5km地点、南北に走る山脈の稜線上、高さ676.8mの西峰と、658.5mの東峰を囲んだ石城である。平地との比高は約300mに及ぶ。城の立地は地形上十字形に分かれているが、城内は比較的平坦である。実測の結果、周囲は500m、平面はおよそ蝶形であるが、東西長さ176m、南北135mの広さである。南辺196m、西辺106m、北辺135.5m、東辺62.5mである。

　城は山陵を囲み東南方に開いた水口には堅固な石垣を築き、稀にみられる暗渠が設けられている。この水口の石壁は60mの長さにわたって、高さは7.7m以上である。城内は幅40m内外のテラス状広場になっている。

　城壁は大部分崩壊しているが、原形が残っている部分の高さは少なくとも6mを超える。城郭はテラス状広場以外は、内側に2mの高さの石塁を夾築しているが、城壁に沿って回廊道を設けている。また、南辺両端の東西コーナーには幅4m内外の隅楼台地が突き出ている。水口の西隣りに南門跡があり、西辺南寄りに西門跡がある。門跡の幅4m、城壁底辺の幅も4mである。

　北門跡は北辺中央にある。北門の場合、4mの幅をおいて両側に門柱を張り出させて積み上げている。西北辺から約20m離れた城内に直径11.5mの水溜りがある。

　城内には縄蓆文・条文が押された百済系土器や瓦片などが散乱している。土器は厚手で貯蔵用の大形甕の破片が多い。

第二編　周留城・白江関連戦跡地の調査

図2-26　長水、砧谷里山城実測図

5 葛嶺道沿道遺跡

2-51 砧谷里山城　南辺全景（1966）

2-52 砧谷里山城　北門跡　西から（1966）

『古蹟調査資料』に「砧谷里　合米城　周三百間石築　井戸址一　門址三」とみえている。

　この山城の北方、砧峙を間に挟んで直線距離1.2km離れた砧峙山(高さ689m)にももう一つの山城がある。『古蹟調査資料』に「砧峙上　周一百三十間　石築」と記されたものである。砧は韓語「방아」の当て字で、「バンア・ジエ」は「防御嶺」の記写である。また、南方3km地点の飛鳳山(高さ786m)にも烽火台がある。やはり『古蹟調査資料』に「飛鳳山周一百間　石築」とみえる。このように、この山脈は三国時代における百済・新羅国境の第2防御線であったのである。

6　百済、冬老古城調査記

(1)

　百済末、最後の決戦場であった州柔城(周留城)が陥落すると、生き残った百済遺民たちはおたがいに歎きながら語り合った。「おお！百済の名も今日限り絶えてしまった。どうしてまた故里に戻れようか。ただ、弖礼城に往って日本軍将と会い、なすべきことを計るほか仕様がない」。このようにして、9月7日、州柔城をあとにして南目指して足を運んだ。9月11日には牟弖を出発、13日弖礼に到着した。24日、枕服岐城を出発した日本船師および佐平余自信・達率木素貴子・谷那晋首・憶礼福留はじめ、国人たちの来着をまって、明日(25日)はじめて日本に向かい碇をあげた。弖の字は音テで、氐または夭の異体だといわれる日本国字である。

　このようなストーリーは、『日本書記』天智紀2年(663)条に記されている内容である。この文の中で百済人たちを国人・国民と呼び、肝心の自国に対しては、日本軍将・日本船師などと呼んでいるのは異例なことである。これは、このくだりの出典が亡命の隊列に加わった百済人によって記された生々しい手記であったことを疑う余地はない。

　ここに出てくる地名は州柔城・牟弖・弖礼・枕服岐城の4ヶ所である。この中の州柔城は全北道、扶安郡にある「周留城」であるので、百済の亡命軍が最後に出発した弖礼は、百済、冬老県、途中の牟弖は全南道、南平・光州一帯であることが分かる。南平は百済時代に「未冬夫里」と呼ばれたが、新羅統一後

6 百済、冬老古城調査記

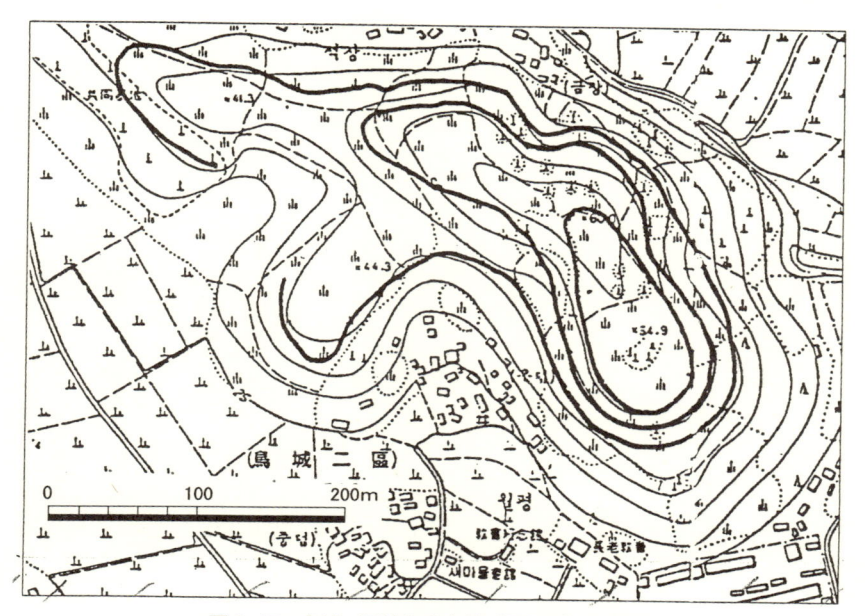

図2-27 宝城、百済冬老古城（弓礼城）実測図

には「未多夫里停」を置き、さらに神文王6年(686)には武珍州を設置するようになる(珍の字は「ト」と読む)。未冬・未多・武珍などはみな「ミテ」・「ムト」という古語を記写したもので、『日本書紀』の牟弖とは異写関係にある。「無等山一云　武珍岳」というが、無等もやはり同音である。

　神功紀49年条の「多礼」も「冬老」の別字である。冬老県は統一後には、景徳王16年(757)に兆陽県と改名している。このようにみてくると、南平・冬老両地名の間には、冬＝多＝弓の対応関係が成り立つことになる。でははたして、百済時代の古城跡は残っているのだろうか。私はこれを確認するため現地を尋ねることにした。『東国輿地勝覧』(宝城郡)には「兆陽廃県在郡東三十里　本百済冬老県　新羅改今名」・「兆陽県城　石築周二千二百五十五尺　高七尺　内有二井　有軍倉」とみえている。兆陽県は当初、分嶺郡(後の楽安郡)の領県であった。高麗、顕宗9年(1018)に宝城郡に属したが、後にはまた監務をおいた。李朝太祖4年(1395)、倭寇の禍を蒙り一時高興県がここに寓居したが、世宗23年(1441)に至り再び宝城郡に併せられた。

　このような沿革に照し合せてみると、兆陽県城は統一後から李朝初期まで存

173

第二編　周留城・白江関連戦跡地の調査

2-53　冬老古城　全景　南から（1996）

続してきたことになる。この兆陽廃城は現在の鳥城面牛川里にある。しかし、百済時代の冬老県古城ではなかった。百済の冬老古城は、面役場がある鳥城里裏山を囲む百済式土城であった。

(2)

　この村の主山のように海に臨んでたたずんでいる金庄山と呼ばれる高さ55mの山塊は、南北に伸びているが、さらに西北に長く尾を引いている。土城は山上を平らに整えて土段を形成し、外郭はさらに三重に削って回廊道を設けている。

　内城の平面は長軸南北方向で、長さ197m、最大幅100mである。北側がやや狭くなった楕円形を呈する。北辺には高く土塁を築いているが、土塁外面の高さは4mあまりである。内城の周囲の実測値は404mである。

　中城に該当する第1回廊道は上段内城の直下、5.5m地点を囲み地形に沿って西北に204mほど伸びている。回廊道の幅は南辺では17m、通常6〜8mを保っている。この第1回廊道の周囲は実測値903.5mである。

　城内では百済系土器の口縁部片、縄蓆文または条文が押された陶質土器、赤色土器破片、無文土器系鉢形土器・牛角形把手などが発見された。

6 百済、冬老古城調査記

2-54　冬老古城から兆陽浦を望む (1966)

　第1回廊道から7m下って第2回廊道がめぐらされている。南端での幅は6.2mである。この第2回廊道はおおむね第1回廊道の外縁に沿ってめぐり、西方に突き出た高さ40m内外の丘を囲みながら、長く北方に伸びている。しかし、新設道路工事により中途で切断され、また土取場が60mあまりくいこんでいるため、ひどく破壊されている。南辺は長さ約50mであるが、日帝時いわゆる神社設置のため原形を失っている。東南辺の試掘の結果、空濠が発見された。

　東辺は北に380m伸びたあと屈折するが、その下に井戸が残っている。北辺はこれより西方150m地点までは確認されるが、それ以上は新設道路工事によって切断されている。切断された長さは130mくらいである。第2回廊道の周囲は1,730mあまりである。

　南辺は開田のため地層が破壊され、おびただしい無文土器片や貝殻・石器なども露出している。また、城内には数基の南方式支石墓も認められた。このような事実は、無文土器・支石墓社会から百済時代にわたって、集落が形成されてきたことを証明するものである。

　なお、第3回廊道は内城の南辺より17m下方を、12m幅で第2回廊道に沿ってめぐらされている。東辺と西方に突き出た丘の南辺に部分的に痕跡を残しているだけである。その周囲は優に2,000mは越えると推定される。

第二編　周留城・白江関連戦跡地の調査

このような特性を持っている土城の類型は、私がすでに調査報告した全北道、扶安地方沿岸古県城である皆火県(伎伐浦)の旧跡、九芝里土城や欣良買県(白江、白村)に比定される白山土城などにその例を見出すことができる。土器片もまた扶安地方城跡出土のものと同型式である。

2-55　兆陽浦に残る古井戸（1996）

(3)

さて、この地を発った百済遺民たちのその後の動向はどうであったろうか。『日本書紀』天智紀4年(665)条をみると、このボート・ピープルの隊列に加わっていた百済将軍たちは、西日本に巨大な百済式山城を築造している。つまりこの年2月、百済義兵の総帥であった福信の遺子、鬼室集斯に小錦下の位を授け、8月には達率答㶱春初に長門城を築かせ、また達率憶礼福留と四比福夫を遣わして、大野城と椽城を築かせている。

二つの城の周囲は、おのおの6,200m・3,385mに至る包谷式山城で、扶安にある周留城(周囲3,995m)とは、その規模・立地・築城法などが同じである。

百済が滅ぶとその遺民たちが、扶余から船に乗り、白馬江を下っていったと思いこんでいるように、歴史に対する無知や認識不足によって歴史の真相が歪曲されているのは、まことに遺憾なことである。

百済は義慈王20年(660)、羅唐連合軍によって泗沘(扶余)都城が陥落すると、各地で祖国興復の義兵が蹶起し、日本に留まっていた王子扶余豊(豊璋王)を迎え、3年あまりにわたって悽絶な抗戦を展開した。一時は唐軍を包囲して、苦境に陥れたこともあった。再び結成された羅唐連合軍の水陸挟撃を受けて、最後の決戦を敢行したが敗れると周留城を抜け出して亡命の途についた。一行は陸路南下、南平を過ぎ、ここ弓礼(冬老)城まで南下し、はじめて日本に向かったのである。したがって、百済、冬老古城や往昔の船出場であった兆陽浦は、決して忘れることのできない歴史の舞台なのである。兆陽浦には今なお、往昔

2-56　百済遺民最後の出港地兆陽浦から冬老城を背景に立つ筆者（1996）

の石囲いの井戸がのこっている。

7　百済山城の類型

　百済興亡最後の決戦場であった周留城・白江はどこなのであろうか。
　これは西紀660年から663年までの4年間にわたる三国統一戦争の舞台であったという重要な歴史的意義を持っているが、今まで明確な位置が考証されなかった。最近、一部の郷土史家たちの地域エゴイズムによって、見当違いな場所に強引にあてはめられたこともあった。
　今回、このような歴史の舞台が扶安郡であるという主張に基づいて、扶安郡でそれに関連する遺跡の地表調査を行った。その結果、東津半島の一円から周留(禹金岩)山城のほかに11ヶ所の百済時代の防柵跡が新たに発見された。
　このような主張は、すでに1967年に筆者(当時全州博物館館長)が述べている。筆者は地名の比較だけにこだわった従来の研究方法の限界を乗り越えて、種々の関連史書の再検討と歴史地理学的、考古学的な側面からの現場考証に基づいて、問題の地が扶安地方であることを論文にまとめた(拙著『周留城・白江位置

第二編　周留城・白江関連戦跡地の調査

比定に関する新研究』1976、扶安郡)。

1994年6月から筆者が行った今回の調査は、これを補完する現場調査の一環である。

調査した遺跡はだいたい四つの類型に区分される。

第一類型：鉢巻式山城。山峰を囲んだ型式であり、扶安郡には蓑山里・所山里・上蘇山城などがある。百済の代表的な類型である。

第二類型：包谷式山城。山峰にしたがって谷まで囲んだ型式で、その起源が高句麗にあるので、「高句麗式山城」とも呼ばれている。平壌の大聖山城と、亡国後百済の遺民が日本に渡って築いた福岡県の大野城などが代表的であり、扶安の周留山城がこれにあたる。

第三類型：土段式防柵跡。山、または丘陵地帯まで土段と回廊道を設置したもので、野戦用の防柵跡である。

廉昌山をめぐる昌北里の龍井里山城・龍化洞土城・修文山城・盤谷里土城・九芝里土城・白山土城などがこれにあたる。海岸または江畔に位置するこのような類型はわが国においてもほかに類例がないもので、今後の保存対策が要望される。

第四類型：独立した丘陵上に土段を削り、数段の回廊道をめぐらした型式。集落台地を形成する。この中には三国時代の古県址も含まれることで第三類型と区別される。全南宝城郡鳥城面の冬老県古城が典型的であり、扶安地方でも九芝里土城・白山山城などがこれに属する。これは古県址に防柵陣地を兼ねたものである。

羅唐連合軍の百済攻撃は前後三回にわたる。

1回目は660年7月の泗沘城(扶余)の挟攻である。唐の水軍は伎伐浦に上陸しようとしたが、百済軍の抵抗を受けて東側の江岸に迂回して上陸、山上に陣を張り、沿岸の百済陣地を逆撃して5000名を殺したという記録がある。上蘇山城と馬蹄形の東津半島を囲んだ一連の防柵跡はこのような記録と符合する。

2回目は661年3月、扶余に残った唐軍が百済興復軍に包囲されると新羅は独自に百済軍の最大根拠地である「豆良尹城」を攻撃した。新羅軍は「古沙比城」に駐屯し、36日間対峙した後に退いていった。古沙比城は現在の古阜であり、その西側の延長線上に豆良尹城がある。士山里山城はもとの「蓑山」であり、「豆良尹」と同じ名前である。

3回目は663年8月～9月の白江口海戦と周留城の攻撃である。これに先だっ

て662年12月には一時的に王都を避城(金堤)に移した。その理由は飢え死にするよりは収穫が豊かな平地に出ようとしたのである。しかし翌年の２月、新羅軍が居烈城(現在の居昌)・居勿城(現在の南原)・沙平城(現在の順天)・徳安(現在の恩津)を陥落させ、一晩で行ける距離までに迫ってきたので、再び周留城に帰ってきた。上の地名を連結すると現在の全羅線鉄道のルートになる。この線から金堤より西側にある周留城は扶安にある禹金山城であるほかない。

西紀663年６月、百済の豊璋王は福信将軍を疑って殺してしまうことになる。この時、福信将軍は窟室に隠れていたが、このような窟室は禹金山城にしかみられない決定的な考証資料である、

『日本書紀』には周留城が陥落した後、百済の遺民たちが日本に亡命するコースが記されている。９月７日、周留城から抜け出た彼らは13日、現在の宝城郡鳥城面に到着することになる。７日間に339里、すなわち１日に約50里を歩いたことになる。もし周留城が忠清南道韓山、もしくは、洪城であるとすれば、さらに４日から10日以上もかかるので、周留城は全羅北道扶安より北に求めることは考えられない。

周留城内には新羅が統一した後に妙岩寺という伽藍を建て、高麗時代まで存在していた。現在、石垣を築いた建物跡がそのまま残っている。この一帯からは百済時代の瓦が出土しているので、これを発掘すれば、百済時代に築かれた可能性が高くなると思う。

今回の調査で確認されたこれらの遺跡は、扶安郡だけではなく全羅北道の貴重な文化遺産であり、観光資源でもある。西海岸の文化観光の拠点都市として保存・発掘・開発すれば、大きな地域発展を期することができることと思う。

第三編　周留城・白江関係論考

1 三国統一戦争と扶安地方
―1993年 扶安国際シンポジウム主題発表要旨―

(1) 序 言

　州柔(周留)城・白村江は、羅唐連合軍と百済が、前後三回にわたって水陸攻防戦をくりひろげた歴史の舞台である。この戦いは、三国統一戦争の大団円をなす重要な歴史的意義を持っている。

　特に、新羅文武王3年秋の最後の決戦には、[新羅・唐]対[百済・倭]の4ヶ国が介入した国際戦争の性格をおびている。したがって、この戦いに関する史料は、『旧・新唐書』、『三国史記』の百済本紀・新羅本紀・金庾信伝、そして『日本書紀』などにわたっているので、攻防の舞台となった現地地名の異写がはなはだしい。

　それだけでなく、同一地域での戦闘の真相なり、位置比定についても、混乱と錯誤を犯すおそれがある。

　白村江は、伎伐浦・只火浦などと表記され、州柔城は、周留・州流・豆良尹・豆率などと表記されたため、研究者たちは、まず類音地名さがしに力を注いだ。安鼎福の『東史綱目』では、伎伐浦を白馬江に、豆良尹(周留)城は、忠南、定山に比定している。過去、日本の学者たちは、ばくぜんと錦江下流または忠南、韓山に比定してきたため、国内外の史学界では、今なお彼らの所説をそのまま踏襲してきた。

　古代史研究において、まず直面するのは、そこに出てくる地名の比定問題である。

　異なる漢字で書かれた類似地名があまりにも多いためである。類似性・転写性を究明することは、古代史研究上補助的傍証にはなっても、絶対的な確証とはなり得ない。真実にたどり着くためには、諸史料を軍事地理学的視点にもとづいて再検討し、さらに現地についての地政学的合理性と考古学的証拠によって検証しなければならない。

　このような立場に立って、州柔城・白村江戦闘の史料を再検討した結果、その歴史の舞台が全北、扶安地方の東津江口一帯であることを確認するように

1　三国統一戦争と扶安地方

3-1-1　扶安国際シンポジウム (1993)

なった。

(2) **伎伐浦について**

　伎伐浦はいくつかの記録で白江と同一視されている。百済義慈王20年(660)、唐将蘇定方が13万の大軍を率いて黄海を渡り、徳物島を経由してさらに南下、はじめて上陸した地点である。

　『旧唐書』蘇定方伝には、「至熊津江口　賊屯兵據江　定方升東岸　乗山而陣　與之大戦　揚帆蓋海　相續而至　賊師敗績　死者数千人　自餘奔散」と記されている。これは明らかに熊津江口外の海岸地帯で戦ったことを表している。ところで、『唐書』蘇烈伝や百済伝では「熊津口」に変化していったため、今まで多くの学者たちを惑わせ、錦江下流に釘付けにしたのである。

　しかし、「東岸に升る」ということは、白村江が南北に流れる川であることを裏付ける。したがって、伎伐浦、すなわち白村江は、錦江口付近で南北に流れる河口にある。それは全北、扶安郡の東津江だけである、

　『唐書』・『三国史記』などの諸史料に表わされた内容も含めて、綜合的に検討した場合、「伎伐浦」は次のような地理的特性を備えている。

183

① 熊津江口外の「揚帆蓋海」した沿海地方で、「海岸泥濘」なところ。
② 「東岸(左涯)」の表現にあてはまる地形、つまり南北に流れる江口であること。
③ 百済の要路であり、険隘な地形であること。

蘇定方は、6月21日徳物島において、新羅、金法敏(後の文武王)と会い、7月10日を期して百済南で合流することを約し、熊津江をさかのぼり、12日には都城を包囲するようになる。ここに至るまで唐軍は約20日間、どこでなにをしていたのであろうか。13万という大軍を満載した1,900隻の大船団を、黄海の真ん中に漫然と浮かべていたのだろうか。少なくとも、蘇定方が軍事的素養を具えている将軍であったならば、次のような理由で、決してこの期間を無為に送ったはずがない。

① 13万名分の食糧・飲料水・蔬菜などを、夏季に20日間も船内に貯蔵することはできない。
② 船上の歩騎は、佐平義直が「不習水者　在船必困」と指摘したとおり、乗船になれていないため、上陸後ただちに戦うことは容易でない。
③ 陰暦6月下旬から7月上旬の間は、台風シーズンに入るので、隻あたり60～70名を乗せた小帆船1,900隻を、そのまま海上に放置しておいたとは考えられない。

したがって、唐軍はまずある地点に上陸して、橋頭堡を確保することによって、充分な補給および兵士の休養、隊伍の整備、海上暴風からの待避などの措置をとったことであろう。

(3) 豆良尹城の進攻と古沙比城

新羅太宗8年(661)、唐軍が百済興復軍に包囲され苦境に陥るようになると、新羅はこれを救援するという名分をかかげたものの、じつは独自に百済軍の根拠地を攻伐しようと企らんだ。新羅軍はまず「豆良伊城南」に至り営地を相したが、百済軍の「望陣不整　猝出急撃不意」つまり奇襲にであい驚いて潰北した。

新羅軍は「古沙比城外」に駐屯して、3月12日から4月19日まで、36日間を対峙していたが勝つことができずに空しく撤退した。敗報をきき、洛東江畔の加尸兮津までかけつけたが、敗軍はすでに加召川を過ぎた後であった。新羅王はあまりのショックのためか2ヶ月足らずで急逝している。

1　三国統一戦争と扶安地方

　古沙比城は百済の中方古沙夫里城、後の古阜である。新羅軍の敗退路は賓骨壌(泰仁)～角山(任実舘村)～加召川(居昌北)～加尸兮津(高灵開津)を結ぶ、いわゆる「葛嶺道」である。
　豆良伊城を忠南地方の「韓山」に仮定してきに学者たちは、五万分の一地図をひらき、万頃江の南岸にたまたま「古沙浦」という地名を見つけ出し、古沙比城をこれにあててきた。しかし、韓山との間は、錦江・万頃江を挟んで90韓里を隔ている。長距離誘導弾が開発された現代戦ですら、このような地上軍の配置は常識はずれである。
　①　半島を横断した新羅軍が、舟艇の用意なくして、二つの江口を渡ることは不可能である。
　②　地上戦闘対峙において、可視地域をはずれる。「望陣不整　猝出急撃」する距離ではない。
　③　敗退路である「葛嶺道」のコースとつながらない。
　④　古沙比城は、少なくとも地理志にみえる古地名であるのに対して、「古沙浦」とは万頃江の江名で、付近に百済時代の防御遺跡は見あたらない。
　したがって、豆良伊＝古沙比の関係は、井邑古阜とその西方(葛嶺道の延長線上の)「糞山」に比定されなければならない。糞山は「도롱이」(Torongi)」で、「豆良尹」と同音である。

(4) 白村江海戦の舞台に関して
　白村江海戦は、新羅の文武王3年(663)、再度の羅唐連合軍が結成され、州柔(周留)城を攻略するに先立って展開された国際的大海戦である。
　各史料を綜合、検討してみると、7月17日、熊津で唐将孫仁師らと合流した新羅軍が、陸路、州柔城下に到着したのは8月13日で、劉仁軌・扶余隆らが率いる唐水軍が、白村江口の沖合いに陣列したのは8月17日であった。この場合白村江口を錦江下流に比定すれば、いくつかの矛盾に出合うことになる。
　①　熊津から白江口に至るまで陸軍は26日間、水軍は1ヶ月を要した。錦江下流だとすれば、あまりに時間がかかりすぎる。
　②　日本軍も唐軍の通路にあたる錦江下流に400隻の大船団を、いたずらに浮かべているはずがない。
　③　『旧唐書』によれば、「加林城(林川)をまず取ろう」という意見に対して、劉仁軌は「いや、賊の巣穴である周留城をまず取るべきだ」と主張した。

もし、周留が韓山であれば。わずか42里(17km)足らずの加林城を通過しなければならない。
④　『旧唐書』には、「自熊津入白江」となっている。これは、白江が熊津、つまり錦江口外にある別個の川であることを裏付ける。
⑤　8月28日、日本水軍が敗れた様子を「海水爲赤」といっている。これは明らかに海上である。
⑥　『日本書紀』には、「不觀氣象」という語がある。東津江口の海潮干満の時間をかえりみずに出撃し、まもなく引潮になるとたちまち険阻な江流となり、茫々たる海原は泥濘地帯にかわったため、へさきをめぐらすこともできず、ぬかるみに釘付けにされ左右から攻撃を受けた。これが決定的な敗因になったのである。
⑦　新羅本紀(文武王報書)には、周留城陥落後の形勢に関して、「南方已定　廻軍北伐」と書いている。これは周留城が錦江以南にあることを意味する。最近、燕岐在住の金在鵬氏はこの部分を「東方已定　廻軍西伐」と改作している。周留城＝燕岐説を主張するために、歴史記録を犠牲にしてしまったのである。

(5) 周留城の位置と地勢に関して

『日本書紀』には、周留城の位置や地勢の特徴に関し、仔細な記述を残している。天智紀元年12月、百済王豊璋は日本軍将朴市田来津らの反対にも関わらず、州柔城を棄てて、避城に都を遷した。原文は次のとおりである。
「此州柔者　遠隔田畝　土地磽确　非農桑之地　是拒戰之場」・「避城者　西北帶古連旦涇之水　東南據深泥巨堰之防　繞以周田……」・「州柔設置山險　盡爲防禦　山峻高而谿隘　守易而攻難也」
避城は異本に辟城となっている。古名「碧骨」・「辟支」で現在の金堤にあてられる。金堤は有名な百済時代の「碧骨堤」を控えている。遷都の理由は餓死を免れるためであった。
しかし、わずか3ヶ月足らずでもとの周留城に戻ってくる。新羅軍が大攻勢にでて居烈(居昌)・居勿(南原)・沙平(順天)など、いわゆる「南畔四州」を占領して北上、德安城(恩津)まで陥れたため、あまりに近すぎるようになったからである。
したがって、州柔城は避城(金堤)よりも西方、海岸近くの「山は峻高にして、

谿は隘いところ」に位置することになる。

『世宗地理志』や『東国輿地勝覧』扶安山川条に、「辺山重疊高大岩谷深邃」といっているのも相通ずる表現である．

同年6月、豊璋王と福信将軍の間に隙が生じ、福信は「窟室」に隠れたと『旧唐書』百済伝にみえるが、このような窟室の有無は州柔城の位置比定上重要なきめ手となる。『勝覧』扶安山川条には「禹陳岩　在邊山頂　岩体円而高大　岩下有三窟　各有居僧」と明確に記されている。また『文献備考』には「禹陳古城　在邊山　自禹陳岩縁山兩麓合於洞周十里」と書かれている。

現地を訪れれば、周囲4kmの巨大な高句麗式山城、および3ヶ所の窟室に出合うことができる。

(6) 百済軍敗残兵の亡命日程

『日本書紀』天智紀二年(663)九月七日、州柔城が陥落すると、生き残った将兵らは「百済の名も今日にて絶ゆ、あに復た能く丘墓の地に往かんや」と悲憤慷慨し、日本への亡命を決心する。

州柔城を抜け出た彼らは、11日「牟弖」を出発、13日には「弖礼」に到着、24日に日本船師とともにはじめて日本に向かって帆をあげた。

弖字は天または氐の異体で、日音「テ」である。牟弖は「未冬」・「未多」とも記写された全南道の南平である。光州の「無等山一云武珍岳」というのもその異写である。

弖礼は「冬老」後の兆陽、宝城郡鳥城・得粮面にあたる。『日本書紀』神功紀の「多礼」とは同地名である。この両地名は、弖＝冬＝多の対応関係を示す例である。州柔～南平間(7日～10日)4日程、南平～鳥城間(11日～13日)は3日程である。これを『東国輿地勝覧』各郡県の道里条によって計算してみると、南平～鳥城間は135里、州柔城が扶安の「禹陳古城」(五万分の一地図に「周留山城」とある)だとすれば、南平までは204里になり、4日日程で歩ける道程である。1日に約45里から50里を歩いたことになる。

もし、州柔城が韓山であるとすれば、さらに170里を加えなければならないので、少なくとも3日以上を要することになる。つまり、韓山～南平間は合計374里となり、4日程ではとうてい行けるものではない。まして途中には錦江・万頃江など、船便にたよらなければ渡れない河川が横切っていることを考えると、韓山＝州柔城説は決定的矛盾を抱えていることになる。

(7) 結びにかえて

　1960年以来、長い間、数十回にわたり現地を踏査するにおよび、扶安地方には、州柔城を放射状に囲む東津半島の海岸沿いに残っている7～8ヶ所の城柵跡を発見することができた。また、数多くの類似地名や伝説などが残っていることも確かめられた。

　さらに、東津半島の両脇には、百済時代の古号である「皆火」・「欣良買」などの県名や遺跡が残っている。

　扶安の古号、皆火(戒発)は、伎伐(只火)とも対応する。九芝里土城はその古県址にあてられる。九芝里は「旧・芝火」の訛りである。界火島の「界火」もその名残りである。

　白村江の「白村」は、百済の「欣良買」と異写関係にある。「흰느뫼」(hsin-ne-moi)は韓語で「白い川の村」という義である。東津江の古名「息漳浦」もその異写である。欣・息字は白の音義借字である。古県址は白山山城であるが、新羅統一後は保安(現在の富谷里)に移動したため混乱がおこった。

　『三国志』魏志韓伝に「支半國・狗素國・捷盧國・牟盧卑離國」が列挙されている。支半(伎伐＝扶安)・狗素(古沙＝古阜)・牟盧卑離(毛良夫里＝高敞)を結ぶ三角形内に位置する「捷盧国」こそ、まさに豆良尹・豆率・周留・州流・州柔の別写にすぎない。

　統一後の唐州県には、古阜に古四州をおき、「平倭県」と改め、また皆火県を「扶寧」と呼んだのは、この地域で倭軍を平定し、扶余国を安寧させたことを含意している。周留の名はその南の「茁浦」(ツルポ)にも残っている。

　このように、三国統一戦争に登場する州柔・白村江・古沙比城などの古地名は、少なくとも『三国史記』地理志に載っている郡県名に相当するのである。五万分の一地図の上で類似地名をひろい出し、軽々しく付会する性質のものではない。

　最近、金在鵬・小林惠子両氏が、白村江を京畿道安城川の沖合いの「白石浦」にあてている。両氏はここが古くからの港だと主張するが、李朝中期以前の地理志には現れない。ただ『大東地志』にみえるだけである。なによりも日本の援軍が忠清南道を遠廻りして、新羅領土深く進入するはずがあろうか。このほかにも両氏の説に多くの矛盾があるということは、私のこの短い一文を読んだだけでも充分に肯けることと思う。

　古代の歴史記録に出てくる地名を特定する場合において、類似地名の引き当

1　三国統一戦争と扶安地方

てだけでは不充分である。地政学的・考古学的実証を伴なった史料の再検討を行わなければならない。

城郭規模比較一覧表

城　　名	東国輿地勝覧	文献備考	古蹟資料	最近実測値
唐山城（燕岐郡南面）	2,671尺	2,671尺	600間	600m
金伊城（燕岐郡全義面）	1,528尺	1,528尺	400間	500m
雲住山城（燕岐郡全東面）	1,184尺	1,184尺	250間	3,074m
鶏鳳山城（青陽郡定山面）	1,200尺	1,200尺	300間	560m
乾至山城（舒川郡韓山面）	3,061尺	3,061尺	400間	1,300m
石城山城（洪城郡長谷里）		6,400尺	1,000間	1,353m
扶蘇山城（扶余郡扶余邑）	13,006尺			2,200m
蛇山城（天安市稷山面）	2,940尺		700間	1,030m
聖興山城（扶余郡林川面）	2,705尺	2,705尺	700間	800m
周留山城（扶安郡上西面）		10里	1,200間	3,995m

2　白村江決戦の軍略復元論
　—大宰府都城と神籠石の源流を探究する—

(1) 序　言

　日本側の古代史学界において、白村江決戦の歴史的・文化史的重要性に関しては、口をそろえて強調しているが、さて、その舞台がどこかということになると、じつに百家争鳴の形勢が今なお続いているのが現状である。『東国輿地勝覧』扶余に見え始めた白馬江に惑わされて、白村江を錦江に当てるような皮相的着想から始まった地名比定は、錦江を降ったり、遡ったりしながら、百年近くも落ち着く所を知らなかった。この戦いを記した出典は唐・新羅・百済・日本の４カ国の史書にわたっている。しかも、軍事学・考古学・地名学など、多方面の視点から現場を踏査し、諸史料を再検討しなければならない。私は、30余年をかけてこのような作業を続けてきた結果、総合的な論著を刊行するに至った[1]。この拙論を踏まえて、白村江の戦を復元し、神籠石山城や都城の源流と、百済との関係を探究してみることにしたい。

(2) 神籠石山城と百済の山城

　神籠石山城研究の方法として画期的な進展をもたらしたのは、城壁の断面を切り割って土止めの機能をもった列石を確認したことにあった。旧百済地域内でも全羅北道益山、五金山城はじめ同金馬土城、扶余、扶蘇山城、天安の木川土城・蛇山城などで城壁の切開調査が行われた。これで、日本の神籠石山城は構造学的に百済と繋がることが認められるようになった。

　築造年代に関しては、弥生時代後期から７世紀中葉以降までの諸説があるが、これに対しては、田村晃一氏の批判的考察がある[2]。大勢としては百済滅亡と白村江敗戦を前後した時期に絞られるようである。斎藤忠氏も「神籠石式山城列石の切石や石壁の排水溝の構築などは、横穴式石室終末頃の技術と共通したものがある」と述べ、「基肄城の設置の665年に接近して、そしてさかのぼる時期」とみている[3]。

　そもそも日本における神籠石山城には、列石の素材として、切石と割石の両

系統がある。北九州を中心とした山城の列石は切石を使っており、永納山・鬼ノ城・大廻小廻山・城山など瀬戸内沿岸は割石を使っていることに着目したのは渡辺正気氏であった[4]。これは、この二つのグループの築城年代の時差があることを考古学的に裏付ける。百済地域の、たとえば扶蘇山城・五金山城の城壁において重修部分の断面では、まず内側に割石の列石を積み外被覆土した斜面に、さらに切石の列石を並べて版築しているからである。

私は、横穴式石室の素材が割石から切石へと転換したことを基準にして、切石の使用は早く見ても6世紀後半以後であると述べたことがある[5]。日本でも、割石列石の山城は、切石列石のそれより先行するという決め手の例外ではないと考えている。

この二つのグループは素材・編年だけでなく、機能学的にみても著しい差が認められる。上に挙げた瀬戸内4ヵ所の神籠石は、西から近畿地方に至る航路上を監視・防御する前哨基地の性格を持っている。西からの脅威は国際的なものだけではなかった。これらは、むしろ切石を使用した北部九州の神籠石より先に築かれたと見るのが妥当である。基本的なプランとノーハウが百済にあることは言うまでもない。

(3) 北部九州神籠石山城の年代と機能

さて、列石に切石を用いたグループは、山口の石城山を含めて9ヶ所が北部九州に集中している。渡辺正気氏は『日本書紀』斉明紀4年条の「或本云、至庚申年七月、百済遣使奏言、大唐・新羅并力伐我……由是国家以兵士甲卒陣西北畔、繕修城柵断塞山川之兆」という文脈に着眼し、この予言は2年後の百済救援のための朝廷の西下と、朝倉宮の遷都を指すものとみているのは示唆的である。渡辺氏はこの時を城柵がつくられた契機として捉えているらしい。ただし、割石を使っている瀬戸内の4ヶ所はこの例から外して考えるべきである。

この切石グループの神籠石群はほとんど同じ時期に、ある軍略的配置計画と地政学的択地技術に基づいて築かれた公算が大きい。そのモデルとして馬王堆3号墓出土のいわゆる「駐軍図」が挙げられる（図3-2-1）。これは前漢初期の長沙国の地形・集落とともに、河川をはさんだ中央に「箭道」という三角形の楼閣付omega城があり、これを囲繞する形勢で「周都尉軍」・「周都尉別軍」・「徐都尉軍」・「司馬得軍」・「桂陽□軍」などの駐屯基地が配置されている[6]。九つという外郭陣地の数字に留意すべきである。北部九州の九つの神籠石の配置を

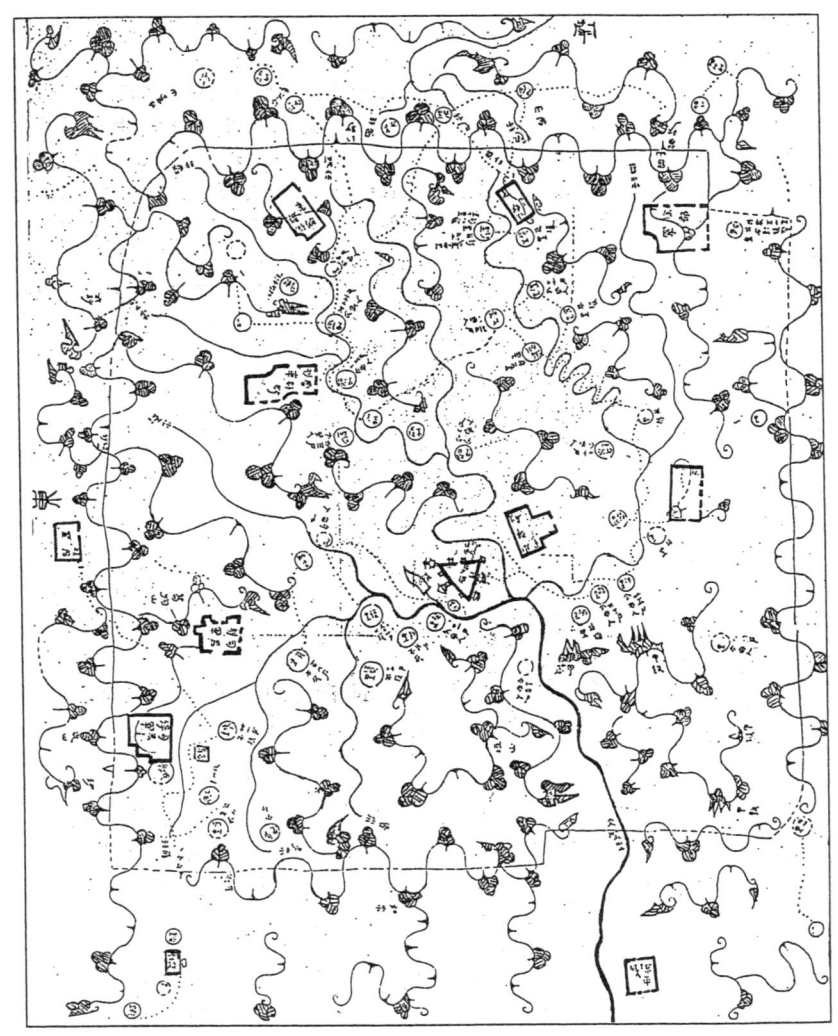

図3-2-1　馬王堆3号墓「駐軍図」（中国歴史博物館　孫机教授提供）

見れば、だいたい大宰府を核としている。このような軍略的配置法を倭国政府にもたらしたのも、おそらく百済の軍事専門家であったに違いない。

『日本書紀』天智紀10年、百済遺民に官位を授ける記述の中で、憶礼福留・答㶱春初・谷那晋首・木素貴子など、州柔城陥落後、弖礼城から倭国に渡航して大野城・椽城などを築いた人たちに「兵法に閑えり」と注記しているのは注

目される。

　百済の都城制がいわゆる城と郭、つまり羅城を廻らしはじめたのは、南朝の建康城の知見が取り入れられてからであろう。秋山日出雄氏は、建康城には左・右・東・西・南・北・江の七尉があったことを指摘している[7]。一方建康城の外囲には、東府城・丹陽郡城・西州城・石頭城・白石塁・宣武城などが京師を拱衛し、さらに琅耶・秣陵・臨沂・江乗・壊徳・同夏・胡熟などの県城が「群星拱月之勢」に廻らされている[8]。

　ところで、渡辺正気氏の見解通りに斉明朝の西下が神籠石設置の契機になったとするならば、当然朝倉宮を中心としなければならない。斎藤忠氏は神籠石の設置目的を海外情勢、つまり新羅対策においている。最近、西谷正氏も「朝倉宮を臨時首都とし……その周辺を固めるべく神籠石山城を配置したと統一的に理解したい」「白村江で敗れた時、敵対した唐・新羅連合軍の来攻を恐れて、それに備えるべく防衛体制が整備された」と言っているのは、今までの日本側研究成果を統一的に代弁していると言える[9]。

　しかし、この二点においてなお、怪訝の余地を残していることも否定できない。朝倉宮の所在地は、北部九州の神籠石相互を結ぶ枠内の東南隅に偏在していることである。また、神籠石の大部分は有明海を向いた南西辺に配置され、中世蒙古侵入のように、外敵の上陸が予想される筑前沿岸はそのまま丸空きになっているので、対新羅防御用という口実を裏切っている。前掲の

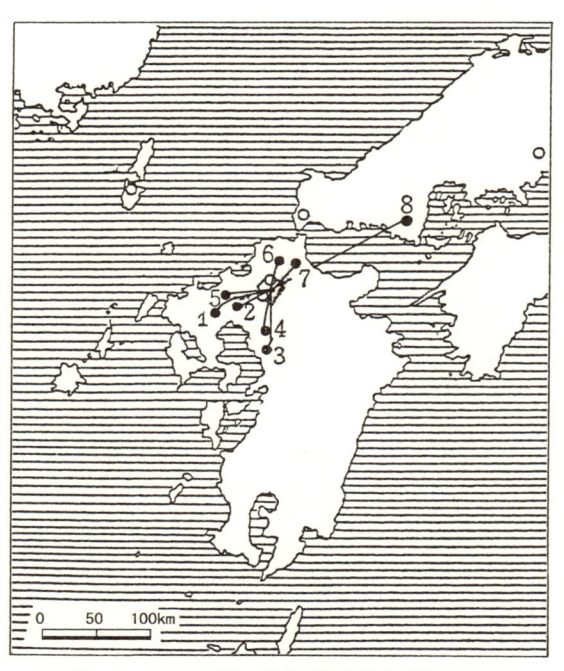

図3-2-2　北部九州の神籠石系山城分布図
1　おつぼ山　2　帯隈山　3　女山　4　高良山
5　雷山　6　鹿毛馬　7　御所ヶ谷　8　石城山

馬王堆3号墓駐軍図でも九都尉の中の六都尉が西南に配置され、南粤王に対する防衛を看取することができる。同じ理屈で北部九州の神籠石はむしろ周辺豪族を圧伏させ、朝廷の威厳を誇示する対内の効用に期待をかけた一面があったと考えられる（図3-2-2）。

　上で見たように古代の中国において、駐軍・営塁は都城の防衛が目的であるので、先行条件として都城、または主城の建設が必須的である。朝倉宮が都城体制の核になった当為性は認められるが、肝心の都城建設は等閑に付したまま、神籠石だけを早急に造ったとは考えられない。やはり神籠石山城配置の核をなすのは、大野城と筑紫都督府、すなわち大宰府である。しかし、斉明朝の西下と大野城創築との間には5年足らずの時差があるだけである。

　ところで、神籠石の建設にかんしては記録が残っていない。天智紀9年条に「長門に城一つ、筑紫に城二つを築く」となっているが、これはまさしく4年条の長門・大野・椽と重複している。あるいはこの年に至って完工をみたのかも知れない。この5年間にわたる都督府都城建設の一環として、北部九州神籠石の建設も並行したと見るのが順理ではなかろうか。

(4) 白村江の防御と「不観気象」の真相

　上に述べたように都城には、いわゆる「群星拱月之勢」に衛星城群を繞らしている。これは、百済の五方城制とも相応ずる。私は、五方城を核として、周辺の地形を利用した放射状の子城があり、さらに7～8の郡・城を管轄していたことを発表したことがある[10]。典型的形勢は、熊津故都公州の周辺でも見られる。15～20kmを隔てて9ヶ所以上の山城が放射状に配置されている[11]。

　私が州柔城に比定している全羅北道扶安、東津半島にも海岸に沿って馬蹄形に9つの土城が配置されている。これは蘇定方の王都攻撃に先立って橋頭堡を確保し水陸並進した起点となった所である。百済時代の東津半島は二つの古県があった。西岸には「伎伐浦(皆火)」、東岸の白江口には「欣良買」があった。欣良買は「白・村・江」という古語の借写字である。白は「ハク」と音読しないで、「欣」で借字された韓語「シロ」である。

　沖合からこの東津半島の伎伐浦上陸を企んだ唐軍は、この沿岸抵抗線との正面衝突を避けて、その「東岸(左涯)」に迂回し白江口から上陸「乗山而陣して逆撃大破」した。上蘇山に登って海岸陣地を背後から攻撃したのである。唐軍は帆を揚げて海を覆って雪崩れ込み、5千名の百済兵を屠り奔散させた。

6月18日徳物島を出発した蘇定方は、ここに橋頭堡を確保することによって、台風からの待避・隊伍の整備・給養の補給・兵士の休養を図り、「水陸並進」して7月12日「百済南」で新羅軍と合流した。これとは反対に2ヶ月以上もそのまま海上に浮かばせた1千9百艘の船団と13万大軍をストレートに錦江に注ぎ込み戦闘に駆り立てる愚将はあるまい。

　天智紀2年8月、倭国の水軍4百艘は白江口に錨をおろし、白村、今の白山土城に屯していた。

　百済豊璋王はこれを迎えるため州柔城を出ている。運命の8月28日、倭国の諸将は「不観気象」して乱伍中軍の卒を率いて唐軍に打って出たが、たちまち左右から挟み撃ちにされ、舳先を廻らすことができず釘付けにされた。煙は天にみなぎり、海水は真っ赤にそまった。

　同盟軍最大の敗因は、「アルカタチヲミズシテ」つまり、潮の干満のタイミングを顧みなかったところにあった。茫々とした大海も引潮になると、たちまち一筋の川流に変わるのである。これがすなわち「アルカタチ」の真相である。

(5) 州柔城の都城体制と大宰府の羅城

　中国では、城と郭という二つの概念がある。『太平御覧』では「呉越春秋に曰く、鯀は城を築き以て君を衛り、郭を造り以て人を居らしむ。此れ城郭の始也」、また「管子曰く、内は之を城といい、外は之を郭という」とあるのを見れば、城と郭とははじめから機能が区別されている。羅城というのは、『資治通鑑』唐紀、懿宗咸通9年条注に「羅城は外大城也、子城は内小城也」と言っているので、郭に該当することになる。『日本書紀』では、天武紀8年11月条に、「難波に羅城を築く」という記述が見られる。

　大宰府を中心に羅城、つまり外郭を想定したのは、阿部義平氏の論文である[12]。阿部氏は、大野に繋がる「水城」の延長線上や、さらに基肄城の南端から関屋川を渡り宝満山を結ぶ、綿々と連なる土塁と丘陵を東郭として、これをいわゆる大宰府都城の羅城、つまり「郭」に想定している。

　ところで、これを前後して日本国内の大多数の研究家たちは、今までの知見に基づいて百済の旧都扶余の山城と羅城をそのモデルと見なしてきた。しかし、大野と基肄城を含む城郭の構成は、州柔城を中心とする扶安地方により接近している。州柔城は百済興復軍最後の都城である。

　類似点は、①まず南北に海を控えていること。②東西を大きな山塊で遮られ

第三編　周留城・白江関係論考

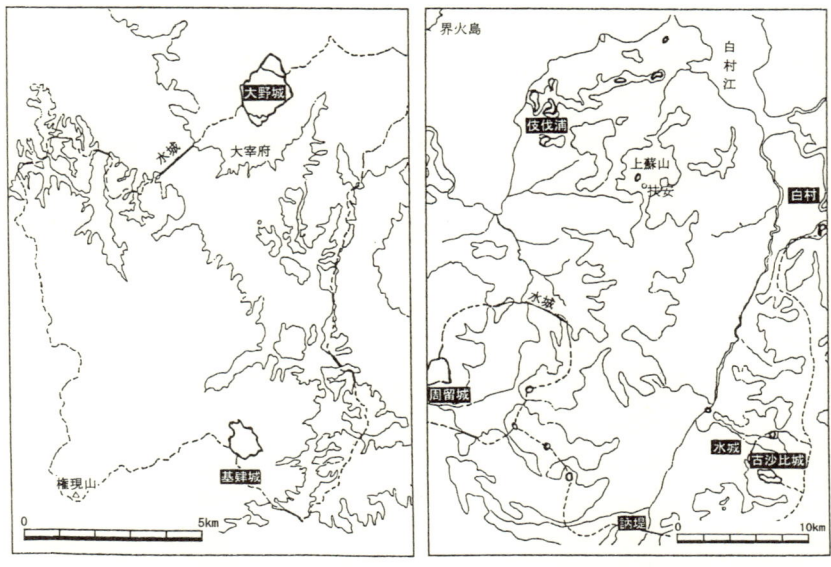

図3-2-3　大宰府周辺の都城想定図
（阿部義平氏論文より）

図3-2-4　州柔城一帯の都城想定図
（拙著1996、p.278より）

ていること。③川が両方面に流れる分岐点であること。④放射状の営塁で外郭を囲んでいること。⑤海に注ぐ河川を塞いで水城を築堤していること。⑥東西に二つの包谷式山城を設置していること。⑦包谷式山城の立地・規模が高険・広大であることなどを挙げることができる。私が想定した城郭の平面略図と、阿部義平氏の大宰府羅城復元図を比較していただきたい[13]。スケールの差こそあれ、その地形・平面的配置などあまりにも対照的である（図3-2-3・4）。大野城と基肄城の関係は、州柔城と古沙夫里城の関係に置き換えられる。古沙夫里城は百済五方の「中方城」にあたる。661年春、新羅は総力を傾けて豆良尹城を攻めた。この時新羅軍の来屯地は「古沙比城」であった。豆良尹は州柔城の新羅表記である。古沙夫里城も平地土城と山城を包括し水口を遮る土堤が築かれている（図3-2-5）。百済方城の都城プランの典型である[14]。『三国史記』地理志に古沙夫里を「平倭県」、皆火(伎伐)を「扶寧県」に改名したのは、この一帯が決戦の場であったことの名残りであろう。

2 白村江決戦の軍略復元論

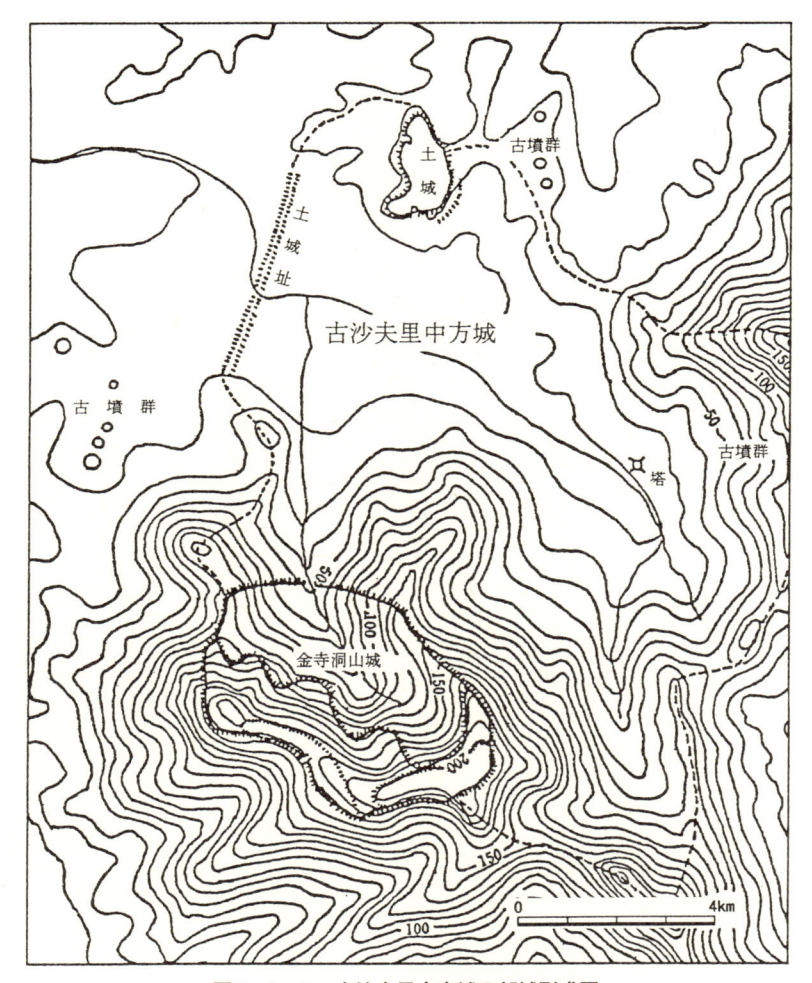

図3-2-5　古沙夫里中方城の都城形成図

(6) 百済特有の土城類型とボートピープル

　城郭研究には、いろいろのパターンがある。その中でも機能学的、つまり設置目的によって、その立地・型式が違ってくるのは当然である。もちろん、城というものは防御が最優先の目的である。私は、百済最後の戦跡を歩いているうちに、特異な形態の防柵土城跡数例を発見することができた。

　このようなタイプの共通的な特徴は、小高い峰の上縁を鉢巻式に削り落とし

197

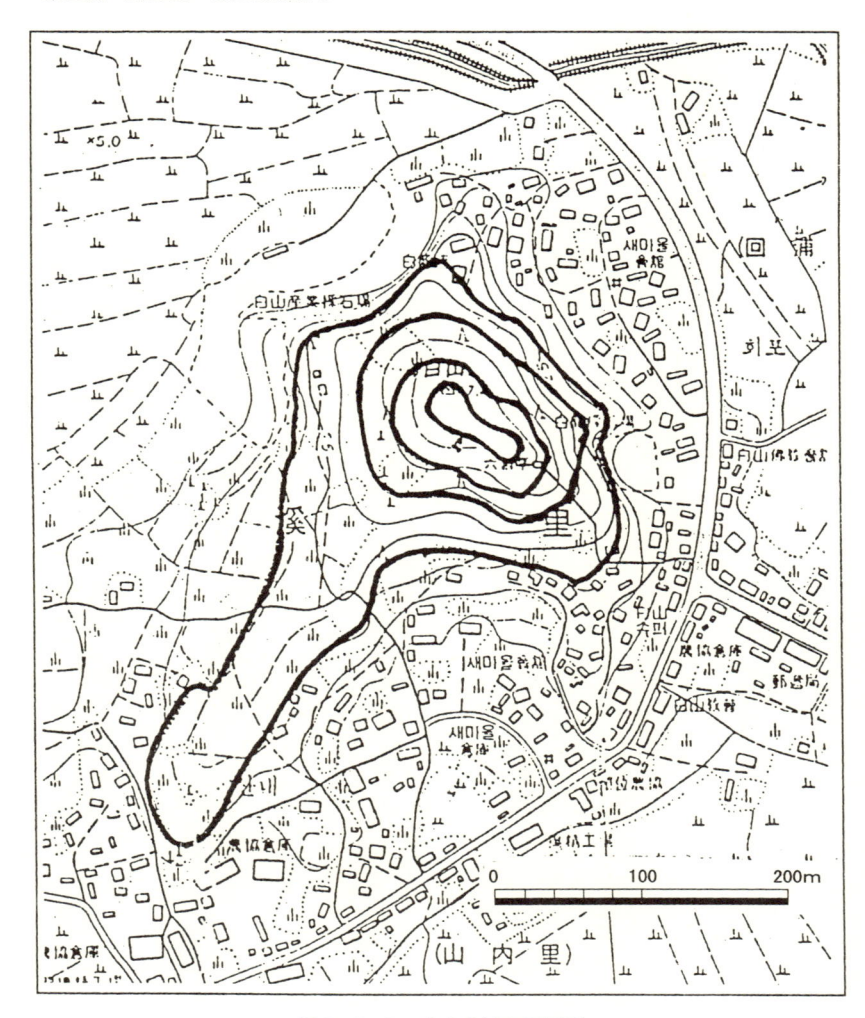

図3-2-6　白山土城の平面図

て犬走りの回廊道を設け、さらにその下に二重〜三重の回廊道を繰り返して作り上げている。この場合、最下辺は細長く尾を引いた低い丘陵を囲む土段または、回廊道を設ける。平面はまるで「お玉じゃくし」のように尾を長く引く。主として海岸防御施設として作られる。

　海岸に迫った小高い丘の上に柵を廻らす防御施設は、すでに『後漢書』夫余国伝に「以員(円)柵為城」と見えることで、その発生の古いことが推される。

2 白村江決戦の軍略復元論

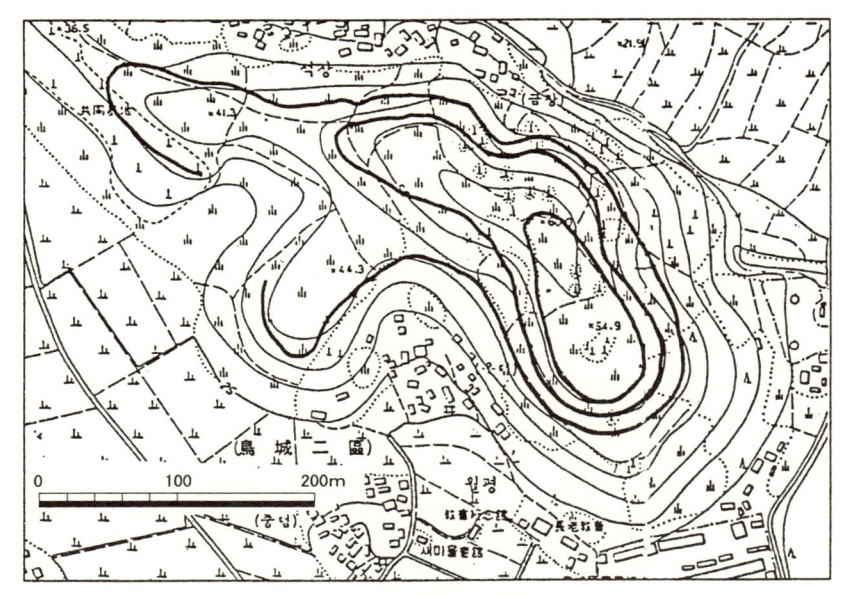

図3-2-7　冬老古城の平面図

　実際に吉林市の「東団山」には、三重の城壁が廻らされているが、報告者はこれを夫余族の「円柵」と見なしている(15)。もう一つの例としてブリヤート・モンゴル自治共和国の首都、ウランウデ付近にあるイブルカ(伊伏尓加)古城が挙げられる(16)。紀元前後に築かれた防柵であるが、周囲1800m、四重の円柵を廻らしている。丁令人・匈奴・漢族などが入れ代わっているが、半農・半牧の生業パターンが生んだ防御施設に変わりはない。
　私は全羅北道扶安、州柔城を中心に、白山土城(図3-2-6)をはじめ、龍井里・龍化洞・修文山・盤谷里などの土城を発見、実測した(17)。最近では、全羅南道宝城、冬老古城(18)(図3-2-7)を発見、実測した。採集土器の型式からして、みな百済時代のものである。特に扶安一帯の同タイプの土城は、周囲4kmに及ぶ州柔城を囲んで放射状に東津半島の海岸に沿って並んでいる。
　扶安の白山土城などの「お玉じゃくし」形の長く尾を引いた防柵土城は、地形と機能に適応させた円柵のバラエティーであろう。天智紀2年9月7日、州柔城が羅唐連合軍の手に落ちると、生き残った百済遺民らは、倭国に向かって亡命の途に発った。11日牟弖(ムテ)を出発、13日には弖礼(テレ)城に到着した。私は、牟弖は全羅南道南平の古号「未冬」、弖礼は「冬老」に対応することを

199

第三編　周留城・白江関係論考

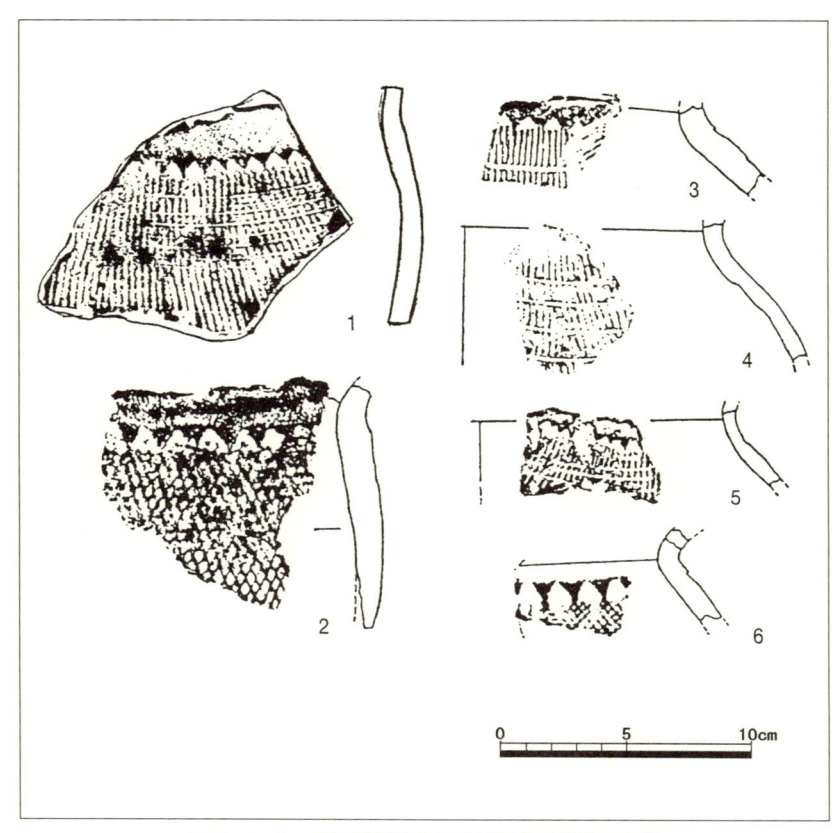

図3-2-8　州柔城付近と弖礼城採集土器片の文様
1．弖礼　2．扶安、龍化洞　3・4．扶安、修文山城　5．扶安、九芝里　6．扶安、士山里

はじめて発見した。牟弖は「未多」・「武珍」・「無等」とも記写されている。『東国輿地勝覧』道里条によると、牟弖〜弖礼間は135韓里、これを3日程で歩いたことになる。逆算して、州柔城と目される扶安までは204韓里、4日程であるからには、州柔城の位置をそれ以上北に比定することは不可能である[19]。

東津半島から339韓里、140kmも離れた弖礼城が、同一タイプの「お玉じゃくし」形土城であることを見出し、かつ、同型式の土器などが堆積していることを確かめたのは、たいへん驚異的で感慨深いことであった(図3-2-8)。

『日本書紀』天智紀の百済遺民亡命の記事は、百済側を「国人」・「国民」と書いている。このボートピープルの隊列に加わった百済人の生々しい手記を、

そのまま正史に挿入したことを裏付けるものである。彼らは9月24日「枕服岐城」にいた日本船師と妻子らの到着を待って翌25日、はじめて日本に向かった。船着場には、今も石囲いの井戸跡が遺っている。彼らはこの井戸で祖国最後の水を汲み、再び戻れない「丘墓之所」を眺めながら痛恨の涙をのんだことであろう。その中には、大野城築造に携わった憶礼福留の名も見えている。

しかし、新羅・唐軍の来攻に備えて、神籠石山城や州柔城タイプの大野城などを倉皇と築いたとすれば、険阻な山上の逃げ城造営に苦労するよりは、むしろ、沿岸に「お玉じゃくし」形の陣地構築に総力を傾けてよかったはずであるが、今のところはそのような形跡は報告されていない。つまり、「繕修城柵断塞山川」はあるが、「以兵士甲卒陣西北畔」は認められないわけである。

『日本書紀』天智紀3年以降、百済鎮将劉仁願が郭務悰を派遣したことをきっかけに、6年11月には、熊津都督府の熊山県令司馬法聡が、「大山下境部連石積らを筑紫都督府に送らしむ」と記されている。唐の都督府をまねた「筑紫都督府」をここに植えつけることによって、軍事的目的は希釈されたと同時に倭国の外交的コンプレックスも克服されたことであろう。

このような対外情勢の変化によってせっかく築き上げられた神籠石山城は、まもなくその機能を失い、捨て去られた事情も理解できることと思う。

[注]
(1) 全 栄 来『白村江から大野城まで―百済最後決戦場の研究―』新亜出版社、1996
(2) 田村晃一「『神籠石』に関する若干の考察」『青山史学』2号、1971
(3) 斎藤 忠「城柵跡」『日本古代遺跡の研究』総説、1968
(4) 渡辺正気「神籠石の築造年代」『考古学叢考』中巻、1988
(5) 全 栄 来『益山、五金山城発掘調査報告書』円光大学校、1985
(6) 馬王堆漢墓帛書整理小組「馬王堆三号漢墓出土駐軍図整理簡報」『文物』1976-1
(7) 秋山日出雄「南朝都城建康の復元序説」『橿原考古学研究所論集』第七、1984
(8) 葉 驍 軍『中国都城歴史図録』第2集、1986
(9) 西谷 正「朝鮮式山城」『岩波講座 日本通史』第3巻、1994
(10) 全 栄 来「百済地方制度と城郭」『百済研究』19集、忠南大学校、1988
(11) 東潮・田中俊明『韓国の古代遺跡』2、百済・伽耶編、1989、p.120
(12) 阿部義平「日本列島における都城形成―太宰府羅城の復元を中心に―」『国立歴史民俗博物館研究報告』36集、1991
(13) 全 栄 来、前掲注(1)、pp.278・279
(14) 全 栄 来「古代山城の発生と変遷」『東アジアと日本』考古・美術編、田村圓澄先生古稀記念会編、1987、p.505、第26図
(15) 武 国 勲「夫余王城新考―前期夫余王城的発見」『黒竜江文物叢刊』1983-4、p.39

第三編　周留城・白江関係論考

(16)　王　可　賓「伊伏尓加古城述論」『北方文物』1985-1、pp.92〜98
(17)　全　栄　来『周留城関連遺跡地表調査報告書』円光大学校、1996
(18)　全　栄　来「百済滅亡と冬老古城及び兆陽城の調査」『九州考古学』第71集、1996
(19)　全　栄　来『周留城・白江位置比定に関する新研究』1976

3　沙尸良県と一牟山県について

『三国史記』新羅本紀、文武王元年(661) 9月条には、百済の雨述城攻撃に関する記事がみえる。すなわち、「上州総管、品日が一牟山太守大幢・沙尸山太守哲川らとともに軍を率いて雨述城を攻撃し一千級を斬首した。」という内容である。

ここにみえる3ヶ所の地名は、おのおの比定が可能なもので、周留城の燕岐、または洪城に比定しようとする二つの説の矛盾性を証明する決定的な証拠を提示している点で注目される。

①雨述城は、『三国史記』地理志に「比豊郡　本百済雨述郡　景徳王改名　今懐徳郡」とみえるもので、現在の大田市北部にあたる。②一牟山も「燕山郡　本百済一牟山郡　景徳王改名　今因之」といい、『東国輿地勝覧』には「文義県　本百済一牟山郡　新羅改燕山郡……」となっているので、現在の文義で

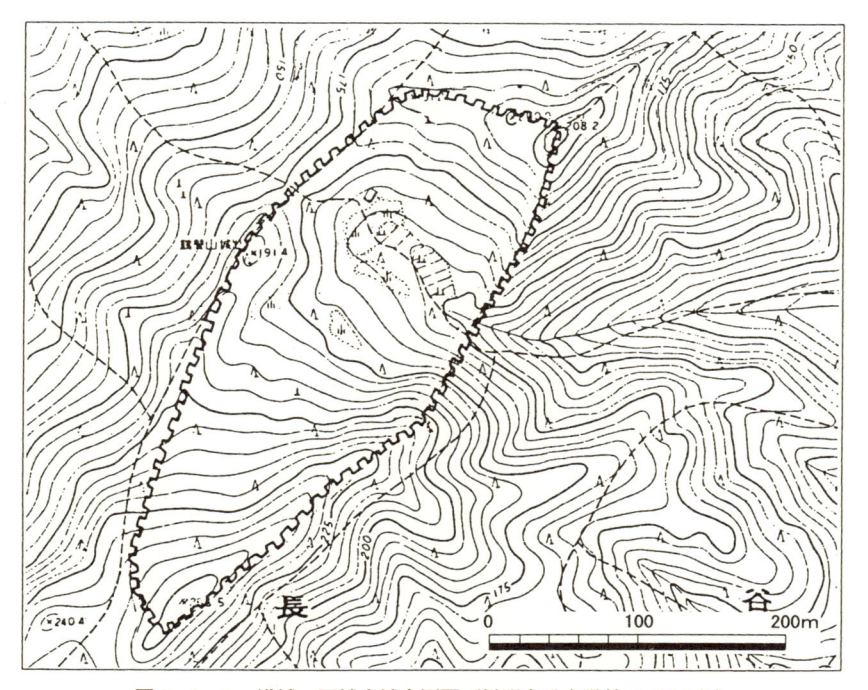

図3-3-1　洪城、石城山城実測図（祥明女子大学校 1995より）

ある。③また『三国史記』
地理志に「潔城郡本百済
結巳郡……領県二　新邑
県　本百濟新村県……今
保寧県、新良県　本百濟
沙尸良県　景徳王改名
今黎陽県」とみえるので、
沙尸山は「沙尸良」の誤
記であることが分かる。

『東国輿地勝覧』洪州、
古跡条をみると「驪陽廃
県　在州南三十七里　驪
一作黎　本百濟沙尸良県
一云沙羅……」といい、

図3-3-2　洪城、石城山城出土銘瓦
（祥明女子大学校　1995より）

『文献備考』には「洪州　（補）驪陽山城在県南三十七里　驪陽廃県石築　周六千四百尺　今廃」と、その所在を明らかにしている。

これは、現在の洪城郡長谷面にある山城であるが、現地在住の朴性興氏は、これを百済の周留城であると主張している（朴性興『洪州周留城考』1995）。

彼が提示した山城に対しては、最近、祥明女子大博物館長崔圭成教授、国史編纂委員会崔根泳史料調査室長らのチームによって調査報告されている（祥明女子大学校・洪城郡庁『洪城郡長谷面一帯山城地表調査報告書』1995）。

その結果、山城は周留城ではなく、じつは「沙尸良」県址であることが、考古学的に究明されたのである。つまり、高さ155.5mの山上に位置する「石城山城」からは、「沙尸」という銘文が押された瓦片が発見されたというのである。この山城は、『東国輿地勝覧』にみえるとおり、洪州から正確に37里(14.8km)離れている地点である。祥明女子大チームの調査によって、朴性興氏の「周留城＝洪城説」は、疑問の余地なく崩れ落ちたわけである。さらに重要なことは、前掲の文武王元年9月条記事が示唆する限り、この地はすでに新羅軍占領下にあったという点である。そうでなくては、沙尸(戸)山太守が軍隊を率いて南下し雨述城攻撃に加わることはできないからである。

『東国輿地勝覧』各郡県の道里条を基準に、地名間の距離関係を検討すれば、洪城説・燕岐説の矛盾性を看取することができる。

3 沙尸良県と一牟山県について

周留城・白江関連　地名対比表

出典地名	百済地名	全栄来	朴性興	金在鵬
周留城 (豆良伊) (豆率城) (豆陵城) (尹城) (疏留城)	(捷盧国) (豆伊城)	全北　扶安 周留山城 錦山富利	忠南　洪城　鶴城 於乙方城 定山　鶏鳳山城 定山　金盤陽土城 定山　鶏鳳山城	忠南　燕岐　唐山城 豆仍只（도롱이） 定山　白谷里 松山城（솔재）
白江 (白江口) (白村江) 只伐浦	欣良買県 皆火　戒発	扶安　白山 東津江 (息璋浦) 扶安　九芝里	牙山　仁州面　密頭里 唐津　石門面　高大面 唐津　石門面（차돌배기） 唐津　石門面	安城川　白石浦（牙山） 安城川口（흰들개）
古沙比城 中路 葛嶺道 賓骨壌 角山 加召川 加兮津	古沙夫里 中方 (芦嶺山脈) 賓屈県 角山 加袮県 加西　新復	井邑　古阜 井邑　古阜 (芦嶺山脈) 井邑　泰仁 任実（뱀뫼） 慶南　居昌 高霊	定山（チョマコル） 土城 青陽　七甲山	燕岐　高山山城（고소재） 百済都城(熊津)付近山城 全東面蘆長里（갈길리） 全北　泰仁
避城 居烈城 居勿城 沙平城 徳安城	碧骨郡 居列 古龍　基汶 沙平 徳恩郡	全北　金堤 慶南　居昌 全北　南原 全南　順天 忠南　恩津	保寧　汚川面(彗城) 唐津　新平面	慶南　晋州
枕服岐城 牟弓 弓礼	道武　耽津 未冬　未多 冬老(多礼)	耽津 南平 鳥城　得糧	唐津　長谷面　黄城里 (참뱅이) 唐津　松岳面　井谷里 唐津　松岳面　井谷里 (돌무시)	洪城　郡廣川鳥首山 (참방이재　真方城？) 青陽　化城面（솜대） 忠南　寺浦(テラ・テレ)

第三編　周留城・白江関係論考

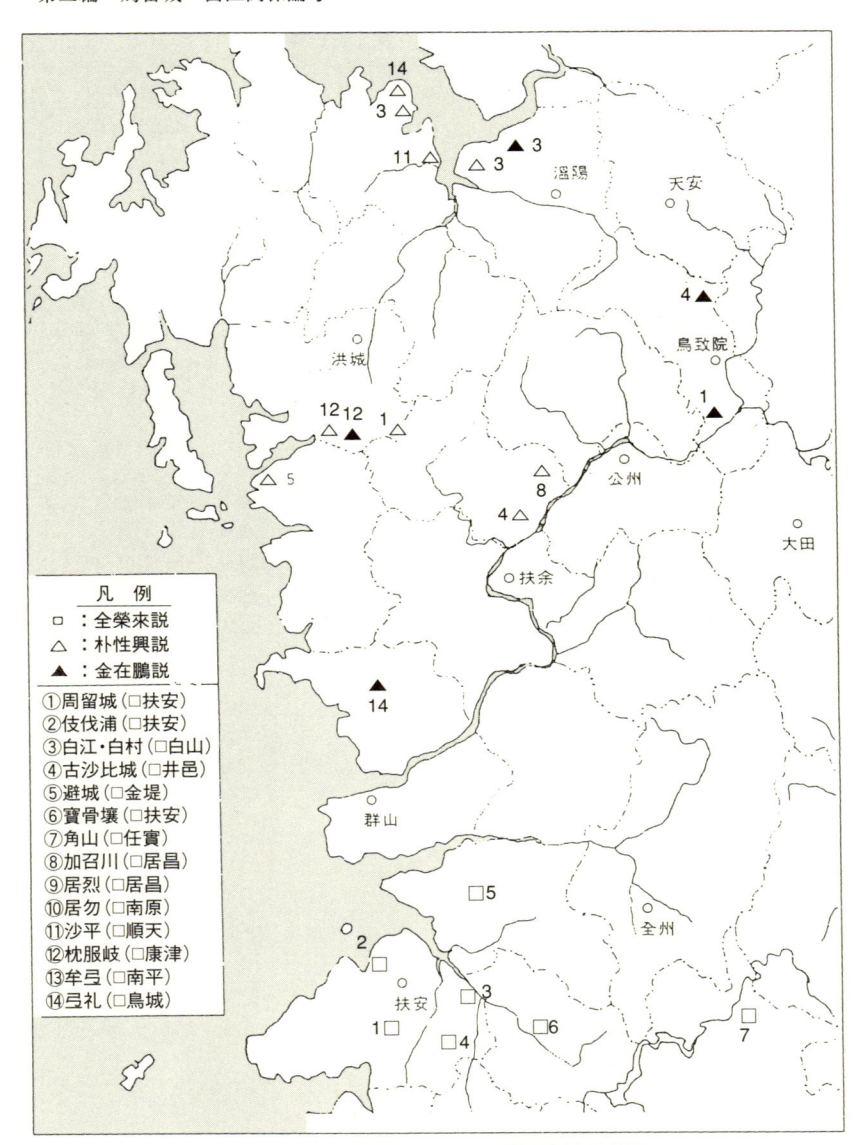

凡　例
□：全榮來説
△：朴性興説
▲：金在鵬説

①周留城（□扶安）
②伎伐浦（□扶安）
③白江・白村（□白山）
④古沙比城（□井邑）
⑤避城（□金堤）
⑥寶骨壤（□扶安）
⑦角山（□任實）
⑧加召川（□居昌）
⑨居烈（□居昌）
⑩居勿（□南原）
⑪沙平（□順天）
⑫枕服岐（□康津）
⑬牟弓（□南平）
⑭弓礼（□鳥城）

図3-3-3　周留城・白江関連地名対比地図

3 沙尸良県と一牟山県について

　まず、百済興復軍の二大拠点といえる任存城との関係はどうであろうか。洪城から大興までは、東へ34里(13.6km)、大興から任存城までは反対に西方へ13里(5.2km)離れている。長谷面石城山城、つまり驪陽廃城が周留城だとすると、任存城との距離は58里(23.2km)になる。周留城では百済運命を賭けて最後の決戦を敢行している時、わずか23km離れた任存城では対岸の火事見物に終始していたというのか。また、「南方已定　廻軍北伐」したというが、周留城が陥落した9月7日から、任存城を攻めはじめた10月21日まで、23km移動するのに40余日間もかかったとはとうてい信じられない。

　次は、道里条を基準にした場合、文義(一牟山)から懐徳(雨述城)までは南に46里(18.4km)、文義から燕岐までは西へ56里(22.4km)である。また、燕岐から熊津都督府がある公州までは西方40里(16.0km)距たっている。周留城が燕岐にあったとすれば、洪城南方にある沙尸山太守が懐徳にある雨述城を攻撃することができようか。金在鵬氏説どおりだと、公州北方16km地点にある燕岐、唐山城を攻めるために、羅唐軍は錦江を抜け出て、忠清南道の西海岸を北上して牙山湾深く入りこみ、そこから陸路で146里(58.4km)を南下したことになる。

　とにかく、洪城郡において、学界に発掘調査を依頼することによって、長谷面一帯の山城が周留城ではなく、百済時代の「沙尸良」県址であったという真実が明らかにされたことは画期的な業績といえよう。

　最後に、筆者の論考の結論である扶安説と、朴性興氏の洪城説、金在鵬氏の燕岐説に表われた地名対比表を地図とともにあげると前掲(p.205・206)のとおりである。

第三編　周留城・白江関係論考

4　碑岩寺発見石仏碑像と真牟氏・全氏

(1)

　百済が滅亡すると、新羅はいわゆる九州制度を施行したが、唐制にならって単字地名の下に州の字を添えるようになったのは景徳王16年(757)のことであった。新羅統一後、およそ100年が経過した後のことである。
　このように地名を中国風に改める一方、姓氏も従来の吏読式複姓をすてて、中国人と混同しやすい単字姓に変えていった。このような統一後改姓の過渡的現象を端的にうかがわせる金石文資料がある。
　1960年、忠南道、燕岐郡全東面多方里にある碑岩寺で発見された「癸酉銘全氏阿弥陀仏三尊石像」と次の年、鳥致院、瑞光庵で発見された「癸酉銘三尊石佛碑像」の銘文にその例を見出すことができる。
　蝋石に刻まれた銘文は表3-4-1・2のように読まれているが、おたがいに

3-4-1　癸酉銘全氏阿弥陀仏三尊石像
　　　　（国宝第106号）

3-4-2　癸酉銘真牟氏三尊千仏碑像

4　碑岩寺発見石仏碑像と真牟氏・全氏

表3-4-1　癸酉銘全氏阿弥陀仏三尊石像銘文

　全氏□□述況□□二分□木、同心敬造阿彌陀佛像觀音大世至像、□□道□□、上爲□□□願、敬造□佛像□□此石佛像内外十方十六□□、
　□□癸酉年四月十五日兮、乃末首□□全氏道□、發願敬□、供爲□、彌次乃□□正乃末全氏、三□□等、□五十人知識、共國王大臣及七世父母、含靈發願、敬造寺知識名記、達率身次願、眞武呑□困囲呑願。
　歳在癸酉年四月十五日、爲諸□敬造此石、諸佛□□、道作公願。使眞公□、□□願、上次乃末三久知乃末、□兎呑願、□□呑願、夫信呑願、大□乃末願、□久呑願、惠信師□夫乃末願、林□乃末願、惠明法師□□道師

表3-4-2　癸酉銘真牟氏三尊千仏碑像銘文

　歳在癸酉年四月十五日□、阿彌陀及諸佛菩薩像、造石記□□、是者爲國王大臣及七世父母、法界衆生故敬造之、香徒名、彌次乃眞牟氏、呑上生、呑仁次、呑□宣、峇賛不、峇式使、峇□□□、峇昭作等二百五十人。

対照することによって解読できる字句もなくはない。消された字もあるがだいたいの文脈はつかむことができる。

碑岩寺発見の碑像には冒頭をはじめ、3ヶ所に「全氏」という姓氏が明記されている。一方、瑞光庵発見碑像には「眞牟氏」という複姓の姓氏が確認されている。

私は次のような理由のもとに、全氏と真牟氏が同一姓氏であるという確信を持つようになった。
① 「癸酉年四月十五日」という紀年と月日が同一である。
② 「阿弥陀仏」を主尊とし、同質の石材を使用し、彫刻手法も同一である。
③ 「爲國王大臣　七世父母」という造成目的が同一である。これは、特定氏族の同一祖先の冥福を祈願する仏事で、真牟氏と全氏は同一祖先の同族であることを表わしている。
④ 全氏と真牟氏は同じく「彌次乃」出身であることを示している。当時は姓名の上に出身地名を冠するのが通例であった。

碑岩寺で発見されたもう一つの碑像には、「己丑年二月十五日　此爲七世父母大□□□阿彌陀如來諸佛菩薩像」という銘文がある。己丑年は新羅、神文王

9年(689)にあたるので、癸酉年よりは16年後のことである。しかし、石材・制作手法、そして「七世父母」の為という目的や、阿弥陀仏を主尊とする点などすべて同一である。

これは、癸酉年に造成された寺院が、全氏の創建に関わるもので、16年後あるきっかけで、さらに同手法により、同氏族によって碑像が造成・施納されているので、あえて姓氏を刻み入れるまでもなかったのであろうが、施主が全氏であったことは推察される。

当時は氏族ごとに祖先の冥福を祈るために建てられた願刹が少なからず流行した。癸酉銘全氏阿弥陀仏三尊碑像の銘文を検討してみれば、同年四月十五日、「敬造寺」・「敬造此石諸佛」という二つの仏事を同時に行っていることを明らかにしているが、これは、異なる複数の氏族が、共同に施行する性質のものではない。

文中に木の字があるということから、真牟氏・全氏・木氏ら、三つの氏族が合同で建てたとみなす見解があるが、次のような理由でうなずけない。

①　全氏・真牟氏など姓には必ず氏をあてているが、木の字は氏をあてていない。

②　全氏・真牟氏が同姓であることを知らなかった。

(2)

現存する仏像の中で、誰のために敬造した、という銘文が刻まれている例は、永康七年(396)銘高句麗仏の「為亡母造弥勒尊像」をはじめ、百済癸未(563)銘三尊仏の「為亡父趙□人造」、谷山出土、辛酉(571)銘三尊仏の「願亡師父母」、鄭智遠銘三尊仏(三国時代)の「為亡妻」などがある。

『三国遺事』南月山条の弥勒尊像火光後記には「為亡考・亡妃敬造甘山寺一所　石弥勒一軀」とみえ、また、阿弥陀仏火光後記にも「奉為國主大王」からはじまり、亡考・亡妃・亡弟・亡妻・亡妹の名を書きたて、「捨甘山莊田建伽藍　仍造石弥陀一軀」と記している。これらは、ともに碑岩寺発見の石仏碑像の銘文と同格式である。したがって、これらはあくまでも単一氏族の願刹ではあれ、決して三氏族合作ではあり得ない。

では、どうして同族でありながら一方は真牟氏、他方は全氏になったのであろうか。われわれは、今世紀中にもこのような現実を経験したことがある。日帝時代に創氏改名という美名のもとに、強要された皇民化政策がそれである。

当時、金氏の中には光山とか、金本とか姓をかえた人もいたが、そのまま金氏を固守し通した人もあった。しかし、祖先のお祭りの日に一堂に集まるのは当然なことであった。このような現実は新羅統一当時にもあったのである。今まで吏読式に漢字を借りてきた人名や地名を中国式にならって、単字に改めた。近い例で、完山州は全州に改められたのである。

真牟氏と全氏が碑像の中で共存しているのも、同一氏族内に保守派と進歩派があったことを物語るものである。これは百済豪族の中に伝統保守派と親新羅派あるいは漢文化受容派が両立していた過渡期的現象を表していることになる。

全氏銘碑像の銘文に達率(百済三品)と、乃末・大舎・小舎(11～13等)など新羅官等が混在しているのも、このような現象を反映している。

(3)

まず、真牟氏に対して調べてみることにしよう。『隋書』百済伝には、「百済有八族」といい、沙氏・燕氏・劦氏・解氏・眞氏・国氏・木氏・苩氏をあげている。この中で眞氏は、眞牟氏を単字姓に表記したものである。『三国史記』をとおして眞氏に関する記録をひろってみると次のようである。

○2代、多婁王10年、「北部眞会を左輔とす。」 ○5代、肖古王49年、「北部眞果に命じて、靺鞨石門城を奪う。」 ○7代、古爾王7年、「眞忠を拝して左将と為す。」 ○14年、「眞忠を右輔となし眞勿を左将となす。」 ○28年、「眞哥を拝して内頭佐平となす。」 ○10代、比流王30年、「眞義を拝して内臣佐平となす。」 ○12代、近肖古王2年、「眞淨を拝して朝臣佐平となす。淨は王后の親戚なり。」 ○13代、近仇首王2年、「王舅眞高道を内臣佐平に任じ國事を委ねた。」 ○15代、辰斯王3年、「眞嘉謨を拝して達率となす。」 ○6年、「王は眞嘉謨に命じて高句麗を討たしむ。」 ○16代、阿莘王2年、「眞武を拝して左将と為し兵馬の事を委任した。武は王舅なり。」 ○22代、三斤王2年、「兵官佐平解仇が叛いたので、王は佐平眞男を遣わしてこれを討たしめたが勝てず、更に徳率眞老に命じて解仇を撃殺させた。」 ○23代、東城王4年「眞老を拝して、兵官佐平となし、知内外兵馬事を兼ねしめる。」 ○19年、「兵官佐平眞老死す。」

ところで、上にあげた百済八大姓が、『三国史記』に表われる頻度をみると、解氏8、燕氏5、沙氏3、国氏3、苩氏3、木(劦)氏1であるのに比して、真

表3-4-3　癸酉銘全氏阿弥陀仏三尊石像　登場人物一覧表

出身地	姓　名	官　位	名	官　位	行　為
	全　氏	□　□	述　況		造　仏
		乃　末	□　□		発　願
	全　氏	首□□	道　□		発　願
弥次乃	全　氏		□□正	乃　末	造　寺
			三　□	□	
		達　率	身　次		願
			真　武	大　舎	願
			囚　囶	大　舎	願
			道　作	大　舎	願
			真公□	□　□	（願）
			上　次	乃　末	
			三久知	乃　末	
			□　兎	大　舎	願
			□	大　舎	願
			夫　信	大　舎	願
			大　□	乃　末	願
			□　久	大　舎	願
			恵　信	師	
			□　夫	乃　末	願
			林　□	乃　末	願
			恵　明	法　師	
			□	道　師	

表3-4-4　癸酉銘真牟氏三尊千仏碑像　登場人物一覧表

出身地	姓　名	官　位	名	官　位	行　為
弥次乃	真牟氏	大　舎	上　生		造　仏
		大　舎	仁　次		
		大　舎	□　宣		
		小　舎	賛　不		
		小　舎	式　使		
		小　舎	□□□		
		小　舎	昭　作		

212

氏関係記事は15件で、登場人物は12人に及んでいる。

　この真氏の中には、左輔1、左将1、右輔1、内臣佐平4、兵官佐平3、達率1であり、王舅(王妃の父)も3人いる。王舅には、近肖古王代の真淨、近仇首王代の真高道、阿莘王代の真武がいる。この中には、国政、または兵馬の大権を委任された例も3件に及んでいる。真高道は内臣佐平で国事を委ねられ、真武は左将でありながら兵馬事を委ねられ、また高句麗征伐にも加わっている。兵官佐平真老は「知内外兵馬事」を兼ねている。

　しかし、『三国史記』の記事にみえる真氏は複姓ではない。碑像に刻まれた真牟氏の原形はかえって『日本書紀』に残っている。

①　欽明紀4年9月：「百済聖明王、遣前部奈率眞牟貴文・護德己州己婁来献」

②　欽明紀8年4月：「百済遣前部德率眞慕宣文・奈率哥麻等　乞救軍」

　同じ欽明紀でさえ、真牟・真慕の二つに表記されているが、同一姓氏であることはいうまでもない。

(4)

　真牟氏は百済特有の姓氏で今まで『日本書紀』欽明紀にだけみられたのであったが、鳥致院、瑞光庵碑像銘文の発見によって、実際に金石学的に存在が証明されたわけである。また、碑岩寺碑像との比較によって『北史』・『隋書』・『唐書』などの百済伝に、単字姓に表記されている真氏は、真牟氏であることが分かる。『三国史記』百済本紀でもすでに引用したように、多婁王代から東城王代に至るまで、一様に真氏と表記されている。『日本書紀』では上にあげたように、欽明紀以前では真牟氏を見出すことはできない。しかし、他の漢字で表写された百済人の名を発見することができる。

③　継体紀7年(513)6月：「百済、遣姐彌文貴將軍・洲利卽爾將軍、副穗積臣押山、貢五經博士段楊爾」

　この年は、百済・武寧王13年に該当するが、姐弥氏は真牟氏と同一姓氏の異写であることは、すでに1921年、今西龍博士によって考証されている。『三国史記』にはただ1ヶ所、祖弥氏が登場している。すなわち、百済本紀、蓋鹵王条に「文周乃與木刕滿致。祖彌桀取南行焉」と記されている中の祖弥氏がそれである。祖は、『日本書紀』や中国側史書にならって「姐」と書くのが正しい。とにかく、この二人は、漢城が陥される直前、「難を避けて国家の大統を継げ

よ。」という蓋鹵王の遺命により文周王にしたがって、熊津(公州)に南下した功臣であった。今西龍博士は『芸文』誌に発表した「百済五部五方考」において大略次のように論じている。

　　百済本紀にみえる祖弥という氏の名を、眞と凡ての場合において改修したが、唯、蓋鹵王の記事だけに木劦満致と祖弥桀取との氏名がある。木劦・祖弥などほかには見られない姓を記した蓋鹵王敗亡の記事は、百済本紀を構成した古記以外の別資料によったもので、『三国史記』の撰者は、姐弥が眞に改修されたことを知らなかった。蓋鹵王二十一年条の記事は、百済人の名を原資料のまま伝えただけである。

　　複姓を一字姓に改めることは、近肖古王の頃から行われた形跡があるが、これは中国との交通文書に限定されたのである。

　　これを姐弥氏を例にあげると、東城王代に南斉に送った文書には姐の一字に改めている。『日本書紀』には尚、「姐弥」と書いているが、聖王以後にはこれを「眞牟」または「眞慕」と書いているが、これは雅字を使用したためである。中国に送る文書には「眞」と単字表記したのである。百済紀をみるに、かの蓋鹵王記事のほかは盡くこれを「眞」と書いている。ついに姐弥と眞慕が同一であるということすら忘れるに至ったのである。

いうまでもなく、真牟氏と姐弥氏は同一姓氏の異写にすぎないという事実が明白になった。

(5)

上に述べたように、『三国史記』にみえる真氏記事の中で、文周王にしたがって熊津に移り百済再建に一役かった祖弥桀取はじめ、兵官佐平解仇の叛乱を平定した真老など百済中期に重要な足跡を残した人物が現われている。このあたりの状況に関しては、『南斉書』百済伝をとおしてかいまみることができる。つまり、東城王が南斉に対して、功臣らに仮授した官位を正式に叙授してくれるよう要請している。列挙すれば次のようである。

①　寧朔将軍面中王姐瑾、今假行冠軍将軍都漢王
②　建威将軍八中王余古、今假行寧朔将軍阿錯王
③　建威将軍余歴、今假行龍驤将軍邁蘆王
④　広武将軍余固、今假行建威将軍弗斯侯

『南斉書』の前の部分は欠落しているが、「報功勞勤」すなわち彼らの功績に

対して報い労らうためであるが、官位叙授の動機に対しては「振竭忠効　攘除國難　志勇果毅　等威名将　可謂干城　固蕃社稷」と記している。

ここに国難を斥けたとか、社稷を固く守ったとか、志勇の秀れた名将であるといった内容は、当時、国内に重大な変乱があったことを裏付けるものである。特に姐瑾にたいしては、「歴賛時務　武功並列」といって武功をかかげているのは、他3人の余氏に対しては見られない表現である。「姐瑾等四人」という人物の中で3人の余氏はみな王族夫余氏であるにもかかわらず、姐瑾はすでに面中王の王号をもっており、将軍称号ももっとも上位である。

この功臣叙授上表文を送った年は、『冊府元亀』によると永明8年(490)である。これは、東城王4年(487)、真老を兵官佐平に任じ、「知内外兵馬事」を兼ねさせてから、3年目にあたる年である。したがって、重大変乱とは、三斤王2年(478)、真老が兵官佐平解仇の叛乱を平定した事件であるとすれば、その主役であった真老はほかならぬ姐瑾であることが明白に浮び上がることになる。

この上表文でも扶余氏を単字姓の余氏に表わしているように、姐弥氏も姐氏と書いているのである。では、姐弥氏と真牟氏の関係を整理してみよう。

① 瑞光庵石仏碑像に「眞牟氏」と刻まれているのは、国内唯一の金石文字であるわけだが、百済滅亡直後までも真牟氏という複姓が通用した証拠になる。
② 『日本書紀』の記事で、姐弥氏は真牟氏よりも早い時期に現われる。
③ 中国側は東城王代の、『南斉書』にただ一ヶ所姐氏が登場するが、それ以後の『北史』・『隋書』・『唐書』百済伝の八大姓の中には、ことごとく真氏が記録されているだけである。したがって、姐弥氏と真牟氏の交替時期は大略6世紀の中半、百済聖王代に相当するとみられる。

(6)

では、また碑像の銘文に戻っても少し類推してみることにしよう。銘文中「七世父母」となっているのを、どう解釈すべきであろうか。もちろんこれは造仏銘文のきまり文句として流行したのであるが、現実的に673年の碑像造成年代から一代30年ずつさかのぼるとすれば、450年前後となり、若し一代25年とすれば、495年頃にあたることになる。この時期に百済史上、姐弥氏あるいは真氏が登場する両大事件は、文周王の熊津移都の一翼を担当した祖弥桀取と、解

第三編　周留城・白江関係論考

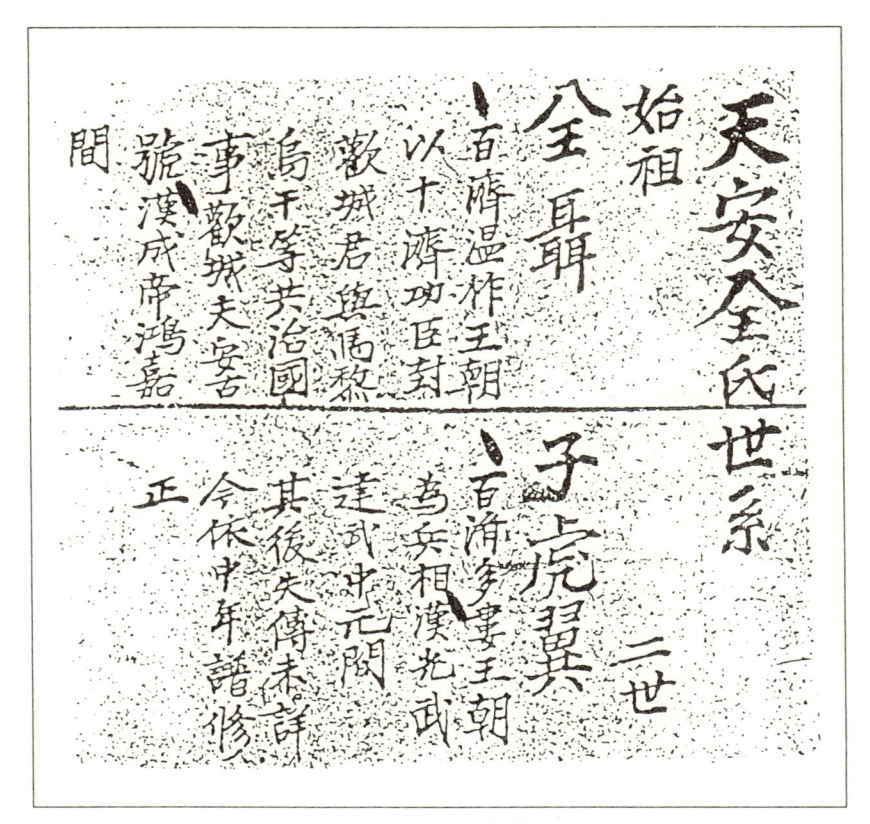

```
天安全氏世系
始祖　全聶　　　　　　　　　　　　　　　　　一世
　　　百済温祚作王朝
　　　以十済功臣封
　　　歓城君與馮黎
　　　烏千等共治國
　　　事歓城夫妻害
　　　號漢成帝鴻嘉
間　　　　　　　　　　　　　　　　　　　　　二世
　　　子虎翼
　　　百済多婁王朝
　　　為兵相漢光武
　　　達武中元間
　　　其後失傳未詳
正　　會休中年譜修
```

3-4-3　天安全氏世系（筆者家伝）

仇の叛乱を鎮めた真老の二人に絞られる。
　祖弥桀取を強いて『三国史記』百済本紀の登場人物に比定すれば、はじめ解仇を討ちに出かけた佐平真男をあげるほかない。したがって、『南斉書』の姐瑾は真老である蓋然性が高い。
　『天安全氏世譜』の現存する最古本は、顕宗15年(1674)三次刊本の『甲子譜』であるが「始祖全聶　百済温祚王朝　以十済功臣　子虎翼　多婁王朝為兵相　子宗道汾西王朝　文科丞相　子楽百済比流王朝為左僕射　次子洪述為高麗太祖統合三國開國功臣　封歓城君」と記されている。
　李朝、英祖代に編まれた『文献備考』帝系考に登載された万姓の中で、その出自を百済に求めているのは、天安全氏が唯一のものである。

216

4　碑岩寺発見石仏碑像と真牟氏・全氏

しかし、『甲子譜』の内容は誰が見ても合理的とはいえない。それは、族譜自体のせいではない。温祚王建国は西紀前18年であるが、これより高麗建国までは、900年が経過していても5世にすぎない。

宣祖20年(1587)に編撰された『丁亥譜』は、全世翼が記した序文だけが伝わっているが、彼は「全氏は天安の土姓であり、世に名門巨族と称せられるにもかかわらず先世の族譜が逸失したので、後孫たちは先世の名前や世代数を知る由もないのは、慨歎の至りである。予がその大略を記すが、兵相以下丞相以前はその世代が未詳である。」と述べている。つまり、2世虎翼から宗道に至るまでは、曖昧であるとのことである。私の家蔵筆写本である『壬寅年譜』にも2世虎翼欄に「其後失傳未詳」とことわっている。それにもかかわらず、全氏始祖は、百済建国の功臣として天安一帯を根拠として世居したという諺伝が伝えられて来たのである。

碑岩寺と瑞光庵発見の仏像に「彌次乃全氏」・「彌次乃眞牟氏」とみえる弥次乃が地名であることは、すでに疑う余地もない。燕岐の百済地名は「豆仍只」であった。全南、会津の百済古名は「豆月兮」、つまり「マダルネ」・「モドルネ」の借音表記である。「豆仍(乃)」も「モダルネ」で「弥次乃」の別写になる。

『南斉書』で姐瑾の王号を「面中王」・「都漢王」といっているのも、みな、「モドルネ」を表写した地名で、つまるところ、「豆乃只」の異写にすぎない。『三国史記』の中で「北部眞会」・「北部眞果」など、北部といっているのも、燕岐・天安一帯を指すものである。

このように見ていくと、実在人物としての真男(祖弥桀取)、真老(姐瑾)らを、温祚王代の「十濟功臣」、多婁王代の「兵相」として記載するほかなかったのであろう。

『三国史記』百済本紀記事中、少なくても古爾王以前は実在か否かが不透明である。姐弥氏が真牟氏に改写されたのは、聖王代からであるので、それ以後、百済本紀の原本になったと思われる百済古記を編撰するにあたって、真牟氏だけでなく姐弥氏関係記事までも、すべて真氏に改め、進んでは、古爾王以前までも遡らせて、真氏を投映させた公算が多い。

『天安全氏世譜』の編撰者は、このような事実を知悉していなかったため、熊津再建国の史料を温祚王代に遡及して記載し、また燕岐・天安地域古地名も知らないまま、高麗時代の地名をとり「天安」を本貫と定めるに至ったのであ

217

る。この一帯で「全氏銘碑像」が発見され、天安全氏始祖墓が碑岩寺の北側、太華山の麓に位置しているのも偶然ではない。

『文献備考』帝系考にも、明らかに「天安全氏　始祖聶　百濟始祖時封歓城君　後孫虎翼百濟兵相　虎翼後孫宗道　百濟丞相」と記しているにもかかわらず、李朝純宗、隆熙年間(1907～10)に作られた正誤表には、この天安全氏始祖を切り離して、旌善全氏の上に冠せてしまった。このような庸劣な後孫の仕業によって、百済故地でもない所に始祖を島流しに処し、いわゆる天安の名門巨族を踏みにじる結果をもたらしたのである。

[参考文献]
黄壽永「碑岩寺所蔵の新羅在銘石像」『考古美術』1-11、1960、p.40
秦弘燮「燕岐の三尊千仏碑像」『考古美術』2-9、1961、p.150
李蘭瑛『韓国金石文追補』亜細亜文化社、1979、pp.50-53
『三国遺事』巻43、塔像
『増補文献備考』巻51、帝系考21
『天安全氏世系』全栄来所蔵
『三国史記』巻第23-26、百済本紀
『南斉書』巻58、列伝　東南夷
『册府元亀』巻936、外臣部八　封册第1、永明8年正月
今西龍『百済史研究』国書刊行会、1970、p.322
『周書』巻49、列伝　異域上
『隋書』巻81、列伝　東夷
『三国志』魏書30、鮮卑東夷伝
『梁書』巻34、列伝　諸夷

5　新羅統一後の九州制度と全州

(1)

　全州の古号は完山である。完の訓「온」(オン)はすなわち、「完全で、純粋で、欠けるところなく、すべてが融けあう」という意味である。これは後に、全州と書き改められた。完と全の字は同じく「온」(オン)の訓写字であるからである。

　最近、全州の古号が「比斯伐」であるという、誤った考えをもった人たちがいるようである。民間の人たちが商号などにどのような名前をつけようと、それは自由である。ところで、ある会社は、「比斯伐」という社名をつけているが、この会社の社報は、「比斯伐は全州の古名」であるとのタイトルのもとに、梁柱東博士が書いたという一文をかかげ、全州の古号が「比斯伐」であるかのようにみせかけている。この一文は、すでに1993年5月2日付、『全州日報』という地方日刊紙に掲載されたものを再転載したものである。

　私は、1975年に、すでに「完山と比斯伐論」(円光大、『馬韓百済文化』創刊号)という論文を発表し、全州の古号は完山であり、これを比斯伐というのは誤りであるという主張を述べてきた。

　ところが、1977年、「愛郷」を標榜しながら発足した団体が、突然、「比斯伐のふるさとに…」云云の歌詞を含めた、いわゆる「新全北の歌」をつくって、数万枚をプリントして地域内の教育機関などに配布し、小学生にまでも歌わせようと企画していた。

　それだけでなく、全北大学校の校誌名や、祝祭までも「比斯伐」がつけられるようになった。となると方々で「比斯伐」という商号が現われるようになった。

　このような現状をそのまま座視するにしのびず、私は1978年7月20日付で「全北愛郷運動本部総裁に呈する公翰」を発送するに至った。私はこの文の中で、次のような理由のもとに、誤った内容の修正と、歌普及の中断を強く要求した。

① 全州の古号は、学術的研究の結果、完山であり、その名前にはこの地方の伝統精神が含まれていること。

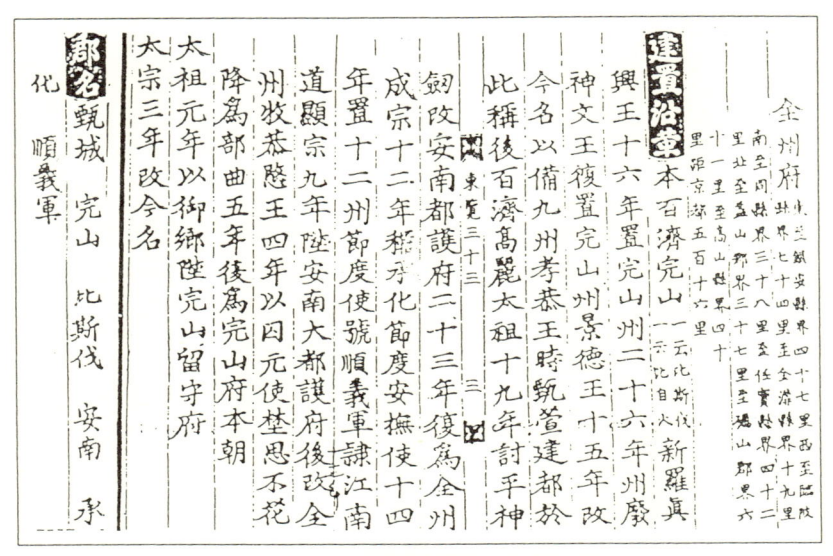

```
         全　　　　　　　　　　　　　建
郡　　太　降　州　成　鈆　此　今　神　興　置
名　太　祖　為　牧　宗　改　稱　名　文　王　沿
　　宗　元　部　恭　九　安　後　以　王　十　革
　　三　年　曲　愍　年　南　百　備　復　六
甄　年　以　今　王　陞　都　濟　九　置　年　本
城　改　御　名　四　安　護　高　州　完　置　百
　　今　郷　　　年　南　府　麗　景　山　完　濟
完　名　陞　　　後　大　二　太　徳　州　山　完
山　　　完　　　因　都　十　祖　王　　　州　山
　　　　山　　　元　護　三　十　十　　　二　一
比　　　留　　　帥　府　年　九　五　　　十　云
斯　　　守　　　堺　節　後　年　年　　　六　比
伐　　　府　　　恩　度　為　討　改　　　年　自
　　　　　　　　不　使　江　平　為　　　州　火
安　　　　　　　花　　　南　神　全　　　廃
南
　　　　　　　　　　　　　道　　　州
```

3-5-1　『東国輿地勝覧』全州府沿革

② 比斯伐は『三国史記』の撰者によって、慶南、昌寧と全州の両方に重記されたもので、これは、新羅の地方制度が移動する場所によって、それぞれ移動先の新しい固有地名に改めて呼称したという、慣わしを撰者が知らなかったこと。

③ これを、由来も当否もわきまえることなく、単に耳ざわりがいいということだけで、使用するということは、それこそ、固有のものは粗野と見なし、外来のものは崇ぶといった自己卑下・自己卑屈の事大主義的発想であるということ。

④ 地方にある研究家の学術的成果は無条件に削りおとし、ある権力または権威を借りてこれを抑えつけようとする偏狭性は、真理を黙殺しようとする独断的策動であること。

⑤ このような間違った地名を、歌詞の中にまで挟んで普及にのりだすことは、必要以上の物議を醸し出し、道民の伝統文化継承の同質性を阻害すること、

などをあげながら、次の４ヶ条を要求した。

(1) 愛郷本部制定「新全北の歌」の歌詞の中で、「比斯伐」を削除し、全道民が納得できるような地名に改めること。

(2) これが修正されるまで、各マスコミや教育機関にすでに配布した録音テープの放送を中断させ、楽譜とともに回収すること。
(3) 愛郷本部メンバーの中で、全州の古号が完山でなく、比斯伐という主張をとなえる人がいたばあい、向後一ヶ月以内に、学術的討論を通じて、相互に所信を明らかにして問題を帰結させること。
(4) 最高知性の殿堂ともいうべき全北大学校内の校誌・祝祭名などに比斯伐を使用することは、道民に及ぼす影響が大きいので、これを是正すること。

その後私は、いわゆる愛郷本部の総裁、沈鐘変名義の回答に接した。その内容は、要するに中央の権威ある学者に問い合せた後、その結果を知らせてくれるというのであった。

そして、梁柱東氏をはじめ5人の学者の寄稿文が『全北日報』紙上にずらりと掲載されて、結果的に私は、いわゆる「中央の権威ある学者たち」に囲まれて、袋叩きにされた形になったのである。誰一人として、比斯伐は全州ではなく、昌寧の古号であるとする私の主張に同調する学者はなかった。権威ある学者である彼らの共通点は、古代地方制度あるいは全州古号にかんして、体系的に研究した実績をもっていなかったという事実である。

私は、もし全州が比斯伐であると固く執着する人がいれば、名乗りをあげて堂々と討論することを要求したけれども、誰も現われてはくれなかった。にもかかわらず、当時全北日報が、このような中央の権威ある学者の文を掲載したことによって、私はこの代理戦争の仕掛け人たちとの孤独な対決を迫られたのであった。

このようにして、いわゆる愛郷本部では、結局「比斯伐の歌」の普及は中断され、全北大学校の校誌名や、祝祭名も改められるようになった。その後15年という歳月が過ぎた。ところが、当時いわゆる愛郷本部幹部でもあった李治白局長は、最近、全州日報の社長に就任するや、1978年に私との代理戦争に動員された梁柱東氏の原稿をまたしても引用して、全面記事として掲載しながら「人間国宝としても有名であった梁柱東博士が、1970年発表したもの」という但し書きをつけていた。

その学問が理路整然とし、合理的であれば、権威はその中から自然と湧き出てくるものであり、「国宝」だからといって権威が生まれるものではないであろう。

そこに加えて、詩人であった辛夕汀の「比斯伐頌歌」を組み入れている。全

第三編　周留城・白江関係論考

> 十六年春正月置完山州於比斯伐冬十月王
> 巡幸北漢山拓定封疆十一月至自北漢山敎
> 所經州郡復一年租調曲赦除二罪皆原之
> 十七年秋七月置比列忽州以沙湌成宗爲軍主
> 十九年春二月徙貴戚子弟及六部豪民以實
> 沙湌起宗爲軍主廢新州置北漢山州
> 國原奈麻身得作砲弩上之置之城上
> 二十三年秋七月加耶叛遣異斯夫討之
> 斯多含副之斯多含領五千騎先馳入栴檀門
> 殺獲一千餘人百濟遣使請和王命異斯夫引兵討之
> 立旗中恐懼不知所爲異斯夫引兵臨之
> 一時盡降論功斯多含最爲良田及所
> 房二口一斯多含三讓王強之乃受其田放
> 爲良人田分與戰士國人美之
> 二十六年春二月北齊武成皇帝詔以王
> 持節東夷校尉樂浪郡公新羅王秋八月命阿
> 湌春賦出守國原九月廢完山州置大耶州陳

3－5－2　『三国史記』新羅本紀、真興王条

北の人が、どういうわけで縁の遠い慶南、昌寧の歌をつくったのかと思ったら、そうではなく、南固山城・徳津蓮池などが登場している。しかし、全州の古号が比斯伐でないということを悟ったならば、決してこのように紙面に載せられることを、願わなかったことと信じてやまない。

ともかく、このような問題は、『三国史記』を撰述した金富軾が、新羅の地方制度が、移動するにつれて、現地の地名に改めるという厳然とした法則を悟っていなかったことに起因している。

私は、この一文を書くにおよび、すでにこの世を去った梁柱東氏の文と、今一度対決しなければならない奇縁にめぐりあわされることになった。これは、私だけでなく、新羅地域の地名まで引きつけておいて、愛郷云々といった道民の基本的、かつ素朴な自尊心までも、再度蹂躙されるという、悲痛な現実に直面することを意味するのであった。

では、『三国史記』から、該当する原文を掲げて、その誤ちを指摘していくことにする。

(1) 全州　本百濟完山　眞興王十六年爲州　二十六年州廢　神文王五年復置完山州　景德王十六年　改今名　今因之(地理三)

(2) 完山(一云比斯伐　一云比自火)(地理四)

(3) 火王郡　本比自火(一云比斯伐)　眞興王十六年置州　名下州　二十六

3-5-3　昌寧、真興王比自火巡狩碑

　　　年州廢　景德王改名　今昌寧郡(地理一)
(4)　眞興王十六年正月　置完山州於比斯伐　二十六年廢完山州　置大耶州
　　(新羅本紀)

　このように、慶尚南道、昌寧と、全羅北道、全州の両方に、同じ年に、同じ州を設置または廃止したことになっている。『三国史記』新羅本紀では、完山と比斯伐という地名自体を混同して、こんどは完山という全州の固有地名までも昌寧に付けている。

　では、どちらが完山で、どちらが比斯伐(比自火)であるかについては、昌寧にのこっている「眞興王巡狩碑」が、これを証明している。この碑文には、「比自火軍主」、「比自火停助人」などが刻まれているからである。

　全州の古号完山は、上で述べた二つの地名がおたがいに「온」(オン)という訓を別の字で書きあらわしたもので、昌寧が完山でないように、全州もまた比斯伐ではないのである。この点において、比斯伐が完山にかわっていったということを、合理化しようしたのが梁柱東博士であった。

(2)

　全州と慶南の昌寧が同一時点において、州を置いたり廃したりしただけでなく、両地名が同じ比斯伐であり、完山でもあるということは、だれが見てもおかしいにちがいない。このような錯覚をおこして記述した根源的な責任は、『三国史記』を撰述した金富軾にあることは明白である。

　そして、多少なりとも古代史に常識をもっている人なら、だれでも分かっている事実は、両方に州を設置したという真興王16年(555)は、百済が滅亡した義慈王20年(660)よりも1世紀も以前のことであるということである。そして、その当時の完山は厳然たる百済の地であった。

　このような初歩的な理屈にもとづいて、『高麗史』の撰者は、完山に州を置いたのは、同新羅、真興王と同時期の百済の威徳王代とみなし、さらに、百済滅亡後真興王16年に地名を改め、26年には州を廃し、神文王4年にはまたしても完山州を置いたというのである。

　これまた、だれが見てもでたらめである。『高麗史』を編さんした人の不誠実な歴史叙述の一断面を、自ら暴露した結果になってしまっている。真興王が百済滅亡後の新羅王であったというのは、いったいどうしたことであろうか。

　『三国史記』が、どういうわけで完山の地に比斯伐州を置いたと述べているのか、この矛盾を見抜いて疑問を提起したのは、李朝、正祖6年(1782)に増補された『文献備考』であった。これに関して「臣謹按」という撰者の考えが載っている。ここにその内容の要点をあげると次のようである。

①　『三国史記』新羅本紀や地理志には、みな完山(全州)が真興王代から新羅の領有であるかのように書いているが、真興王は百済の威徳王と同年代であるので、全州の沿革に州を設・廃したという記事は、百済の出来事でこそあれ新羅のそれではありえない。

②　完山は、新羅との間に多くの百済の郡県がはさまれているのに、どうしてこれらを飛びこえて、完山州だけを領有することができようか。

③　特に、威徳王以後には、百済の方がかえって雄強であったので、新羅の西辺6城、または40余城を攻め取ったが、それらの作戦は、みな完山の東方でくりひろげられた。このことだけをみても、当時、完山が新羅の領有でないことは明白である。

④　全州の古名を比斯伐・比自火と註記し、火王郡(今昌寧)の古号にも「比自火一云比斯伐」と記されているが、真興王代の記事は、昌寧の比斯伐で

```
                                    三  州 六 羅 高  羅 
   戰 夫 濟 一 新 濟 興 其 演 東 自 興 據 文  國 廢 年 興 麗  輿 增 
   之 貞 完 云 羅 完 旺 問 稻 則 火 之 按 王  史 神 置 唐 史  唐 補 
   不 興 山 此 地 山 十 新 自 完 令 區 完 四  新 文 完 威 全  滅 文 
   審 後 此 可 火 此 六 羅 雄 山 昌 州 山 年  羅 王 山 百 羅  百 獻 
   也 百 可 謂 王 日 年 何 強 之 寧 乃 自 復  地 五 於 濟 本  濟 備 
   以 餘 謂 得 郡 本 改 以 攻 不 在 昌 火 完  志 年 比 完 百  後 考 
   登 年 得 之 日 百 名 越 取 為 新 寧 王 山  全 復 斯 山 濟  真 巻 
   沛 百 之 而 火 濟 其 越 新 火 羅 爲 時 州  州 爲 伐 威 本  興 十 
   之 濟 而 於 王 地 勢 諸 羅 王 爲 火 爲 即  本 完 日 德 記  威 六 
   鄰 始 於 日 郡 完 有 郡 六 郡 火 王 新 三  百 山 本 王 云  有 
   故 亡 日 本 下 山 若 而 城 古 王 郡 羅 國  濟 郡 自 元 二  其 周 
   特 而 本 地 又 可 百 有 或 號 都 日 興 史  完 置 火 年 十  地 地 
   詳 全 地 志 註 云 濟 完 四 比 古 大 王 地  山 大 郡 爲 六  頁 門 
   辨 州 志 云 日 比 後 山 十 斯 號 地 時 志  威 耶 又 完 年  興 三 
   焉 之 云 一 一 斯 眞 一 餘 伐 比 完 爲 省  王 州  改 山 爲  王 十 
      名 日 云 云 伐 興 州 城 一 斯 山 同 百  十                爲 三 
      自 一 比 比 即 改 平 亦 名 伐 即 時 濟  一             新 
      昌 云 斯 自 爲 名 且 用 比 三 非 雄 州    年             羅 
      爲 比 伐 火 完 者 威 兵 斯 國 全 羅 州            州    本 
      王 斯              山 然 德 而 伐 史  廢           又    記 
      始 伐              本 然 以 有 一 新           稱    新 
      何                 百                                    羅 
      其                                                  全    興 
      記                                                         王 
                                                                 十
```

3-5-4 『増補文献備考』全羅道沿革

こそあれ全州の比斯伐ではない。したがって、『三国史記』において、すでに火王郡の中に記載しておいて、またもや完山州の下にこれを註記したことは、結局、重記したことになるではないか。

⑤　したがって、『三国史記』地理志で火王郡に「本比自火一云比斯伐」といい、全州に「本百濟完山」と記したのが妥当であるといえよう。そして、百済地理志の完山条に「一云比斯伐一云比自火」と註記したのは誤りである。

⑥　まして、『高麗史』において「新羅と唐が百済を亡ぼして、その地を併合したのち、真興王16年に今の名に改め」云々といっているのは、その文体から推して、百済滅亡後、真興王が州を置いて改名したようにきこえるが、百済は真興王代よりも100年後に亡んでいるし、全州という地名も、統一後97年が過ぎた、景徳王代にはじめてつけられた。「どうして、このようにあいまいなのか」と撰者は嘆いている、

『増補文献備考』の撰者は、このようにすでに比斯伐は昌寧であり、全州の古名は完山であるとの見解を明らかにして、この問題に対していったんは判断を下しているので、1000年以来の画期的な進展をもたらしたことになる。

その第一は、新羅・百済という別個の国が、同時に州を設・廃したというこ

225

表3-5-1 新羅、州設廃記録一覧表 (○：本紀、△：地理志、▲：職官志)

王　名	年	AD	月	内　　　容
智　証　王	6	(505)		○置悉直州、軍主之名始於比
	13	(512)		○伊飡異斯夫為何瑟羅軍主
法　興　王	12	(525)	2	○以大阿飡伊登為沙伐州軍主
真　興　王	13	(552)		△上州停置
	14	(553)	2	○取百濟東北鄙、置新州
	16	(555)		○置完山州於比斯伐
	17	(556)		○置比列忽州、以沙飡成宗為軍主
	18	(557)		○廃沙伐州、置甘文州
				○廃新州、置北漢山州
	26	(565)	9	○廃完山州、置大耶州
	29	(568)	10	○廃北漢山州、置南川州
				○又廃比列忽州、置達忽州
真　平　王	26	(604)		○廃南川州、還置北漢山州
	36	(614)		○廃拜沙伐州、置一善州
善　徳　王	6	(637)		▲朔州、為牛首州、置軍主
	8	(639)	2	○以何瑟羅為小京
	11	(642)	冬	○拜庾信、為押梁軍主
真　徳　王	元	(647)	2	○大阿飡守勝為牛首州軍主
太宗武烈王	5	(658)	3	○王、以何瑟羅地…罷京為州
				○又以悉直為北鎮
	8	(661)	5	○移押督州於大耶
文　武　王	4	(664)	正	○以阿飡軍官為漢山州都督
	5	(665)		▲割上州・下州地置歃良州
			冬	○以一善・居列二州民輸軍資於河西州
	8	(668)	3	○置比列忽州、仍命波珍飡龍文為摠管
	11	(671)		△湯井郡…為州、置摠管
			6	○置所夫里州、以阿飡真王為都督
	13	(673)		▲朔州…一云文武王十三年置首若州
	21	(681)		▲湯井郡…廃州為郡
神　文　王	5	(685)	春	○復置完山州、以龍元為摠管
				○挺居列州置菁州、始備九州
				△罷下州停、置完山停
	6	(686)	2	○以泗沘州為郡熊川郡為州
				○発羅州為郡、武珍郡為州
			3	○罷一善州、復置沙伐州
景　徳　王	16	(757)	12	○改沙伐州　為尚州　歃良州　為良州　菁州　為康州　漢山州　為漢州　首若州　為朔州　熊川州　為熊州　河西州　為溟州　完山州　為全州　武珍州　為武州

226

5　新羅統一後の九州制度と全州

表3-5-2　新羅州制変遷表

王	年	高句麗			加耶			百済	
智証	6 13		悉直州		(新羅)				
法興	12		何瑟羅州		沙伐州				
真興	14 16 17 18 26 29	新州 北漢山州 南川州	比列忽州	達忽州	沙伐州 甘文州	比斯伐州 大耶州			
真平	26 36	北漢山州							
善徳	6 8 11		牛首州	河西良小京	一善州	押梁州			
真徳	元								
太宗	5 8 元	南川州	首若州	河西良		大耶州			
文武	4 5 8 11 13 18 21	漢山州	比列忽州 首若州	河西良州	歃良	居列州	所夫里州	湯井州	発羅州
神文	5 6	漢山州	首若州						
孝昭	7		牛頭州		沙伐州	菁州	完山州	熊川州	武珍州
聖徳	35	平壌州							
景徳	16	漢州	朔州	溟州	尚州	良州	康州	全州 熊州	武州

227

第三編　周留城・白江関係論考

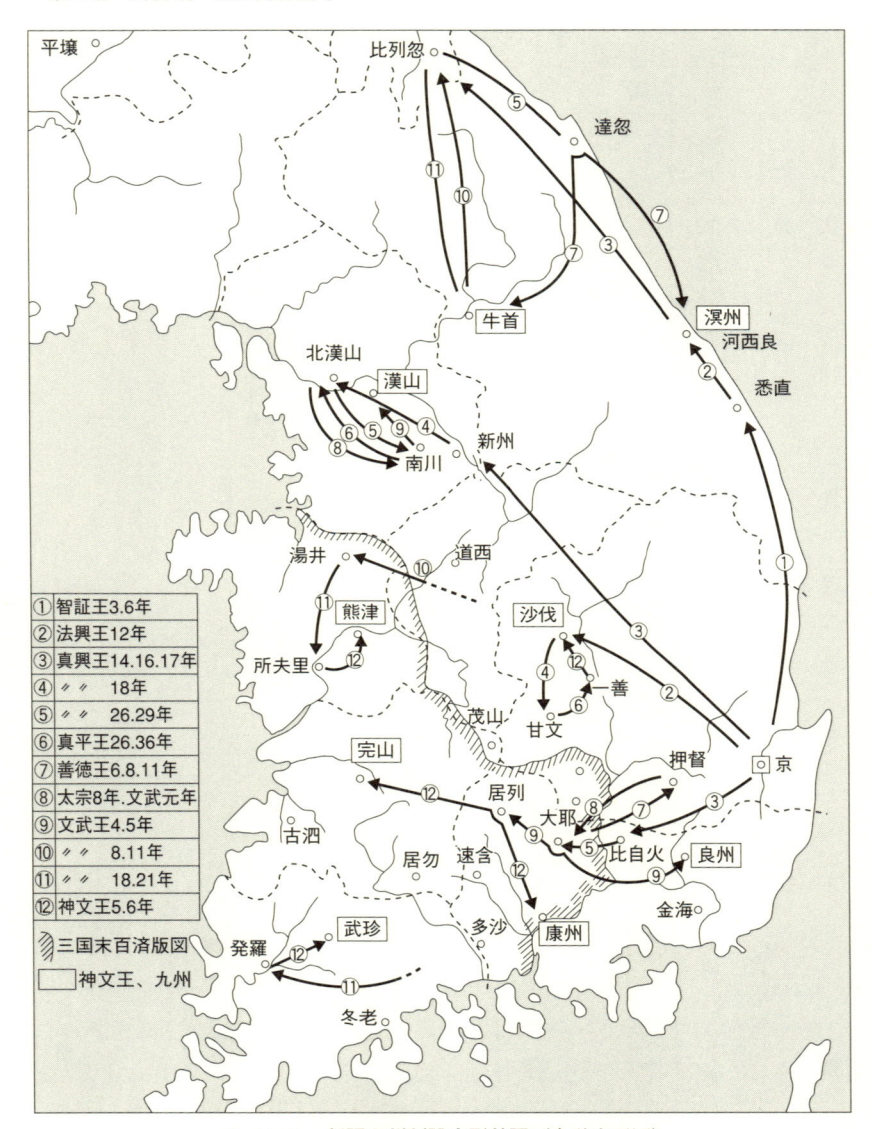

3-5-5　新羅九州制設廃形勢図（全栄来原図）

5 新羅統一後の九州制度と全州

とがありうるのか。また、比斯伐と完山という二つの地名が、二ヶ所に同じく付けられることが可能であろうか。という疑問を解くためには、まず新羅の州制度を、総体的に考察していかなければならない。

そのために、『三国史記』の中から新羅の州設・廃にかんする記事を抄掲すると表3−5−1のようになる。この表でみられるように、智証王6年(505)、今の三陟に悉直州をおいたのが嚆矢であった。その後東海岸に沿って北上するにつれて、何瑟羅(江陵)〜比列忽(安辺)〜達忽(高城)などに移動していった。

次は沙伐州、はじめ尚州においた。これまた、その後甘文州(開寧)、一善州(善山)にかわったのち、沙伐州にもどっている。真興王4年、百済の東北部を奪い新州を設けたが、北漢山州〜南川州の間を往来したのち、さらに北進して北漢山州になった。

このように新羅の州制は情勢の変化につれて、州をあちこち移していたが、共通的な事実は、新しい場所に移動するごとにもとの地名を捨てて、新しく設置したところの固有地名に改めるという事実を悟るようになった、

それでは、新羅の地方制度と完山・比斯伐とはいかなる相関関係にあるのかを、見きわめてみなければならない。州設・廃関係記事一覧表に示したように真興王16年、比斯伐に州をおいたと述べた『三国史記』では、重ねて「完山州を比斯伐に置いた」と記している。これは、州を移動するごとに、名を改めるという事実を知らなかったために生じた錯覚であった。真興王代に昌寧に比斯伐州をおいたということは、昌寧の現地にのこっている「眞興王巡狩碑」がこれを証明している。

新羅は、洛東江西辺の大加耶を併合すると、比斯伐州をここに移して大耶州と名付けた。義慈王2年(642)、百済が洛東江以西の40余城を占領、大耶城まで陥落し、金春秋の娘と婿の品釈夫婦が惨殺されると、洛東江の東方に後退、今の慶山に州を移して慶山の古名をとり押督州または押梁州と呼んだ。

羅唐連合軍が、百済の王都を陥した次の年にあたる太宗8年に至って、ようやく大耶州にもどる。「押督州を移して大耶に移す」と記されている。これで、洛東江の東方が空白になったので、文武王5年、上州・下州の地を割いて、あらたに歃良州を設けた。歃良は、慶南、梁山の古号である。

大耶州は、西に進んで居列州になった。『三国史記』文武王2年条に、「欽鈍・天存、兵を領して百済の居列城を攻取す」といっている。今の居昌である。

神文王5年(685)居列州は、小白山脈を越えて全州に進出、完山州と改め、

小白山脈以東には、晋州にあたらしく州をつくって菁州と名付けた。後で康州に改めた。これで、新羅の九州制度は、はじめて具わったことになる。

菁州・居列州に対する『三国史記』の記事は次のようである。
① 康州：神文王五年　分居陀州　置菁州　景德王改名　今晋州
② 居昌：本居列郡(或云居陀)　景德王改名　今因之

上の記事で居列州を分けて菁州をおいたというのは、この時、居陀州は全州に移動したため、その空白を補うためであった（居列と居陀は同地名の別写である）。

ところで『高麗史』地志では、居昌と晋州の二ヶ所に、同じく「本居列」と記している。これまた、州の移動につれて現地の地名に改めるという事実と、同一場所の地名を別の字にかえるばあいには、おたがいに、音または訓を受け継ぐという慣例を知らなかったためであった。完山州が「온」(オン)という訓を受けて、全州と改められたのもその一例である。

(3)

比斯伐が全州か、昌寧かという問題判断の傍証手段として、『日本書紀』の歴代記録から、比斯伐の異写地名をさがしてみる必要がある。その結果、借字こそ異なれ、みな古の加耶に属する諸国の境域にあたる洛東江流域から外れないことを確めることができる。

つまり、比斯伐に対応する記事は、次のようである。
① 神功紀49年(249または369)
　　俱集于卓淳　擊新羅破之　因以平定比自㶱・安羅・卓淳・加羅七国
② 継体紀23年(529)
　　上臣(伊叱夫智干岐)　抄掠四村(金官・背伐・安多・委陀　是爲四村　一本云多多羅・須那羅・智多・費智爲四村)
③ 敏達紀4年(575)
　　新羅遺使進調　竝進多多羅・須那羅・智陀・發鬼四邑之調
④ 推古紀8年(600)
　　新羅任那相攻　爲任那擊新羅　於是　新羅王惶之而割多多羅・素奈羅・弗智鬼・委陀・南加羅・阿羅等六城　以請服

まず、①にみえる比自㶱は、「㶱」が比自火の火(pul)と比斯伐の伐(pul)の異写である。これが、南加羅など加耶七国に属しているので、洛東江流域ではあ

れ、全州ではありえない。

　次の記事にみえる背伐・費智・弗智鬼などは、新羅によって亡んだ加耶の地名であるが、等しく比自火・比斯伐を書き表した別字である。

　これらとともに列挙された須那羅は、「쇠나라」(鉄の国の意)の借字で、金官加耶に対応し、阿羅は、阿羅加耶つまり今の咸安である。多多羅はおそらく現釜山の多大浦、新羅の大甑県であろう。

　また、比斯伐は『三国史記』新羅本紀にも別写の地名がある。婆娑尼師今29年条に「遣兵伐比只国・多伐国・草八国併之」という記事がみえる。この中の比只は比自に、多伐は達句伐(大邱)に、草八は草八兮(草渓)にそれぞれ比定されるので、やはり比斯伐は洛東江流域である。

　さらには、新羅統一以前の中国史書にもみいだせる。『三国志』魏志韓伝の馬韓五十四国の中に「不斯濆邪国」がある。全州が比斯伐であると速断する人たちは、この不斯が比斯と同語であるとみなし、かつ全州の古号であると錯覚を起こしている。ところで、同書、韓伝の辰韓十二国には、また不斯国が出てくる。

　李丙燾博士の『韓国史研究』古代篇では、「不斯濆邪国は、全北全州。全州の古名は比斯伐といい、不斯国は昌寧、昌寧の古名は比自火一云比斯伐」と解いている。

　梁柱東博士も『古歌の研究』(1960)で、不斯国は、昌寧の古号に該当するといい、不斯濆邪国に対しては、やはり「全州の古号比斯伐『日本書紀』神功紀作、比利」といっている。

　この2人の碩学が、不斯国に対し、辰韓十二国の一つとして昌寧の古号比斯伐の別写とする見方に異論はない。それは、辰韓十二国がみな洛東江流域に位置しているからである。

　しかし、馬韓五十四国の中の不斯濆邪国を、全州の古名に比定するのは、比斯伐が全州の古号だという、誤った既成観念を前提としなければ成り立たない。全州が完山であるならば、決して不斯濆邪国とは対応しない。

　このような地名の継承関係は、かえって、全南・楽安郡の古名にみられる。『三国史記』〈地理志〉に「分嶺郡　本百済分嵯郡　景徳王改今名　今楽安郡領県四　柏舟県　本百済比史県　今泰江県」となっているが、ここにみえる「比史・分嵯・柏舟」が、馬韓地域の不斯濆邪国にあたる。

　したがって、全州と昌寧の古名が「偶然にも同名であった」という主張を肯

定したとしても、不斯濆邪国は全州ではありえない。

では、いったい比斯伐という古地名の原義はなにであろうか。これを究明するためには、加耶とウィグル族の君長誕生あるいは建国説話を比較してみる必要がある。

『三国遺事』巻第二、駕洛国記に記された加耶建国説話は、南北両系統のモチーフに分けられる。船に乗ってきた許氏王后の渡海説話が南方的であるとすれば、金首露王の誕生説話には北方系要素がある。それはウィグル族の説話と同じ類型であるからである。

3-5-6　金海金氏族譜所載「天降盒之図」

まず、ウィグル族の説話を、ドオソン(C.M. d'Ohsson)が編んだ『蒙古史』の中から取りあげてみよう。ストーリーは次のようである。

　　カラコルム山から発源するタンゴラ・セリンガ両河の合流地点、カムランヅウに、二本の木があった。一は、ピッウー(Fistouc)と称する松に似た常緑樹で、一は野生の松であった。この両木の間に、にわかに塚が生じ、天上から一条の光線が放たれてこれを照らした。ウィグル人はこの奇跡におどろいて、おそるおそる近づいていくと、人の歌声のような音楽が聞こえてきた。

　　夜どおし光につつまれ、30歩のところまで近づいてきた。門が開いて中から5個の天幕に似たものが、一条の銀糸から垂れていた。天幕の中にはそれぞれ1人の幼児がいた。

　　5人の幼児は、空気にふれると動きはじめ、その天幕から出たので、こ

表3-5-3　ウィグル説話と駕洛国神話との比較

ウィグル系		加　耶　系
塚墓	1	亀旨峰
歌声	2	殊常声気呼喚
天幕	3	紅幅裡金盒子
一条銀糸垂下	4	紫縄自天垂而着地
五児出幕	5	六卵化而童子
領袖見之養育	6	我刀干抱持帰家養育
末子干推戴	7	金首露王君長推戴
テキン（tekin）	8	刀干
別失八里	9	非火・比斯伐

れを育てた。長子をソンコー・テキン、次子をコトー・テキン、三子をボカ・テキン、四子をオル・テキン、末子をバクー・テキンとよんだ。
　ウィグル人たちは、その天から降れるを信じて、その一人を君主に戴くことにした。末子のバクーは、容貌・気性・能力の面で抜群であったので、これを干となし、即位式をあげた。

　この説話を駕洛国の神話と比較すれば、表3-5-3のようになることは誰でも分かることである。
　ただし銀糸が紫縄にかわり、5個の天幕は、6個(元来は5個)の卵に変わっている。ウィグル族の説話は、引き続き次のように語っている。

　　バクー・テキンは、その子の1人を後継ぎに定めた。彼らは「グチ・グチ」(Gueutch Gueutch)という声をかけながら移動していった。前進・前進という言葉である。このようにして、ベシバリック(Beschbalik)という都市を建てた平原に至るや、その声は止んだ。「五市」という意味である。『蒙古史』では、これを「別失八里」と書いている。

　『三国遺事』の五加耶条は、『本朝史略』という記録を引用しながら、五加耶の名を列挙している。「一金官　二古寧(今加利県)　　三非火加耶(今昌寧、恐高霊之誤)　余二阿羅・星山」がこれである。この中で三番目の非火が、ほかな

らぬ昌寧の古名で『三国志』所出の「不斯国」である。

この遊牧民であったウィグル人たちは、行先きごとに別失八里と名づけた。「別失」という語が松を意味することは、申采浩が『古史上史読文名解釈法』で次のように述べているのが参考になる。

> 松山の古号が夫斯達であり、松峴の古号が夫斯波衣であり、松嶽(開城)の古号が夫斯岬であるので、松と夫斯が対応関係にあるがゆえに、松の古語が夫斯であることを承知せよ。

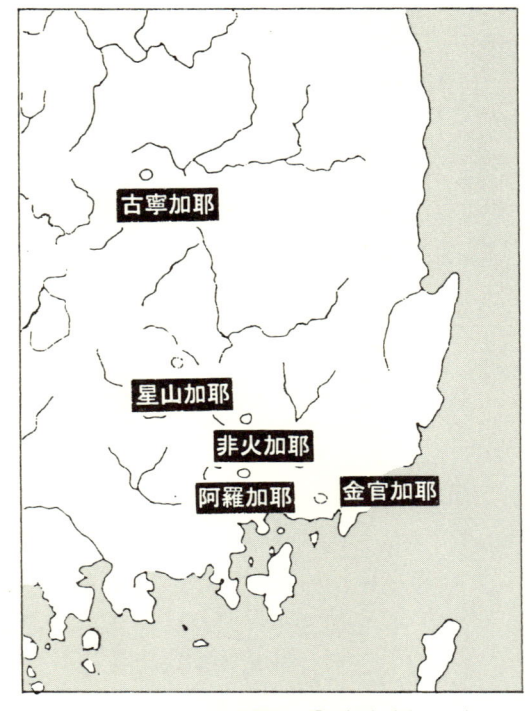

3-5-7　五加耶位置図（『本朝史略』より）

ウィグル人説話に見えるピッウー(Fistouc)とも類音関係にある。ここにあげた地名は『三国史記』地理志にのっている古地名であるが、加耶・新羅ではこれを「不斯」または「比斯」と記写したようである。ここまでに至れば、「比斯伐」の原義が何であるかということは、おのずから解明されたことと思う。

梁柱東博士が『古歌の研究』で、「元来、昌寧の古号は、「빛벌」(比自火・比斯伐・不斯国)がこれに相当する。」といって、ついには、完山の古名までも「빛벌」にかえてしまった。「빛벌」とは、「光明の地」という語である。

博士の古語鮮釈法は、自らの知識の限界性から抜け出せなかったのである。

全州の古号が完山であるので、同じ音義をもっている全の字にかえたのである。もし、全州が比斯伐で、その意味が「빛벌」であるならば、どうして「光州」と表記しなかったのであろうか。それでは、全州と光州は、いったい何が

異なるというのか。

(4)

　今まで、私はこの文をとおして、比斯伐は昌寧であり、全州の古号は完山であるという真実を明らかにしてきた。そして、比斯伐という名は、単に「빛벌」などという皮相的な意味付けだけで解明されるような性質のものではなく、これは、往昔の民族の根源を探索しなければならない、もっと広い視野に立った解明が要請されることを強調してきたつもりである。

　では、完山・全州という地名のおこりは、いったいいつからのことであろうか。『高麗史』が述べているように、真興王16年に全州に州をおいたのは、同年の百済・威徳王代のでき事であったのかというと、決してそうでもない。新羅の州にあたる百済の地方制度は、「五方」であった。『隋書』・『周書』・『北史』および『翰苑』と、そこに引用された『括地志』などをとおして、これを考察することができる。

　五方とは、国内を東・西・南・北・中の五つの地方に分け、それぞれが6～7から10個の郡を統べる制度で、『括地志』ではこれを「中国の都督の如し」といっている。要するに、百済時代には「完山州」などといった地方制は未だなかったのである。全州付近にあたる地域は、中方古沙夫里城と、東方得安城が中心になっていただけであった。古沙夫里城は今の井邑市古阜付近であり、得安城は忠南、恩津にあたる。

　しかし、全州に百済または、それ以前に完山という古号、つまり「온」(オン)という音を表記した例がまったくないのではない。『三国史記』百済本紀の温祚王代に次のような記事がある。

　①　六年十月：王出師　潜襲馬韓　遂併其邑　唯圓山・錦峴二城不下
　②　三十六年八月：修葺圓山・錦峴二城、築古沙夫里城

この二つの記事の中で、古沙夫里は、上でふれたように、後の古阜であるので、馬韓はそのラインまで退いたことになる。そのライン上で注目されるのは、圓山が完山と同音の異写であるということである。

　また、『三国志』魏志、馬韓五十四国の中に「爰池国」がある。やはり、爰の字はオンの借音である。李丙燾・梁柱東両氏が、不斯濆邪国をもって完山に比定するのは、全州の古号が比斯伐でない以上、成り立たない主張である。

　こうなると、全州の古号は馬韓時代から、一貫して「爰・圓・完・全」など、

オンという語の音訓を表記してきたことになる。このように、比斯伐と完山は、その原義がおたがいに混同されるような性質のものではない。したがって、その写音もまったく異質的なものである。

では、完山〜全州という地名には、いったいどのような原義が含まれているのだろうか。韓語辞典によれば次のようである。

①　完全で、欠けたところがない。(完全無欠)
②　純粋で、垢がない。(純粋無垢)
③　すべてが融け合う。(総体融合)
④　円満に具えられて、足りる。(円満具足)
⑤　百の語義

これこそ、久しい間受け継がれてきた全州の伝統精神でもある。したがって比斯伐か、完山かという単なる地名詮索に止まる性質のものではないのである。

［参考文献］
『東国輿地勝覧』巻33、全州府建置沿革
『三国史記』新羅本紀・地理志・職官志
『三国史記』百済本紀
『日本書紀』継体紀6年条
『三国遺事』第2、文武王法敏
『文献備考』16、輿地考4、郡県沿革　全羅道
『高麗史』志11、地理2、全州牧
今西龍「百済五部五方考」『百済史研究』吉川弘文館、1934
『梁書』列伝巻48、百済
『隋書』列伝46、東夷百済
『周書』列伝41、異域上
『日本書紀』欽明紀15年条
『翰苑』括地志曰…
李丙燾『韓国史研究』古代篇、震檀学会、1959、p. 289
梁柱東『古歌の研究』博文館、1960、p. 122
鄭寅普『韓国史研究』上
『日本書紀』神功紀49年3月条
『南斉書』巻58、列伝　東南夷百済
C. M. d'Ohsson（田中萃一郎訳）『蒙古史』岩波書店、1938
申采浩「古史上吏読文　名詞　解釈法」『韓国史研究草』乙酉文化社、1974
『三国遺事』紀異2、五加耶
『東国輿地勝覧』巻29、高霊県建置沿革
今西龍「加羅疆域考」『朝鮮古史の研究』吉川弘文館、1937
『三国遺事』2、駕洛国記

鮎川房之進「全北全州及慶南昌寧の古名につきて」『青丘学叢』4、1931、pp. 19-21
李奎報「南行月日記」『東国李相国集』
『晋書』巻97、列伝　四夷　韓
丁若鏞『我邦境域考』
『訓蒙字会』下34

第四編　周留城・白江関係資料集

1　周留城・白江関係史料抄

［1］『三國史記』

(1)『三國史記』卷五　太宗武烈王

　七年　三月.唐高宗命左武衛大將軍蘇定方.爲神丘道行軍大摠管.金仁問爲副大摠管.帥左驍衛將軍劉伯英等水陸十三萬□□伐百濟.勅王爲嵎夷道行軍摠管.何將兵爲之聲援.夏五月二十六日.王與庾信・眞珠・天存等領兵出京.六月十八日.次南川停.定方發自萊州.舳艫千里.隨流東下.二十一日.王遣太子法敏.領兵船一百艘.迎定方於德物島.定方謂法敏曰.吾欲以七月十日至百濟南與大王兵會.屠破義慈都城.法敏曰.大王立待大軍.如聞大將軍來.必蓐食而至.定方喜.還遣法敏.徵新羅兵馬.法敏至.言定方軍勢甚盛.王喜不自勝.又命太子與大將軍庾信・將軍品日・欽春(春或作純)等.率精兵五萬應之.王次今突城.秋七月九日.庾信等進軍於黃山之原.百濟將軍堦伯.擁兵而至.先據嶮設三營以待.庾信等分軍爲三道.四戰不利.士卒力竭.……百濟衆大敗.堦伯死之.虜佐平忠常・常永等二十餘人.是日定方與副摠管金仁問等.到伎伐浦.遇百濟兵.逆擊大敗之.庾信等至唐營.定方以庾信等後期將斬新羅督軍金文穎(或作永).於軍門.……

　十二日.唐羅軍□□□圍義慈都城.進於所夫里之原.定方有所忌不能前.庾信說之.二軍勇敢.四道齊振.百濟王子又使上佐平.致饔餼豐腆.定方却之.王庶子躬與佐平六人詣前乞罪.又揮之.十三日.義慈率左右夜遁走.保熊津城.義慈子隆與大佐平千福等出降.……

　百濟餘賊.據南岑貞峴□□□城.又佐平正武聚衆屯豆尸原嶽.抄掠唐羅人.

　二十六日.攻任存大柵.兵多地嶮.不能克.但攻破小柵.九月三日.郎將劉仁願以兵一萬人.留鎭泗沘城.王子仁泰與沙湌日原・級湌吉那.以兵七千副之.定方以百濟王及王族臣寮九十三人.百姓一萬二千人.自泗沘乘船廻唐.……二十三日.百濟餘賊入泗沘.謀掠生降人.留守仁願出唐羅人.擊走之.賊退上泗沘南嶺.竪四五柵.屯聚伺隙.抄掠城邑.百濟人叛而應者.十餘城.唐皇帝遣左衛中郎將王文度爲熊津都督.二十八日至.三年山城傳詔.文度面東立.大王面西立錫命後.文度欲以宣物授王.忽疾作便死.從者攝位畢事.十月九日.王率太子及諸軍攻尒禮城.十八日取其城置官守.百濟二十餘城.震懼皆降.三十日.攻泗沘南嶺軍柵.斬首一千五百人.

240

……(十一月)五日.王行渡雞灘.攻王興寺岑城.七日乃克.斬首七百人.

八年春二月.百濟殘賊.來攻泗沘城.王命伊湌品日.爲大幢將軍.迊湌文王.大阿湌良圖.阿湌忠常等副之.迊湌文忠爲上州將軍.阿湌眞王副之.阿湌義服爲下州將軍.武欻・旭川等爲南川大監.文品爲誓幢將軍.義光爲郎幢將軍.往救之.三月五日.至中路.品日分麾下軍.先行.往豆良尹(一作伊)城南.相營地.百濟人望陣不整.猝出急擊不意.我軍驚駭潰北.十二日.大軍來屯古沙比城外.進攻豆良尹城.一朔有六日.不克夏四月十九日.班師.大幢誓幢先行.下州軍殿後.至賓骨壤.遇百濟軍.相鬪敗退.死者雖小.失亡兵械輜重甚多.上州郎幢遇賊於角山.而進擊克之.遂入百濟屯堡.斬獲二千級.王聞軍敗大驚.遣將軍金純・眞欽・天存・竹旨.濟師救援.至加尸兮津.聞軍退.至加召川.乃還.王以諸將敗績.論罰有差.

(2)『三國史記』卷六　文武王　上

元年八月.大王領諸將.至始飴谷停留.□使來告曰.百濟殘賊據甕山城.□□□□□□大王先遣使諭之.不服.九月十九日.大王進次熊峴停.集諸摠管大監.親臨誓之.二十五日.進軍圍甕山城.

至二十七日.先燒大柵.斬殺數千人.遂降之.……築熊峴城.上州摠管品日.與一牟山郡太守大幢・沙戸山郡太守哲川等.率兵攻雨述城.斬首一千級.百濟達率助服・恩率波伽與衆謀降.

二年八月.百濟殘賊屯聚内斯只城作惡.遣欽純等十九將軍討破之.

三年二月.欽純・天存領兵攻取百濟居列城.斬首七百餘級.又攻居勿城.沙平城降之.又攻德安城.斬首一千七十級.百濟故將福信及浮圖道琛.迎故王子扶餘豊立之.圍留鎭郎將劉仁願於熊津城.唐皇帝詔仁軌檢校帶方州刺史.統前都督王文度之衆與我兵.向百濟營.轉鬪陷陣.所向無前.信等釋仁願圍.退保任存城.既而福信殺道琛.幷其衆.招還叛亡.勢甚張.仁軌與仁願合.解甲休士.乃請益兵.詔遣右威衛將軍孫仁師.率兵四十萬.至德物島.就熊津府城.王領金庾信等二十八(一云三十)將軍與之合.攻豆陵(一作良)尹城.周留城等諸城.皆下之.扶餘豊脱身走.王子忠勝・忠志等率其衆降.獨遲受信據任存城不下.自冬十月二十一日攻之.不克.至十一月四日.班師.至舌(一作后)利停.

四年二月.角干金仁問・伊湌天存.與唐勅使劉仁願.百濟扶餘隆.同盟于熊津.三月.百濟殘衆.據泗沘山城叛.熊州都督發兵攻破之.

(3)『三國史記』卷七　文武王　下

十一年　六月．遣將軍竹旨等．領兵踐百濟加林城禾．遂與唐兵戰於石城．斬首五千三百級．獲百濟將軍二人．唐果毅六人．秋七月二十六日．大唐摠管薛仁貴．使琳潤法師．寄書曰．…

大王報書云．…至顯慶五年．聖上感先志之未終．成囊日之遺緒．泛舟命將．大發船兵．先王年衰力弱．不堪行軍．追感前恩．勉強至於界首．遣某領兵．應接大軍．東西唱和．水陸俱進．船兵纔入江口．陸軍已破大賊．兩軍俱到王都．共平一國．平定已後．先王遂共蘇大摠管平章．留漢兵一萬．新羅亦遣弟仁泰．領兵七千．同鎭熊津．大軍廻後．賊臣福信．起於江西．取集餘燼．圍逼府城．先破外柵．摠奪軍資．復攻府城．幾將陷沒．又於府城側近四處．作城圍守．於此府城不得出入．某領兵往赴解圍．四面賊城．並皆打破．先救其危．復運糧食．遂使一萬漢兵．免虎吻之危難留鎭餓軍．無易子而相食．

至六年．福信徒黨漸多．侵取江東之地．熊津漢兵一千．往打賊徒．被賊催破．一人不歸．自敗已來．熊津請兵．日夕相繼．新羅多有疫病．不可徵發兵馬．苦請難違．遂發兵衆．往圍周留城．賊知兵小．遂既來打．大損兵馬．失利而歸．南方諸城．一時摠叛．並屬福信．福信乘勝．復圍府城．因既熊津道斷．絶於鹽豉．即募健兒．偸道送鹽．救其乏困．

至龍朔三年．摠管孫仁師．領兵來救府城．新羅兵馬．亦發同征．行至周留城下．此時倭國船兵．來助百濟．倭船千艘．停在白沙．百濟精騎．岸上守船．新羅驍騎．爲漢前鋒．先破岸陣．周留失膽．遂即降下．南方已定．廻軍北伐．任存一城．執迷不降．兩軍併力．共打一城．固守拒捍．不能打得．新羅即欲廻還．

(4)『三國史記』卷二十八　義慈王

二十年六月．高宗詔左衛大將軍蘇定方．爲神丘道行軍大摠管．率左衛將軍劉伯英・右武衛將軍馮士貴・左驍衛將軍龐孝公．統兵十三萬以來征．兼以新羅王金春秋．爲嵎夷道行軍摠管．將其國兵與之合勢．蘇定方引軍．自城山濟海．至國西德物島．新羅王遣將軍金庾信．領精兵五萬以赴之．王聞之．會羣臣．問戰守之宜．佐平義直進曰，「唐兵遠涉溟海，不習水者，在船必困．當其初下陸，士氣未平，急擊之，可以得志．羅人恃大國支援．故有輕我之心．若見唐入失利，則必疑懼而不敢鋭進．故知先與唐人決戰可也．」達率常永等曰，「不然，唐兵遠來，意慾速戰，其鋒不可當也．羅人前屢見敗於我軍，今望我兵勢，不得不恐．今日之計，宜塞唐人之路，以待其師老．先使偏師擊羅軍．折其鋭氣．然後伺其便而合戰．則可得以全軍而保國矣．」王

猶豫不知所從.時佐平興首,得罪流竄古馬彌知之縣.遣人問之曰.「事急矣.如之何而可乎.」興首曰「唐兵既衆.師律嚴明.況與新羅共謀掎角.若對陣於平原廣野.勝敗未可知也.白江(或云伎伐浦)・炭峴(或云沉峴)我國之要路也.一夫單槍.萬人莫當.宜簡勇士往守之.使唐兵不得入白江.羅人未得過炭峴.大王重閉固守.待其資粮盡,士卒疲.然後奮擊之.破之必矣.於時大臣等.不信曰.「興首久在縲絏之中.怨君而不愛國.其言不可用也.莫若使唐兵入白江,沿流而不得方舟.羅軍升炭峴.由徑而不得並馬.當此之時.縱兵擊之.譬如殺在籠之雞,離網之魚也.」王然之.又聞唐羅兵已過白江・炭峴.遣將軍堦伯.帥死士五千出黃山.與羅兵戰.四合皆勝之.兵寡力屈竟敗.堦伯死之.於是合兵禦熊津口.瀕江屯兵.定方出左涯.乘山而陣.與之戰.我軍大敗.王師乘潮.舳艫銜尾進.鼓而譟.定方將步騎直趨眞都城一舍止.我軍悉衆拒之又敗.死者萬餘人.唐兵乘勝薄城.王知不免.嘆曰.「悔不用成忠之言,以至於此.」遂與太子孝走北鄙.定方圍其城.

　於是王及太子孝與諸城皆降.定方以王及太子孝,王子泰・隆・演及大臣將士八十八人,百姓一萬二千八百七人,送京師.國本有五部,三十七郡,二百城,七十六萬戶.至是析置熊津・馬韓・東明・金漣・德安五都督府.

　武王從子福信嘗將兵.乃與浮屠道琛　據周留城叛.迎古王子扶餘豐嘗質於倭國者.立之爲王.西北部皆應.引兵圍仁願於都城.詔起劉仁軌檢校帶方州刺史.將王文度之衆.便道發新羅兵.

　仁軌御軍嚴整,轉鬪而前.福信等,立兩柵於熊津江口以拒之.仁軌與新羅兵合擊之.我軍退走,入柵阻水,橋狹墮溺及戰死者萬餘人.福信等.乃釋都城之圍.退保任存城.新羅人以粮盡引還.時龍朔元年三月也.於是道琛自稱領軍將軍.福信自稱霜岑將軍.招集徒衆.其勢益張.使告仁軌曰.「聞大唐與新羅約誓.百濟無問老少一切殺之.然後以國付新羅.與其受死.豈若戰亡.所以聚結自固守耳.」仁軌作書.具陳禍福.遣使諭之.道琛等.恃衆驕倨.置仁軌之使於外舘.嫚報曰.「使人官小.我是一國大將.」不合參.不答書.徒遣之.仁軌以衆小.與仁願合軍.休息士卒.上表請合新羅圖之.羅王春秋奉詔.遣其將金欽.將兵救仁軌等.至古泗.福信避擊敗之.欽自葛嶺道遁還.新羅不敢復出.尋以福信殺道琛.幷其衆.豐不能制.但主祭而已.福信等.以仁願等孤城無援.遣使慰之曰.「大使等何時西還.當遣相送.」

　二年七月.仁願・仁軌等大破福信餘衆於熊津之東.拔支羅城及尹城・大山・沙井等柵.殺獲甚衆.乃令分兵以鎭守之.福信等.以眞峴城臨江高險當衝要.加兵守之.仁軌夜督新羅兵.薄城板堞.比明而入城.斬殺八百人.遂通新羅餉道.仁願奏請益兵.詔發淄・青・萊海之兵七千人.遣左威衛將軍孫仁師.統衆浮海.以益仁願之

衆.時福信旣專權.與扶餘豐寢相猜忌.福信稱疾臥於窟室.欲候豐問疾執殺之.豐知之.帥親信掩殺福信.遣使高句麗・倭國乞師.以拒唐兵.孫仁師中路迎擊破之.遂與仁願之衆相合.士氣大振.於是諸將議所向.或曰「加林城水陸之衝.合先擊之.」仁軌曰.「兵法避實擊虛.加林嶮而固.攻則傷士.守則曠日.周留城百濟巢穴,羣聚焉.若克之.諸城自下.」於是仁師・仁願及羅王金法敏.帥陸軍進.劉仁軌及別帥杜爽・扶餘隆.帥水軍及粮船.自熊津江往白江.以會陸軍.同趨周留城.遇倭入白江口.四戰皆克.焚其舟四百艘.煙炎灼天.海水爲丹.王扶餘豐脫身而走.不知所在.

(5)『三國史記』卷四十二　金庾信　中

　太宗大王七年庚申夏六月.大王與太子法敏.將伐百濟.大發兵.至南川而營.時入唐請師波珍湌金仁問.與唐大將軍蘇定方・劉伯英.領兵十三萬.過海到德物島.先遣從者文泉來告.王命太子與將軍庾信・眞珠・天存等.以大舶一百艘.載兵士會之.太子見將軍蘇定方　定方謂太子曰.「吾由海路　太子登陸行.以七月十日.會于百濟王都泗沘之城.太子來告.大王率將士.行至沙羅之停.將軍蘇定方.金仁問等.沿海入伎伐浦.海岸泥濘陷不可行.乃布柳席以出師.唐羅合擊百濟滅之.…

　龍朔元年六月.唐高宗皇帝.遣將軍蘇定方等.征高句麗.入唐宿衛金仁問.受命來告兵期.兼諭出兵會伐.於是文武大王率庾信・仁問・文訓等.發大兵向高句麗.行次南川州.鎭守劉仁願以所領兵.自泗沘泛船.至鞋浦下陸.亦營於南川州.時有司報.前路有百濟殘賊.屯聚甕山城.遮路直前.於是庾信以兵進而圍城……九月二十七日.城陷.

　龍朔三年癸亥.百濟諸城潛圖興復.其渠帥據豆率城.乞師於倭爲援助.大王親率庾信・仁問・天存・竹旨等將軍.以七月十七日征討.次熊津州.與鎭守劉仁願合兵.八月十三日.至于豆率城.百濟人與倭人出陣.我軍力戰大敗之.百濟與倭人皆降.

　分兵擊諸城降之.唯任存城.地險城固.而又粮多.是以攻之.三旬不能下.士卒疲困厭兵.大王曰.今雖一城未下.而諸餘城保皆降.不可謂無功.乃振旅而還.冬十一月二十日至京.

[2] 日本史料

(1)『日本書紀』齊明紀(卷第廿六)

　六年九月己亥朔癸卯、百濟遣達率沙彌覺從等。來奏曰　今年七月、新羅恃力作勢、不親於隣。引構唐人、傾覆百濟。君臣總俘　略無噍類。(或本云　今年七月十日、大唐蘇定方率船師、軍于尾資之津。新羅王春秋智、率兵馬、軍于怒受利之山。夾擊百濟、相戰三日、陷我王城。同月十三日、始破王城、怒受利山、百濟之東堺也)於是、西部恩率鬼室福信、赫然發憤、據任射岐山。(或本云、北任敍利山也)達率餘自進、據中部久麻怒利城。(或本云、都都岐留山) 各營一所、誘聚散卒。兵盡前役、故以棓戰、新羅軍破。百濟奪其兵、既而百濟兵翻銳。唐不敢入、福信等遂鳩集同國、共保王城。國人尊曰、佐平福信、佐平自進、唯福信起神武之權、興既亡之國。

　〇冬十月、百濟佐平鬼室福信、遣佐平貴智等、來獻唐俘一百餘人、今美濃國不破・片縣、二郡唐人等也。又乞師請救。并乞王子余豐璋曰、(或本云、佐平貴智達率正珎也)「唐人率我蝥賊、來蕩搖我彊場、覆我社稷、俘我君臣。(百濟王義慈、其妻恩古、其子隆等、其臣佐平千福・国辨成・孫登等、凡五十餘、秋七月十三日、爲蘇將軍所捉、而送去於唐國。蓋是無故持兵之徵乎)而百濟國、遙賴天皇護念、更鳩集以成邦。方今謹願、迎百濟國遣侍天朝王子豐璋、將爲國主」云云。〇十二月丁卯朔庚寅、天皇幸于難波宮、天皇方隨福信所乞之意、思幸筑紫、將遣救軍、而初幸斯、備諸軍器。〇是歲、欲爲百濟、將伐新羅、乃勅駿河國造船。

　七年春正月丁酉朔壬寅、御船西征、始就于海路。〇三月丙申朔庚申、御船還至于娜大津。居于磐瀬行宮。天皇改此、名曰長津。

　〇夏四月、百濟福信、遣使上表、乞迎其王子糺解。(釋道顯日本世記曰、百濟福信獻書、祈其君糺解於東朝。或本云、四月、天皇遷居于朝倉宮。)秋七月甲午朔丁巳、天皇崩于朝倉宮。

(2)『日本書紀』天智紀(卷第廿七)

　(即位年)八月、遣前將軍大華下阿曇比邏夫連・小華下河邊百枝臣等、後將軍大華下阿倍引田比邏夫臣・大山上物部連熊・大山上守君大石等、救於百濟。仍送兵仗・五穀。(或本續此末云、別使大山下狹井連檳榔。小山下秦造田來津。守護百濟。)

　〇九月、皇太子御長津宮。以織冠、授於百濟王子豐璋。復以多臣蔣敷之妹妻

245

之焉。乃遣大山下狹井連檳榔・小山下秦造田來津、率軍五千餘人、衛送於本鄉。於是、豐璋入國之時、福信迎來、稽首奉國朝政、皆悉委焉。○是歲、又日本救高麗軍將等、泊于百濟加巴利濱、而燃火焉。灰變爲孔、有細響、如鳴鏑。或曰、「高麗・百濟終亡之徵乎。」

　元年、春正月辛卯朔丁巳、賜百濟佐平鬼室福信矢十萬隻・絲五百斤・綿一千斤・布一千端・韋一千張、稻種三千斛。

　○三月庚寅朔癸巳、賜百濟王布三百端。○是月、唐人・新羅人、伐高麗。高麗乞救國家。仍遣軍將。據疏留城。由是、唐人不得略其南堺、新羅不獲輸其西壘。

　○五月、大將軍大錦中阿曇比邏夫連等、率船師一百七十艘、送豐璋等於百濟國宣勅、以豐璋等使繼其位、又予金策於福信、而撫其背、襃賜爵祿。于時、豐璋等與福信、稽首受勅、衆爲流涕。

　○六月己未朔丙戌、百濟遣達率萬智等、進調獻物。

　○冬十二月丙戌朔、百濟王豐璋、其臣佐平福信等、與狹井連・朴市田來津議曰、「此州柔者、遠隔田畝、土地磽确、非農桑之地。是拒戰之場、此焉久處民可飢饉。今可遷於避城。避城者、西北帶以古連旦涇之水。東南據深埿巨堰之防。繚以周田、決渠降雨。華實之毛、則三韓之上腴焉、衣食之源、則二儀之隩區矣、雖曰地卑、豈不遷歟。」於是、朴市田來津獨進而諫曰、「避城與敵所在之間、一夜可行。相近茲甚。若有不虞、其悔難及者矣。夫飢者後也。亡者先也。今敵所以不妄來者、州柔設置山險、盡爲防禦、山峻高而谿隘、守易而攻難之故也。若處卑地、何以固居。而不搖動、及今日乎。」遂不聽諫、而都避城。

　○是歲、爲救百濟、修繕兵甲、備具船舶、儲設軍粮。

　二年春二月乙酉朔丙戌、百濟遣達率金受等進調、新羅人燒燔百濟南畔四州。幷取安德等要地。於是、避城去賊近。故勢不能居。乃還居於州柔。如田來津之所計。○是月、佐平福信、上送唐俘續守言等。

　○三月、遣前將軍上毛野君稚子・間人連大蓋、中將軍巨勢神前臣譯語・三輪君根麻呂、後將軍阿倍引田臣比邏夫・大宅臣鎌柄、率二萬七千人、打新羅。

　○夏五月癸丑朔、犬上君馳告兵事於高麗而還。見糺解於石城。糺解仍語福信之罪。

　○六月、前將軍上毛野君稚子等、取新羅沙鼻岐・奴江二城。百濟王豐璋、嫌福信有謀反心、以革穿掌而縛、時難自決。不知所爲。乃問諸臣曰、福信之罪、旣如此焉。可斬以不。」於是、達率德執得曰、「此惡逆人、不合放捨。」福信卽唾

1 周留城・白江関係史料抄

於執得曰、「腐狗癡奴。」王勒健兒、斬而醢首。

○秋八月壬午朔甲午。新羅、以百濟王斬己良將、謀直入國先取州柔。於是、百濟知賊所計、謂諸將曰、「今聞、大日本國之救將廬原君臣、率健兒萬餘、正當越海而至。願諸將軍等、應預圖之。我欲自往待饗白村。

○戊戌、賊將至於州柔、繞其王城。大唐軍將、率戰船一百七十艘、陣烈於白村江。

○戊申、日本船師初至者、與大唐船師合戰。日本不利而退。大唐堅陣而守。○己酉、日本諸將、與百濟王、不觀氣象。而相謂之曰、我等爭先、彼應自退。更率日本亂伍中軍之卒。進打大唐堅陣之軍。大唐便自左右夾船繞戰。須臾之際、官軍敗績。赴水溺死者衆。舳艫不得廻旋。朴市田來津、仰天而誓、切齒而嗔、殺數十人、於焉戰死。是時、百濟王豐璋、與數人乘船、逃去高麗。

○九月辛亥朔丁巳、百濟州柔城、始降於唐。是時、國人相謂之曰、「州柔降矣。事无奈何。百濟之名絶于今日。丘墓之所。豈能復往。但可往於弖禮城。會日本軍將等、相謀事機所要。遂教本在枕服岐城之妻子等、令知去國之心。○辛酉、發途於牟弖。

○癸亥。至弖禮。○甲戌、日本船師、及佐平余自信・達率木素貴子・谷那晉首・憶禮福留、幷國民等、至於弖禮城。明日、發船始向日本。

三年春 ○三月、以百濟王善光王等、居于難波。有星殞於京北。○是春、地震。○夏五月戊申朔甲子、百濟鎭將劉仁願、遣朝散大夫郭務悰等、進表函與獻物。

○冬十月乙亥朔、宣發遣郭務悰等勅。

○是歲、於對馬嶋・壹岐嶋・筑紫國等、置防與烽。又於筑紫、築大堤貯水。名曰水城。

四年春二月 ○是月、勘校百濟國官位階級。仍以佐平福信之功、授鬼室集斯小錦下、(其本位達率)。復以百濟百姓男女四百餘人、居于近江國神前郡。○三月……　是月。給神前郡百濟人田。○秋八月、遣達率答㶱春初、築城於長門國。遣達率憶禮福留・達率四比福夫於筑紫國、築大野及椽二城。

(3)『續日本紀』稱德紀(卷第廿七)

天平神護二年六月壬子。刑部卿從三位百濟王敬福薨、其先者出自百濟國義慈王、高市岡本宮馭宇(舒明)天皇御世、義慈王遣其子豐璋王及禪廣王入侍。洎于後岡本朝廷(齊明)、義慈王敗降唐。其臣佐平福信、剋復社稷、遠迎豐璋、紹興

247

絶統。豊璋王簒基之後、以譖横殺福信。唐兵聞之、復攻州柔。豊璋與我救兵拒之、救軍不利、豊璋駕船遁于高麗。禪廣因不歸國。藤原朝廷(持統)賜號曰百済王。卒贈正廣參。子百済王昌成、幼年隨父歸朝。先父而卒。飛鳥浄御原御世(天武)贈小紫。子郎(良)虞、奈良朝廷、從四位下攝津亮。敬福者即其第三子也。……時聖武皇帝造盧舎那銅像、冶鑄云畢、…貢小田郡所出黄金九百兩。我国家黄金從此始出焉。聖武皇帝甚以嘉尚、授從三位、遷宮内卿。俄加河内守、……薨時年六十九。

[3] 中国史料

(1) 唐高宗顯慶五年

① 『舊唐書』巻四　本紀第四　高宗　上

顯慶五年三月辛亥. 發神丘道軍伐百濟. ○八月庚辰. 蘇定方等討平百濟. 面縛其王扶餘義慈. 國分爲五部. 郡三十七. 城二百. 戸七十六萬. 以其地分置熊津等五都督府,

② 『舊唐書』巻八十三　列傳第三十三　蘇定方

顯慶五年. 從幸太原. 制授熊津道大總管. 率師討百濟. 定方自城山濟海. 至熊津江口. 賊屯兵據江. 定方升東岸. 乘山而陣. 與之大戰. 揚帆蓋海. 相續而至. 賊師敗績. 死者數千人. 自餘奔散. 遇潮且上. 連舳入江. 定方於岸上擁陣, 水陸齊進. 飛泊鼓譟. 直趣眞都. 去城二十許里, 賊傾國來拒. 大戰破之. 殺虜萬餘人. 追奔入郭, 其王義慈及太子隆奔于北境. 定方進圍其城. ……百濟悉平. 分其地爲六州. 俘義慈及隆・泰等. 獻于東都.

③ 『舊唐書』巻一百九　列傳第五十九　黒齒常之

黒齒常之. 百濟西部人. 長七尺餘. 驍勇有謀略. 初在本蕃. 仕爲達率兼郡將. 猶中國之刺史也. 顯慶五年. 蘇定方討平百濟. 常之率所部. 隨例送降款. 時定方繋左王及太子隆等. 仍縱兵劫掠. 于壯者多被戮. 常之恐懼. 遂與左右十餘人. 遁歸本部. 鳩集亡逸. 共保任存山. 築柵以自固. 旬日而歸附者三萬餘人. 定方遣兵攻之. 常之領敢死之士拒戰. 官軍敗績. 遂復本國二百餘城. 定方不能討而還.

④ 『舊唐書』巻一百九十九　上　列傳第一百四十九　東夷百済

顯慶五年. 命左衞大將軍蘇定方. 統兵討之. 大破其國. 虜義慈及太子隆・小王孝演・僞將五十八人等送於京師. 上責而宥之. 其國舊分爲五部. 統郡三十七. 城二

百.戸七十六萬.至是乃以其地分置熊津・馬韓・東明等五都督府.各統州縣.立其酋渠爲都督刺史及縣令.命右衞郎將王文度.爲熊津都督.總兵以鎭之.義慈事親以孝行聞.友于兄弟.時人號海東曾閔.及至京數日而卒.贈金紫光祿大夫衞尉卿.特許其舊臣赴哭送.就孫皓.陳叔寶墓側葬之.幷爲豎碑.

⑤『舊唐書』卷一百九十九　上　列傳第一百四十九　東夷新羅

顯慶五年.命左武衞大將軍蘇定方.爲熊津道大總管.統水陸十萬.仍令春秋.爲嵎夷道行軍總管.與定方討平百濟.

⑥『唐書』三　本紀第三

顯慶五年三月辛亥.左武衞大將軍蘇定方爲神丘道行軍大總管.新羅王金春秋爲嵎夷道行軍總管.率三將軍及新羅兵.以伐百濟.○八月庚辰.蘇定方及百濟戰敗之.

⑦『唐書』四十三　下　地理志第三十三　下

初顯慶五年.平百濟.以其地置熊津・馬韓・東明・金連・德安五都督府.幷置帶方州.麟德後廢.

⑧『唐書』一百一十　列傳第三十五　諸夷蕃將黑齒常之

黑齒常之.百濟西部人.爲百濟達率兼風達郡將.…依任存山自固.不旬日.歸者三萬.定方勒兵攻之.不克.常之遂復二百餘城.

⑨『唐書』一百十一　列傳第三十六　蘇烈

(蘇烈)出爲神丘道大總管.率師討百濟.自城山濟海至熊津口.賊瀕江屯兵.定方出左涯.乘山而陣與之戰.賊敗死者數千.王師乘潮而上.舳艫銜尾.鼓譟而進.定方將步騎.夾引直趨眞都城.賊傾國來.酣戰破之.殺虜萬人.乘勝入其郭.王義慈及太子隆北走.定方進圍其城.…定方使士登城.建唐旗幟.於是泰開門請命.其將禰植與義慈降.

⑩『唐書』二百二十　列傳第一百四十五　東夷百濟

顯慶五年.乃詔左衞大將軍蘇定方.爲神丘道行軍大總管.……發新羅兵討之.自城山濟海.百濟守熊津口.定方縱擊.虜大敗.王師乘潮帆以進.趨眞都城一舍止.虜悉衆拒.復破之.斬首萬餘級.拔其城.義慈挾太子隆.走北鄙.定方圍之.……平其國.五部.三十七郡.二百城.戸七十六萬.乃析置熊津・馬韓・東明・金連・德安五都督府.擢酋渠長治之.命郎將劉仁願.守百濟城.左衞郎將王文度爲熊津都督.九月.定方以所俘見.詔釋不誅.義慈病死.贈衞尉卿.許舊臣赴臨.詔葬孫皓・陳叔寶墓左.授隆司稼卿.

⑪『資治通鑑』卷二百　唐紀十六　高宗　上之下
　顯慶五年三月.百濟恃高麗之援.數侵新羅.新羅王春秋上表求救.辛亥.以左武衞大將軍蘇定方爲神丘道行軍大總管.帥左驍衞將軍劉伯英等.水陸十萬.以伐百濟.以春秋爲嵎夷道行軍總管.將新羅之衆與之合勢.〇八月.蘇定方引兵自成山濟海.百濟據熊津江口以拒之.定方進擊破之.百濟死者數千人.餘皆潰走.定方水陸齊進.直趣其都城.未至二十餘里.百濟傾國來戰大破之.殺萬餘人,追奔入其郭.百濟王義慈及太子隆逃于北境,定方進圍其城.……於是義慈隆及諸城主皆降,百濟故有五部.分統三十七郡.二百城.七十六萬戸,詔以其地置熊津.五都督府.(熊津.馬韓.東明.金連.德安五都督府.)以其酋長爲都督刺史.

(2) 唐高宗龍朔元年
① 『舊唐書』卷八十四　列傳第三十四　劉仁軌
　顯慶五年.時蘇定方旣平百濟.留郎將劉仁願於百濟府城鎭守.又以左衞中郎將王文度爲熊津都督.安撫其餘衆.文度濟海病卒.百濟僞僧道琛.舊將福信.率衆復叛.立故王子扶餘豐爲王.引兵圍仁願於府城.詔仁軌檢校帶方州刺史.代文度統衆.便道發新羅兵合勢.以救仁願.轉鬪而前.仁軌軍容整肅.所向皆下.道琛等乃釋仁願之圍.退保任存城.尋而福信殺道琛.幷其兵馬.招誘亡叛.其勢益張.仁軌乃與仁願合軍休息.時蘇定方奉詔伐高麗.進圍平壤.不克而還.

② 『舊唐書』卷一百九十九　上　列傳第一百四十九　東夷百濟
　文度濟海而卒.百濟僧道琛.舊將福信率衆據周留城以叛.遣使往倭國.迎故王子扶餘豐立爲王.其西部・北部竝翻城應之.時郞將劉仁願留鎭於百濟府城.道琛等引兵圍之.帶方州刺史劉仁軌代文度統衆.便道發新羅兵合契.以救仁願.轉鬪而前.所向皆下.道琛等於熊津江口立兩柵.以拒官軍.仁軌與新羅兵四面夾擊之.賊衆退走.入柵阻水.橋狹堕水及戰死萬餘人.道琛等乃釋仁願之圍.退保任存城.新羅兵士.以糧盡引還.時龍朔元年三月也.於是道琛自稱領軍將軍.福信自稱霜岑將軍.招誘叛亡.其勢益張.使告仁軌曰.「聞大唐與新羅約誓.百濟無問老少.一切殺之.然後以國付新羅.與其受死.豈若戰亡所以聚結自固守耳.」仁軌作書.具陳禍福.遣使諭之.道琛等恃衆驕倨.置仁軌之使於外館.傳語謂曰.「使人官職小.我是一國大將.不合自參.」不答書遣之.尋而福信殺道琛.幷其兵衆.扶餘豐但主祭而已.

③ 『唐書』一百八　列傳第三十三　劉仁軌
　初蘇定方旣平百濟.留郞將劉仁願守其城.左衞中郎將王文度爲熊津都督.撫納殘黨.文度死.百濟故將福信及浮屠道琛迎故王子扶餘豐.立之.引兵圍仁願.詔仁

軌檢校帶方州刺史. 統文度之衆. 幷發新羅兵爲援仁軌將兵嚴整. 轉鬪陷陣. 所向無前. 信等釋仁願圍. 退保任存城. 旣而福信殺道琛. 幷其衆. 招還叛亡. 勢張甚. 仁軌與仁願合. 則解甲休士.

④『唐書』二百二十　列傳第一百四十五　東夷百濟

　文度濟海卒. 以劉仁軌代之. 璋從子福信嘗將兵. 乃與浮屠道琛據周留城反. 迎故王子扶餘豐於倭. 立爲王. 西部皆應. 引兵圍仁願. 龍朔元年. 仁軌發新羅兵往救. 道琛立二壁熊津江. 仁軌與新羅兵夾擊之. 奔入壁爭梁. 墮溺者萬人. 新羅兵還. 道琛保任存城. 自稱領軍將軍. 福信稱霜岑將軍. 告仁軌. 「聞唐與新羅約. 破百濟. 無老孺皆殺之. 畀以國. 我與受死. 不若戰.」仁軌遺使齎書答說. 道琛倨甚. 館使者于外. 嫚報曰. 「使人官小. 我國大將.」禮不當見. 徒遣之. 仁軌以衆少. 乃休軍養威請合新羅圖之. 福信俄殺道琛. 幷其兵. 豐不能制.

⑤『資治通鑑』卷二百　唐紀十六　高宗　上之下

　龍朔元年三月. 初蘇定方旣平百濟. 留郎將劉仁願鎭守百濟府城. 又以左衞中郎將王文度爲熊津都督. 撫其餘衆. 文度濟海而卒. 百濟僧道琛・故將福信聚衆據周留城. 迎故王子豐於倭國而立之. 引兵圍仁願於府城. 詔起劉仁軌檢校帶方州刺史. 將王文度之衆. 便道發新羅兵. 以救仁願. 仁軌御軍嚴整. 轉鬪而前. 所向皆下. 百濟立兩柵於熊津江口. 仁軌與新羅兵合擊破之. 殺溺死者萬餘人. 道琛等乃釋府城之圍. 退保任存城(任存城在百濟西部任存山)　新羅糧盡引還. 道琛自稱領軍將軍. 福信自稱霜岑將軍. 招集徒衆. 其勢益張. 仁軌衆少. 與仁願合軍. 休息士卒. 上詔新羅出兵. 新羅王春秋奉詔. 遣其將金欽. 將兵救仁軌等. 至古泗. 福信邀擊敗之. 欽自葛嶺道遁還. 新羅不敢復出. 福信尋殺道琛. 專總國兵.

⑥『冊府元龜』卷三百六十六　將帥部機略六

　劉仁願. 龍朔中. 爲熊津都督. 與帶方州刺史劉仁軌大破百濟餘賊於熊津之東. 初蘇定方之軍還也. 仁願・仁軌等尚在百濟之熊津城. (○中略)時扶餘豐及福信等. 以仁願等孤城無援. 遣使謂曰. 「大使等何時西還. 常遣相送也.」仁願遂與仁軌. 掩其不備出擊之. 拔其支離城及尹城・大山・沙井等柵. 殺獲甚衆. 仍分兵以鎭守之. 福信等以眞峴城臨江高險. 又當衝要. 加兵守之. 仁軌何其稍怠. 引新羅之兵. 乘夜薄城. 四面攀草而上. 比明而入據其城. 遂通新羅軍糧之路. 仁願乃奏請益其兵. 詔發淄青萊海之兵七千人. 赴熊津. 以益仁願之衆.

(3) 唐高宗龍朔二年
① 『舊唐書』卷八十四　列傳第三十四　劉仁軌

　時扶餘豐及福信等.以眞峴城臨江高險.又當衝要.加兵守之.仁軌引新羅之兵.乘夜薄城.四面攀草而上.比明而入據其城.遂通新羅運糧之路.俄而餘豐襲殺福信.又遣使往高麗及倭國.請兵以拒官軍.詔右威衞將軍孫仁師.率兵浮海.以爲之援.

② 『舊唐書』卷一百九十九　上　列傳第一百四十九　東夷百濟

　龍朔二年七月.仁願・仁軌等率留鎭之兵.大破福信餘衆於熊津之東.拔其支羅城及尹城・大山・沙井等柵.殺獲甚衆.仍令分兵以鎭守之.福信等以眞峴城臨江高險.又當衝要.加兵守之.仁軌引新羅之兵.乘夜薄城.四面攀堞而上.比明而入據其城.斬首八百級.遂通新羅運糧之路.仁願乃奏請益兵.詔發淄青萊海之兵七千人.遣左威衞將軍孫仁師.統衆浮海赴熊津.以益仁願之衆.時福信既專其兵權.與扶餘豐漸相猜貳.福信稱疾臥於窟室.將候扶餘豐問疾.謀襲殺之.扶餘豐覺.而率其親信.掩殺福.又遣使往高麗及倭國.請兵以拒官軍.

③ 『唐書』一百八　列博第三十三　劉仁軌

　賊守眞峴城.仁軌夜督新羅兵.薄城板堞.比明入之.遂通新羅饟道.而豐果襲殺福信.遣使至高麗・倭丐援.會詔遣右威衞將軍孫仁師.率軍浮海而至.

④ 『唐書』二百二十　列傳第一百四十五　東夷百濟

　龍朔二年七月.仁願等破之熊津.拔支羅城.夜薄眞峴.比明入之.斬首八百級.新羅餉道乃開.仁願請濟師.詔右威衞將軍孫仁師爲熊津道行軍總管.發齊兵七千往.福信顓國.謀殺豐.豐率親信.斬福信.與高麗・倭連和.

⑤ 『資治通鑑』卷二百　唐紀十六　高宗　上之下

　龍朔二年二月戊寅……蘇定方圍平壤久不下.會大雪.解圍而還.○七月丁巳.熊津都督劉仁願・帶方州刺史劉仁軌大破百濟於熊津之東.拔眞峴城.初仁願・仁軌等屯熊津城.(考異曰.去歲道琛.福信圍仁願於百濟府城.今云尚在熊津城.或者共是一城.不則圍解之後.徙屯熊津城耳.)…　時百濟王豐與福信等.以仁願等孤城無援.遣使謂之曰.「大使何時西還.當遣相送.」仁願・仁軌知其無備.忽出擊之.拔其支羅城及尹城・大山・沙井等柵.殺獲甚衆.分兵守之.福信等以眞峴城險要.加兵守之.仁軌伺其稍懈.引新羅兵夜薄城下.攀草而上.比明入據其城.遂通新羅運糧之路.仁願乃奏請益兵.詔發淄青萊海之兵七千人以赴熊津.福信專權.與百濟王豐浸相猜忌.福信稱疾臥於窟室.欲俟豐問疾而殺之.豐知之.帥親信襲殺福信遣使詣高麗・倭國乞師以拒唐兵.

⑥『冊府元龜』巻九百八十六　外臣部三十一　征討第五

龍朔二年七月.熊津都督劉仁願・帶方州刺史劉仁軌等率留鎭之兵及新羅之兵.大破百濟餘賊於熊津之東.拔其眞峴城.斬首八百級.

(4) 唐高宗龍朔三年
①『舊唐書』巻八十四　列傳第三十四　劉仁軌

仁師旣與仁軌等相合.兵士大振.於是諸將會議.或曰.「加林城水陸之衝.請先擊之.」仁軌曰.「加林險固.急攻則傷損戰士.固守則用日持久.不如先攻周留城.周留賊之巢穴.羣兇所聚.除惡務本.須拔其源.若剋周留則諸城自下.」於是仁師・仁願及新羅王金法敏.帥陸軍以進.仁軌乃別率杜爽・扶餘隆.率水軍及糧船.自熊津江往白江.會陸軍.同趣周留城.仁軌遇倭兵於白江之口.四戰捷.焚其舟四百艘.煙焰漲天.海水皆赤.賊衆大潰.餘豐脱身而走.獲其寶劒.僞王子扶餘忠勝・忠志等率士女及倭衆并耽羅國使一時並降.百濟諸城皆復歸順.賊帥遲受信據任存城不降.先是.百濟首領沙吒相如・黑齒常之.自蘇定方軍廻後.鳩集亡散.各據險以應福信.至是率其衆降.…　於是給其糧仗.分兵隨之.遂拔任存城.遲受信棄其妻子.走投高麗.於是百濟之餘燼悉平.

②『舊唐書』巻一百九十九　列傳第一百四十九　東夷百濟

孫仁師中路迎擊破之.遂與仁願之衆相合.兵勢大振.於是仁師・仁願及新羅王金法敏帥陸軍進.劉仁軌及別帥杜爽・扶餘隆率水軍及糧船.自熊津江往白江.以會陸軍.同趨周留城.仁軌遇扶餘豐之衆於白江之口.四戰皆捷.焚其舟四百艘.賊衆大潰.扶餘豐脱身而走.僞王子扶餘忠勝・忠志等.率士女及倭衆並降.百濟諸城皆復歸順.

③『唐書』三　本紀第三

龍朔三年九月戊午.孫仁師及百濟.戰于白江.敗之.

④『唐書』一百八　列傳第三十三　劉仁軌

詔遣右威衛將軍孫仁師.率軍浮海而至.士氣振.於是諸將議所向.或曰.「加林城水陸之衝.盍先擊之.」仁軌曰.「兵法避實擊虛.加林險而固.攻則傷士.守則曠日.周留城賊巢穴.群凶聚焉.若克之.諸城自下.於是仁師・仁願及法敏.帥陸軍以進.仁軌與杜爽・扶餘隆縣熊津白江會之.遇倭人白江口.四戰皆克.焚四百艘.海水爲丹.扶餘豐脱身走.獲其寶劒.僞王子扶餘忠勝・忠志等.率其衆與倭人降.獨酋帥受信.據任存城未下.

第四編　周留城・白江関係資料集

⑤『唐書』二百二十　列傳第一百四十五　東夷百濟

仁願已得齊兵.士氣振.乃與新羅王金法敏.率步騎而遣.劉仁軌率舟師.自熊津江偕進.趨周留城.豐衆屯白江口.四遇皆克.火四百艘.豐走不知所在.　僞王子扶餘忠勝・忠志率殘衆及倭人請命.諸城皆復仁願勒軍還.留仁軌代守.

⑥『資治通鑑』卷二百一　唐紀十七　高宗　中之上

龍朔三年四月乙未.置雞林大都督府於新羅國.以金法敏爲之.○九月戊午.熊津道行軍總管右威衞將軍孫仁師等.破百濟餘衆及倭兵於白江.拔其周留城.初劉仁願・劉仁軌旣克眞峴城.詔孫仁師將兵浮海助之.百濟王豐南引倭人以拒唐兵.仁師與仁願・仁軌合兵.勢大振.諸將以加林城水陸之衝.欲先攻之.仁軌曰.「加林險固.急攻則傷士卒.緩之則曠日持久.周留城虜之巢穴.羣凶所聚.除惡務本.宜先攻之.若克周留.諸城自下.」於是仁師・仁願.與新羅王法敏.將陸軍以進.仁軌與別將杜爽・扶餘隆.將水軍及糧船.自熊津入白江.以會陸軍.同趣周留城.遇倭兵於白江口.四戰皆捷.焚其舟四百艘.煙炎灼天.海水皆赤.百濟王豐脱身奔高麗.王子忠勝・忠志等帥衆降.百濟盡平.唯別帥遲受信據任存城不下.初百濟西部人黑齒常之 … 仕百濟爲達率兼郡將.猶中國刺史也.蘇定方克百濟.常之帥所部隨衆降.定方繫其王及太子.縱兵劫掠.壯者多死.常之懼.與左右十餘人遁歸本部.收集亡散.保任存山.結柵以自固.旬日間歸附者三萬餘人.定方遣兵攻之.常之拒戰.唐兵不利.常之復取二百餘城.定方不能克而還.

2　日本史料「六国史」所載百済王関係記事一覧

I 『日本書紀』

1	舒明紀（629～641）	3年(631)	百濟王義慈、入王子豐璋、爲質。
2	皇極紀（642～645）	元年(642)	以小德、授百濟質達率長福。
3		2年(643)	百濟國王兒翹岐・弟王子、共調使來。
4			大使達率自斯・副使恩率軍善…自斯、質達率武子之子也。
5	孝德紀（645～654）	白雉元年(650)	…仍率百官及百濟君豐璋・其弟塞城・忠勝…等、至中庭。
6	天智紀（661～671）	3年(664)	以百濟王善光王等、居于難波。
7	天武紀（673～686）	3年(675)	百濟王昌成薨、贈小紫位。
8		4年(676)	百濟王善光等捧藥及珍異等物進。
9		朱鳥元年(686)	天皇病遂不差、崩於正宮…百濟王良虞、代百濟王善光而誄之。
10	持統紀（686～697）	5年(691)	優賜正廣肆百濟王餘禪廣・直大肆遠寶、良虞與南典、各有差。
11			增封廣肆百濟王禪廣百戶、通前二百戶。
12		7年(693)	以正廣參、贈百濟王善光、並賜賻物。
		10年(696)	以直大肆、授百濟王南典。

II 『續日本紀』

13	文武紀（697～707）	4年(700)	直廣參百濟王遠寶、爲常陸守。
14		大宝3年(703)	以從五位上百濟王良虞、爲伊豫守。
15	元明紀（707～715）	和銅元年(708)	以正五位上百濟王遠寶、爲左衛士督。
16			以從四位下百濟王南典、爲備前守。
17		6年(713)	授百濟王遠寶從四位上。
18		靈龜元年(715)	授百濟王南典、從四位上。百濟王良虞、正五位上。
19	元正紀（715～724）		授百濟王良虞、從四位下。
20		養老元年(717)	百濟王良虞等益封各有差。
21		5年(721)	以百濟王南典、爲播磨按察使。
22		7年(723)	授從四位上百濟王南典、正四位下。
23	聖武紀（724～749）	天平6年(734)	散位從四位下百濟王遠寶卒。
24		7年(735)	授百濟王南典、正四位上。
25			授百濟王慈敬　從五位下。
26		8年(736)	授百濟王孝忠　從五位下。
27		9年(737)	散位從四位下百濟王郎虞、卒。
28			百濟王南典、授從三位。
29		10年(738)	從五位下百濟王孝忠、爲遠江守。
30		11年(739)	正六位上百濟王敬福、授從五位下。
31		12年(740)	百濟王等、奏風俗樂。授從五位下百濟王慈敬、從五位上。
32			正六位上百濟王全福、從五位下。
33			授從五位下百濟王全福、從五位上。
34		13年(741)	授從五位上百濟王慈敬、爲宮内大輔。
35			從五位下百濟王孝忠、爲遠江守。
36		15年(743)	授從五位下百濟王孝忠、從五位上。
37			從五位下百濟王敬福、爲陸奥守。
38		16年(744)	百濟王等奏百濟樂。詔授无位百濟王女天、從四位下。
39			從五位上百濟王慈敬、從五位下孝忠・全福並正五位下。
40			正五位下百濟王全福、爲山陰道使。
41		17年(745)	正五位下百濟王全福、爲尾張守。
42		18年(746)	從五位下百濟王敬福、爲上總守。
43			以正五位下百濟王孝忠、爲左中弁。
44			授從五位下百濟王敬福、從五位上。
45			以從五位下百濟王敬忠、爲陸奥守。
46			正五位下百濟王孝忠、爲大宰大貮。
47		19年(747)	正五位下百濟王孝忠、授正五位上。
48		20年(748)	正五位上百濟王孝忠、授從四位下。

49	聖武紀（724～749）	天平20年(748)	正六位上百濟王元忠、授從五位下。
50		天平勝宝元年(749)	四月、天皇幸東大寺、勅…「東方陸奥國守從五位上百濟王敬福部内少田郡黄金出在奏獻…」
51			授從五位上百濟王敬福、從三位。
52			陸奥守從三位百濟王敬福、貢黄金九百兩。
53	孝謙紀（749～758）		從四位下百濟王孝忠等、爲兼少弼。
54		2年(750)	從四位下百濟王孝忠等、爲出雲守。
55			從三位百濟王敬福、爲宮内卿。
56		3年(751)	授從五位上百濟王元忠、從五位上。
57		4年(752)	以從三位百濟王敬福、爲常陸守。
58			以常陸守從三位百濟王敬福、爲檢習西海道兵使。
59		6年(754)	正六位上百濟王理伯、授從五位下。
60			以從五位下百濟王理伯、爲亮。
61		8年(756)	太上天皇崩…從三位百濟王敬福、爲山作司。
62		天平寶字元年(757)	從五位上百濟王元忠、正五位下。
63			從三位百濟王敬福、爲出雲守。
64			更遣出雲守從三位百濟王敬福等五人、率諸衛人等、防衛獄囚。
65	淳仁紀（758～764）	3年(759)	從三位百濟王敬福、爲伊豫守。
66		4年(760)	出羽介正六位上百濟王三忠、並進一階。
67		5年(761)	從三位百濟王敬福、爲南海道使。
68		6年(762)	從五位上百濟王理伯、爲肥後守。
69		7年(763)	從五位下百濟王三忠、爲出羽守。
70			從三位百濟王敬福、爲讚岐守。
71		8年(764)	授正五位下百濟王元忠、從四位下。
72			授從六位上百濟王武鏡、從五位下。
73			外衛大將百濟王敬福、率兵數百、圍中宮院。
74	称德紀（764～770）		從三位百濟王敬福、爲御後騎兵將軍。
75		天平神護元年(765)	刑部卿從三位百濟王敬福等、亦奏本國舞。
76			正六位上百濟王利善・百濟王信上・百濟王文鏡、並授從五位下。
77			從六位上百濟王貞等三人、賜爵人有差。
78			從五位下百濟王利善、爲飛駄守。
79			以從五位下百濟王三忠、爲民部少輔。
80			從五位下百濟王文鏡、爲出羽守。
81		2年(766)	刑部卿從三位百濟王敬福薨、其先者出自百濟國義慈王、高市岡本宮馭宇天皇(舒明)御世、義慈王遣其子豐璋王及禪廣王入侍。泊于後岡本朝廷(齊明)、義慈王兵敗降唐。其臣佐平福信、剋復社稷、遠迎豐璋、紹興絶統。豐璋纂立之後、以讒横殺福信。唐兵聞之、復攻州柔。豐璋與我救兵拒之、救軍不利、豐璋駕船遁于高麗。禪廣因不歸國。藤原朝廷(持統)賜號曰百濟王。卒贈正廣參。子百濟王昌成、幼年隨父歸朝。先父而卒。飛鳥淨御原御世(天武)贈小紫。子郎(良)虞、奈良朝廷、從四位下攝津亮。敬福者卽其第三子也。……時聖武皇帝造盧舎那銅像、冶鑄云畢、……貢小田郡所出黄金九百兩。我国家黄金從此始出焉。聖武皇帝甚以嘉尚、授從三位、遷宮内卿。俄加河内守……薨時年六十九。
82			從五位下百濟王理伯、授從五位上。
83			從五位上百濟王理伯、授正五位下。
84		神護景雲元年(767)	從五位下百濟王三忠、爲少輔。
85			正五位下百濟王理伯、爲攝津大夫。
86			從五位下百濟王武鏡、爲但馬介。
87		2年(768)	授女孺正六位下百濟王清仁、從五位下。
88			前守從三位百濟王敬福之時、停止他國鎭兵…
89	光仁紀（770～781）	寶龜元年(770)	正五位上百濟王理伯、授從四位下。
90			授從五位下百濟王明信、正五位下。
91			百濟王理伯、爲伊勢守。
92		2年(771)	從五位下百濟王利善、爲讚岐員外介。
93			從五位下百濟王武鏡、爲主計頭。

1　周留城・白江関係史料抄

94	光仁紀（770〜781）	宝亀4年(773)	散位從四位下百濟王元忠卒。
95		5年(774)	從四位下百濟王理伯、爲右京大夫。
96			從五位下百濟王武鏡、爲出羽守。
97		6年(775)	授正六位上百濟王玄鏡、從五位下。
98			授正五位下百濟王明信、正五位上。
99			授從六位上百濟王俊哲、勳六等。
100		7年(776)	從五位下百濟王利善・百濟王武鏡竝從五位上。
101		8年(777)	授正六位上百濟王仁貞、從五位下。
102			從五位下百濟王玄鏡、爲石見守。
103			授正六位上百濟王仙宗、從五位下。
104			從五位下百濟王仙宗、爲（圖書）助。
105			從五位下百濟王仁貞、爲員外佐。
106			外從五位下勳六等百濟王俊哲、勳五等、自餘各有差。
107		9年(778)	授勳六等百濟王俊哲、勳五等。
108		10年(779)	授從五位上百濟王利善、正五位下。
109			從五位下百濟王仙宗、爲安房守。
110			授散位正六位上百濟王元德、從五位下。
111		11年(780)	授命婦正五位上百濟王明信、從四位下。
112			授正六位上百濟王俊哲、從五位下。
113			授從五位下百濟王俊哲、從五位上。
114			從五位上百濟王俊哲、爲陸奥鎮守副將軍。
115			陸奥鎮守副將軍從五位上百濟王俊哲言、「己等爲賊被囲……」
116	桓武紀（781〜806）	天応元年(781)	從五位下百濟王仁貞、爲近衛員外少將。
117			正五位下百濟王利善、授正五位上。
118			正五位上百濟王利善、爲散位頭。
119			授无位百濟王清刀自、從五位下。
120			授從五位上百濟王俊哲、正五位上勳四等。
121			正六位上百濟王英孫、從五位下。
122			授從四位下百濟王明信、從四位上。
123		延暦元年(782)	從五位下百濟王仁貞、爲播磨介。
124			從五位上百濟王武鏡、爲大膳亮。
125		2年(783)	授從五位下百濟王仁貞、從五位上。
126			授五位上百濟王仁貞、爲備前介。
127			百濟王等、供奉行在所者一兩人進階加爵。施百濟寺。近江・播磨　二國正税各五千束。授五位上百濟王利善、從四位下。
128			授從五位下百濟王武鏡、正五位下。
129			從五位下百濟王元德・百濟王玄鏡、竝從五位上。
130			從四位上百濟王明信、正四位下。
131			正六位上百濟王眞善、從五位下。
132			授正四位下百濟王明信、正四位上。
133		3年(784)	授女孺无位百濟王眞德、從五位下。
134			正五位下百濟王武鏡、爲周防守。
135			散位頭從四位下百濟王利善、卒。
136		4年(785)	授從四位上百濟王明信、正四位上。
137			從五位上百濟王仁貞、爲備前守。
138			以從五位上百濟王玄鏡、爲少納言。
139			從五位下百濟王英孫、爲陸奥鎮守權副將軍。
140			授正六位上百濟王元基、從五位下。
141			從五位下百濟王英孫、爲出羽守。
142		5年(786)	授正六位上百濟王孝德、從五位下。
143			從五位上百濟王玄鏡、爲右兵衛督。
144		6年(787)	授正六位上百濟王玄風、從五位下。
145			從五位下百濟王玄風、爲美濃介。
146			陸奥鎮守將軍正五位上百濟王俊哲、坐事左降日向權介。
147			授其室正四位上百濟王明信、從三位。

257

148	桓武紀（781〜806）	延暦6年(787)	主人率百濟王等奏種種之樂。授從五位上百濟王玄鏡、正五位下。
149			正六位上百濟王元眞・善貞・忠信、竝從五位下。
150			无位百濟王明本、從五位下。
151		7年(788)	從五位下百濟王善貞、爲（河内）介。
152			從五位下百濟王教德、爲右兵庫頭。
153		8年(789)	授正五位下百濟王玄鏡、正五位上。
154			正五位上百濟王玄鏡、爲上總守。
155			從五位下百濟王教德、爲讃岐介。
156			從五位下百濟王仁貞、爲中宮亮。
157		9年(790)	從五位上百濟王仁貞、爲周忌御齋會司。
158			正五位上百濟王玄鏡、從四位下。
159			從五位上百濟王仁貞、正五位上。
160			正六位上百濟王鏡仁、從五位下。是日詔曰、百濟王者、朕之外戚也。今所以擢一兩人、加授爵位也。
161			日向權介五位上敷四等百濟王俊哲、免其罪令入京。
162			從五位下百濟王鏡仁、爲豊後介。
163			以正五位上百濟王仁貞、爲左中弁。
164			從五位下百濟王元信、爲冶部少輔。
165			左中弁正五位上百濟王仁貞、爲兼木工頭。
166			從五位下百濟王忠信、爲中衛少将。
167			百濟王仁貞・百濟王元信・中衛少將從五位下百濟王忠信・圖書頭從五位上兼東宮學士左兵衛佐伊豫守連連眞道等上表曰、「眞道等本系出自百濟王貴須王、貴須王者百濟始興　第十六世王也……」
168			從五位下百濟王元信、爲肥後介。
169		10年(791)	授正五位上百濟王仁貞、從四位下。
170			從五位下百濟王英孫、授從五位上。
171			正六位上百濟王離波姫從五位上。
172			遣正五位上百濟王俊哲……於東海道……簡閲軍士兼檢戎具、爲征蝦夷也。
173			正五位上百濟王俊哲、爲下野守。
174			正五位上百濟王俊哲、爲副使（征夷大使）。
175			從五位下百濟王忠信、爲越後介。
176			左中弁從四位下百濟王仁貞、卒。
177			下野守正五位上百濟王俊哲、爲兼陸奧鎭戍將軍。
178			右大臣率百濟王等奏百濟樂、授五位下百濟王玄風・百濟王善貞、竝從五位上。
179			正六位上百濟王貞孫、授從五位下。

Ⅲ 『日本後紀』

180		延暦15年(796)	無位百濟王孝法、百濟王惠信授從五位上。
181		16年(797)	從四位下百濟王玄鏡、從四位上。
182			正六位上百濟王聰哲、從五位下。
183			從五位下百濟王元勝、爲安房守。
184			從五位下百濟王聰哲、爲出羽守。
185			賜尚侍從三位百濟王明信。
186			從五位上百濟王孝法・百濟王惠信等位田、宜准男給之。
187			從四位上百濟王英孫、爲右兵衛督。
188	桓武紀（781〜806）	18年(799)	從三位百濟王明信、授正三位。
189			從五位下百濟王鏡仁、爲少輔。
190			從四位上百濟王英孫、爲右衛士督。
191			從五位下百濟王鏡仁、爲右少弁。
192			從五位下百濟王貞孫、授從五位上。
193			正四位下百濟王玄鏡、爲刑部卿。
194			從五位上百濟王教德、爲上總守。
195			從五位下百濟王教俊、（下野）爲介。
196		23年(804)	從五位下百濟王忠宗、爲伊豫介。

197	桓武紀（781〜806）	延暦23年(804)	正五位下百濟王教雲（征夷大將軍）爲副。
198			從五位下百濟王元勝、爲内兵庫正。
199			從五位上百濟王惠信、授正五位上。
200		24年(805)	從五位上百濟王鏡仁、爲右中辨。
201			從五位上百濟王聰哲、爲主計頭。
202			相模國大住郡田二町、賜從四位下百濟王教法。
203		大同元年(806)	從五位上百濟王鏡仁、爲河内守。
204			左衛士佐從五位下百濟王教俊、爲兼美濃守。
205			從五位下百濟王元勝、爲鍛冶正。
206			從五位下百濟王教俊、爲作路司。
207			遣、左衛士佐從五位下百濟王教俊等、迎齋内親王於伊勢國。
208			從五位上百濟王聰哲、爲越後守。
209	平城紀（806〜809）	3年(808)	散位從三位藤原朝臣乙叡薨。母尚侍百濟王明信、被帝寵渥。
210			正五位下百濟王聰哲、爲刑部大輔。
211			鎭守將軍從五位下百濟王教俊、爲兼陸奥介。
212			百濟王教俊、遠離鎭所、常在國府…自今以後莫令更然。
213			正五位下百濟王教德、爲宮内大輔。
214			從五位下百濟王元勝、授從五位上。
215		4年(809)	從五位下百濟王教俊、爲下野守。
216			從五位上百濟王元勝、爲大判事。
217	嵯峨紀（809〜823）	弘仁元年(810)	權少椽百濟王愛筌等、聞太上天皇幸伊勢國、舉兵應之。
218		2年(811)	山城國乙訓郡白田一町、賜從四位下百濟王教法。
219		3年(812)	正五位下教德、從四位下。
220			從五位下百濟王教勝、爲刑部少輔。
221			從五位下百濟王教俊、授從五位上。爲出羽守。
222		4年(813)	從五位下百濟王忠宗、授從五位上。
223			少納言從五位上百濟王忠宗、爲兼左兵衛佐。
224		5年(814)	從四位下百濟王教德、爲治部大輔。
225		6年(815)	行幸交野百濟王等奉獻、五位已上並六位已下及百濟王等賜祿有差。
226			散事從二位百濟王明信薨。

Ⅳ 『續日本後紀』

227	仁明紀（833〜850）	天長10年(833)	右京大夫從四位下百濟王勝義、奏百濟國風俗舞。
228			弘仁元年坐事配流者…百濟王愛筌等、量輕徙入近國。
229			百濟王愛岑、元安防國、今移參河國。
230			授正五位下百濟王安義、從四位下。
231			授正六位上百濟王文操、從五位下。
232		承和元年(834)	忠良親王冠也。即敍四品、先太上天皇第四子也。母百濟氏、從四位下勲三等俊哲之女、從四位下貴命是也。
233			以從四位下百濟王安義、爲右兵衛督。
234			正六位上百濟王奉義・正六位上百濟王慶仁、並授從五位下。
235		2年(835)	授從四位下百濟王勝義、從四位上。
236			授无位百濟王永琳、從五位下。
237		3年(836)	授正六位上百濟王慶苑・百濟王元仁、並五位下。（元仁是婦人也）
238			正三位百濟王慶命、爲尚侍。
239		4年(837)	從四位上百濟王勝義、爲兼宮内卿。
240			授從五位下百濟王慶仲、正五位下。
241			正六位上百濟王忠誠、從五位下。
242			右兵衛督從四位下百濟王安義、卒。
243		5年(838)	授從五位下百濟王永豊、從五位上。
244			授正六位上百濟王教凝、從五位下。
245		6年(839)	授從五位下百濟王慶仲、從四位下。
246			以從四位下百濟王慶仲、爲民部大輔。
247			授從四位上百濟王勝義、從三位。

第四編　周留城・白江関係資料集

No.	紀	年	記事
248		承和 6 年(839)	正六位上百濟王永仁、從五位下。
249			授從四位下百濟王惠信、從三位。
250			以從五位下百濟王慶苑、爲河內介。
251		7 年(840)	右大臣藤原朝臣三守薨…遣民部大輔百濟王慶仲等、就第宣詔…
252			從四位下百濟王教法卒。桓武天皇之女御也。
253		8 年(841)	從四位下百濟王慶仲卒。慶仲者百濟氏中適用之人也。
254			授正三位百濟王慶命、從二位。
255		9 年(842)	以從三位百濟王勝義、爲相模守。
256			散事從三位百濟王惠信薨。
257	仁明紀（833～850）		散位從四位上伴宿禰友足卒…從三位百濟王勝義、同時獵狩也。
258		10 年(843)	從五位下百濟王忠誠、爲大監物。
259			從五位下百濟王永仁、爲右兵庫頭。
260		11 年(844)	授從五位下百濟王善義、從五位上。
261		12 年(845)	授從五位下百濟王慶世、從五位上。
262			兵部卿四品忠良親王及百濟王等、獻御贊、賜扈從侍從以上祿。
263		14 年(847)	授正六位上百濟王安宗、從五位下。
264			從五位上百濟王慶世、爲齋院長官。
265		嘉祥 2 年(849)	尚侍從二位百濟王慶命薨。有勅贈從一位。
266		3 年(850)	授正六位上百濟王教福、從五位下。

V 『文德實錄』

No.	紀	年	記事
267			遣侍中務少丞正六位上百濟王忠岑。
268		嘉祥 3 年(850)	散位從五位上百濟王教志、爲元興寺使。
269			散位從五位上百濟王慶世、爲藥師寺使。
270			授從五位上百濟王永仁、爲次侍從。
271		仁壽元年(851)	散事從四位上百濟王貴命卒。貴命、從四位下陸奧鎭守將軍兼下野守俊哲之女也。
272		3 年(851)	授從五位下百濟王永善、從五位上。
273			從五位下百濟王安宗、爲安藝介。
274			從五位下百濟王教凝、爲侍從。
275	文德紀(850～858)	齊衡元年(854)	散位百濟王教福卒。教福、從四位下安義之子也。嘉祥三年正月、敘從五位下。卒時年卅八。
276		2 年(855)	從三位百濟王勝義薨。勝義、從四位下元忠之孫、從五位下玄風之子也。少游大學、頗習文章。大同元年二月、爲大學少允。四年二月、爲右京少進。弘仁七年二月、敘從五位下。十年二月、爲左衛門佐。十一年正月、兼爲相摸介。十二年十月、敘從五位上。十三年三月、遷爲但馬守。天長四年正月、兼爲美作守、敘正五位下。六年二月、敘從四位下、爲右京大夫。十年十一月、遷爲左衛門督。承和四年正月、兼相摸守、六月爲宮內卿。六年二月、敘從三位。年老致仕、閑居河內國讃良郡山畔、頗使鷹犬、以爲養痾之資。卒時年七十六。
277		3 年(856)	授五位下百濟王安宗。
278		天安元年(857)	從六位上百濟王貞琳、從五位下。
279			從五位下百濟王淳仁、從五位上。
280		2 年(858)	從五位上百濟王安宗、爲安藝守。
281			安藝國言上、守從五位上百濟王安宗卒。

VI 『三代實錄』

No.	紀	年	記事
282		天安 2 年(858)	授從五位下右兵庫頭百濟王永仁、從五位上。
283			散位從五位上百濟王慶世、爲大輔。
284			右兵庫頭從五位上百濟王永仁、爲攝津權介。
285		貞観元年(859)	從五位上百濟王慶世、爲次侍從。
286	清和紀（858～876）		授正六位上丹波權掾百濟王俊聰、從五位下。
287			授無位百濟王香春、從五位下。
288		貞観 2 年(860)	授正六位上散位百濟王貞惠、從五位下。
289		貞観 5 年(863)	大納言正三位兼行右近衛大將源朝臣宽薨。母百濟王氏、其名曰慶命。

1 　周留城・白江関係史料抄

290	清和紀（858〜876）	貞観 6 年（864）	以散位従五位下百済王俊聰、爲伯耆守。
291		8 年（866）	无品高子内親王薨。母百済王子、従五位上教俊之女也。
292	陽成紀（876〜884）	元慶 3 年（879）	授従五位下和泉守百済王俊聰、従五位上。
293			授散位正六位上右馬大允百済王教隆、従五位下。

(全栄来「日本史料、百済王家の後栄」『百済論叢』第 7 輯、2003年より)

　「百済王」の称号が見え始めるのは天智紀 3 年(664)の「百済王善光」である。善光(禪廣)は、兄王豊璋が州柔城で敗戦した後も倭国に留まっていた。藤原朝（持統)に至り「百済王」の称号を賜ったと見えているが、禪廣・昌成・良虞・敬福と百済王の王統は受け継がれている。
　「百済王」の賜姓は以後、陽成紀元慶 3 年(879)まで、216年間『日本書紀』『續日本紀』『日本後紀』『續日本後紀』『文德實錄』『三代實錄』にかけて293件、実人員数77人が記載されている。しかし、『三代實錄』元慶 3 年以降になると［百済王］の名は見られなくなる。一時は［朕之外戚也］といわれた「百済王」の血統も氏姓も解体・融合の過程を辿ったのであろうか。しかし、百済は滅んでもその後裔は日本列島に返り咲いたのである。

第四編　周留城・白江関係資料集

3　周留城・白江関係地図

(1)　『三国史記』『日本書紀』初出地名……………………263

(2)　扶安・古阜地方城跡分布図……………………………264

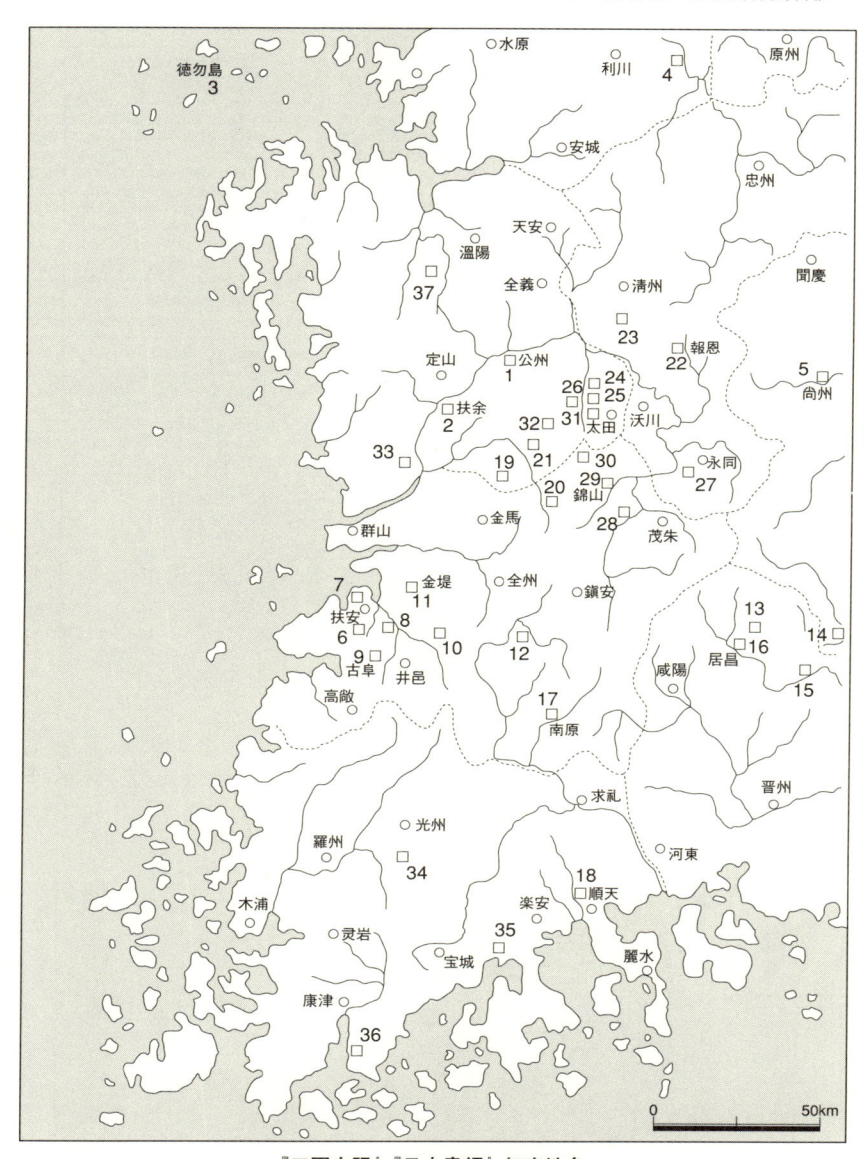

『三国史記』『日本書紀』初出地名

1. 熊津　2. 泗沘城　3. 徳物島　4. 南川停　5. 沙伐　6. 州柔(周留)城　7. 伎伐浦　8. 欣良買
9. 古沙比城　10. 賓骨壌　11. 避城　12. 角山　13. 加召川　14. 加尸兮　15. 大耶城
16. 居列(陀)城　17. 居勿城　18. 沙平城　19. 徳安城　20. 炭峴　21. 黄山原　22. 三年山城
23. 一牟山　24. 甕山城　25. 雨述城　26. 内斯只　27. 助比川　28. 伊城　29. 支羅城
30. 大山柵　31. 沙井柵　32. 真峴　33. 加林城　34. 牟弖　35. 乎礼　36. 枕服岐城　37. 任存城

263

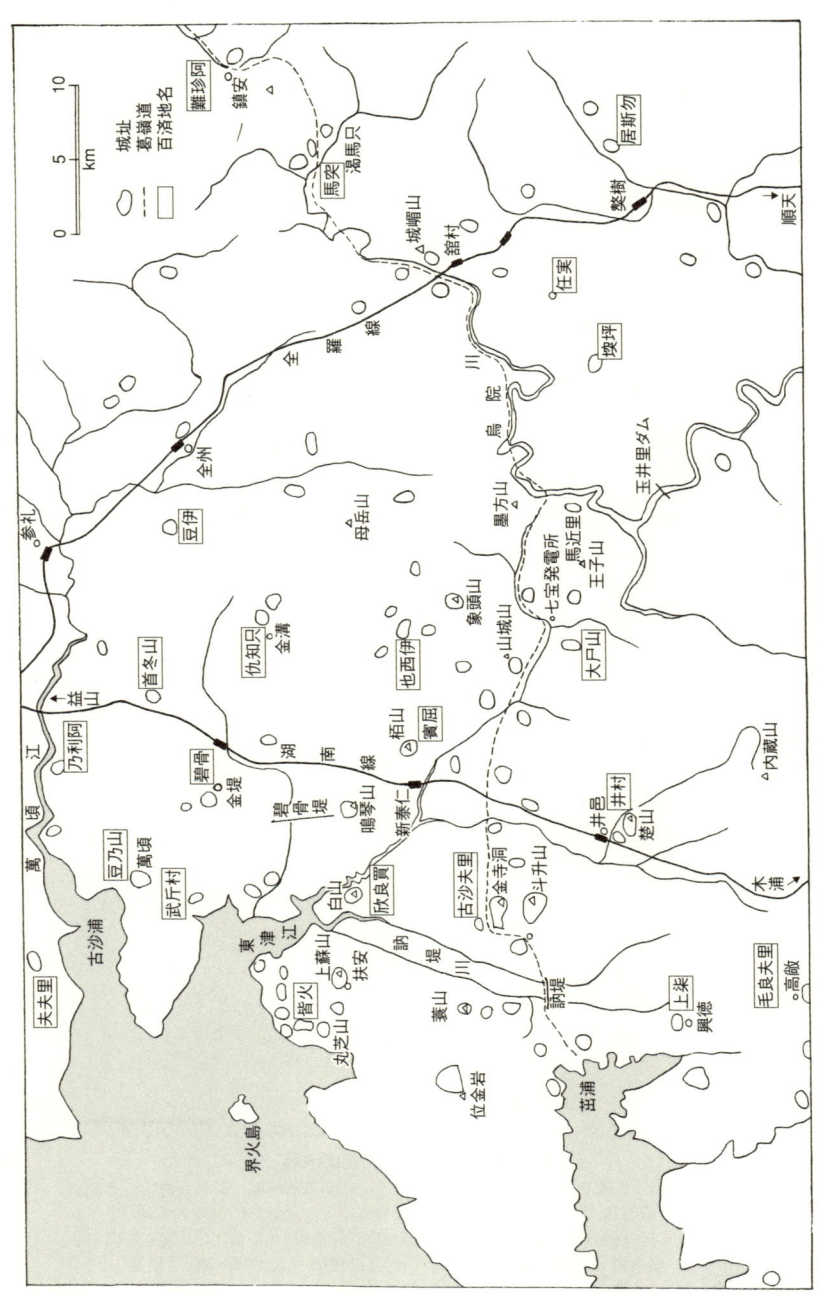

第四編　周留城・白江関係資料集

扶安・古阜地方城跡分布図

4　周留城・白江関係年表

註1　本年表は、それぞれの資料の記述を年月順に配列したものである。

註2　資料の記述の中で年月日の記されていない部分、あるいは不明確な部分は、年月日の記されている他の資料の該当すると思われる部分に配置した。

註3　〈金庾信伝〉は『三国史記』〈列伝第二　金庾信　中〉、〈黒歯常之伝〉は『三国史記』〈列伝第四　黒歯常之〉、〈旧-蘇定方伝〉は『旧唐書』〈巻八十三　列伝第三十三　蘇定方〉、〈旧-劉仁軌伝〉は『旧唐書』〈巻八十四　列伝第三十四　劉仁軌〉、〈旧-黒歯常之〉は『旧唐書』〈巻一百九　列伝第五十九　黒歯常之〉、〈旧-百済伝〉は『旧唐書』〈巻一百九十九上　列伝第一百四十九　東夷百済〉、〈新-本紀〉は『唐書』〈巻三　本紀第三〉、〈新-蘇烈伝〉は『唐書』〈巻一百十一　列伝第三十六　蘇烈〉、〈新-劉仁軌伝〉は『唐書』〈巻一百八　列伝第三十三　劉仁軌〉のそれぞれ略称である。

周留城・白江関係年表

西紀	百済本紀・列伝	新羅本紀・列伝	日本書紀	新・旧唐書他
631	武王32年	真平53年	舒明天皇3年 3月 百済王義慈が王子豊璋を人質として日本に送った。(『続日本紀』(称徳紀)2年の条に「舒明天皇の時に、義慈王が子の豊璋王と禅広王を遣わした」との記事あり。ただし、当時の百済は武王の治世であり、義慈王が即位するのは舒明天皇13年(641)である。)	貞観5年
642	義慈王2年 7月 義慈王自ら兵を率いて、新羅の40余城を下した。 8月 将軍允忠を派遣して、新羅の大耶城を攻撃。大耶城主品釈・妻子を殺害し、捕虜1千余人を国の西辺に移住させた。	善徳王11年 7月 百済の義慈王が大軍を挙げて、国の西部地方の40余城を攻め取った。 8月 百済の将軍允忠が兵を率いて大耶城を攻め落とした。都督の品釈らが戦死した。 冬 金春秋は婿(品釈)と娘の死の報に接し、慨嘆しつつ百済への復讐を誓う。善徳王は金春秋を高句麗に派遣して宝蔵王に援軍を要請したが、交渉は不調に終わった。	皇極天皇元年	貞観16年
659	義慈王19年	太宗武烈王6年 4月 百済を討つため、唐に援軍を要請したが、唐からの返答なし。 10月 太宗武烈王が城長峰・罷耶より「来年5月に唐の皇帝が軍定方を派遣して百済を討ちに来る」との予言を受けた。	斉明天皇5年	唐高宗顕慶4年

266

1 周留城・白江関係史料抄

	義慈王20年	太宗武烈王7年	斉明天皇6年	唐高宗顕慶5年
660	唐の高宗は蘇定方を神丘道行軍大総管に任じ、他の将軍らとともに兵13万人を率いて百済討伐を命じ、新羅王金春秋を嵎夷道行軍総管に任じて唐軍に合流するようにした。蘇定方が率いる唐軍が城山から海を渡って徳物島に到着すると、新羅王は太子法敏に命じて金庾信ら5万の兵を遣わした。 この情報を聞いた義慈王は佐平義直・興首、達率常永ら臣下たちに対策を問うている間に、唐軍・新羅軍が白江・炭峴をすでに越えたとの報が入った。 将伯ら5千の百済軍が黄山で新羅軍と4戦して全て勝った後、力尽きて敗れ、堦伯は戦死した。 百済軍は、熊津口で唐軍を防ぐため、江に臨んで布陣した。唐軍は左岸に上陸し、山上に陣を敷き攻撃をしかけたため、百済軍は大敗した。百済軍が城を守るために進軍したため、唐軍の水部軍に進軍したため、唐軍の水部軍と戦ってこれと敗した敗軍に戦ってこれと敗した敗軍を出した。	3月 唐の高宗が蘇定方らに水陸13万の兵を率いて百済の征討を命ずる一方、太宗武烈王にもこれを支援するよう命じた。 5月26日 太宗が金庾信らを率いて慶州を出発。 6月18日 太宗らは南川に到着してここにとどまる。蘇定方からの軍船は萊州を出発し、東へ向かった。 6月21日 太宗が太子の法敏に命じて、徳物島に蘇定方らの唐軍を出迎えさせた。蘇定方が太子の法敏に「7月10日に百済の南で新羅軍と合流して義慈王の都城を突破したい」と約束した。 法敏の報告を聞いた太宗は、金庾信らに命じて、精兵5万を率いて唐軍に呼応させる。太宗みずからは今突城に入った。 7月9日 金庾信らが新羅軍が黄山の原で堦伯らと百済軍と4戦してくる勝利し、堦伯は戦死し、忠常・常永ら20余人を捕虜にした。 この日、蘇定方らが新羅軍と堂平で遭遇して、これを迎え撃って大勝した。金庾信が新羅軍の約束の期日に遅れたことを理由に新羅の督軍金文穎を斬ろうとしたが、金文穎の難色を恐れて思いとどまった。	7月 高句麗僧道顕の『日本世記』に「7月に新羅が唐の力を借りて百済を滅ぼした」と記されている。 伊吉連博徳の書が次のように記している。「庚申年（660年）8月に百済が唐・新羅らに捕えられ、11月1日に蘇定方らが百済王以下太子隆など13人の王子と大佐平沙宅千福ら37人、合わせて50人が唐の皇帝の前に引き立てられ、皇帝から恩勅を賜り放免された。」	〈旧‐蘇定方伝〉百済討伐の軍を率いた蘇定方は、城山から海を渡って熊津江口に至った。敵兵が江岸に沿って陣を敷いているので、蘇定方は東岸まり上がって山上に陣を張りこれと戦って大勝した。海を覆いつくす大軍の前に、残りは逃げ去った。潮を乗って船ともに、定方は水陸から進撃し、都城から20里のところで敵と決戦した。百済軍は大いに破られて万余人を殺したり捕虜にして部城に迫った。百済王義慈と太子隆は北境に逃げた。義慈王の次子の泰が城王の弟々の文思と子の隆下を率民いとともに城を出てしまった。泰は降服して降伏した。諸城は投降し、太子の隆、義慈、太子の文思とそいの子ともに浦廬の義慈、その地を6州に分けた。蘇は東都に献ぜられた。 〈新‐蘇烈伝〉…蘇定方は、海を渡って熊津江に沿って敵兵が城津江口に上がって山上に陣を張り、定方は東岸まよりこれと戦って破り、敗軍数千人を敗走させた。

267

西紀	百済本紀・列伝	新羅本紀・列伝	日本書紀	新・旧唐書他
660	唐軍は勝ちに乗じて泗沘城に迫ったので、義慈王は太子孝とともに北に逃げ、太城王を守っていた王の次男の泰は開城して投降した。これをみて、王と太子孝は諸城ともにみな降伏した。蘇定方は王および太子孝、王子3人と大臣・将軍など88人と百姓12,807人を唐の都に送った。百済はもと5部・37郡・200城・76万戸があったが、このときに唐は熊津・馬韓・東明・金漣・徳安の5つの都督府を設置して、それぞれに都督などを任じて治めるようにした。劉仁願に都城を守らせ、王文度を熊津部督に任じて百済を治めさせた。唐の高宗に送られた百済王は、病死した。〈黒歯常之伝〉…蘇定方が百済を平定すると、達率の暴歯常之は降伏したが、唐軍の暴虐な振る舞いを見て逃げ、任存城に拠って人々を集めて10日もたないうちに3万人が帰参した。定方はこれを攻めたが、勝つことができなかった。常之らはついに200余城を取り戻した。	〈金庾信伝〉…海に沿って伐伎江に入った。海岸はぬかるみにで足を取られて進むことができなかった。それで柳の席を敷いてから上陸した。7月12日　新羅と唐の連合軍は義慈王の都城を包囲して、所夫里の原に進んだ。7月13日　百済の義慈王らは熊津城に避難し、王子の隆は大佐平の千福らとともに降伏してきた。9月3日　唐の劉仁願は兵1万をもって泗沘城を守り、新羅の王子の泰らがこれを援けた。王は百済の王女・王子93人と百済人12,000人を連れて泗沘城を発して帰唐した。	9月　百済から派遣された達率沙弥覚従らが「今年の7月に新羅が唐を引き入れて百済を滅ぼしまった。君臣はみな捕まって行ってしまった。福信が中部久麻怒利城に任射岐山を拠点に兵を集めた。前の敗れた兵器が尽きたので棍で戦い、新羅を破り、その兵器を奪って百済の兵器を取り返した。福信らは国の人々を集めて王城を守った。福信らは亡国を再興した」と語った。10月　百済の福信は佐平貴智らを遣わし唐軍の捕虜100余人を送って救援を請い、また人質の王子豊璋王を迎えたいと要請した。12月　天皇は筑紫に行幸して、救援軍を派遣するために、武器を準備し是歳　百済を援けて新羅を討つため、駿河の国に命じて船を造らせた。	〈黒歯常之伝〉…蘇定方が百済を平定すると、達率の暴歯常之は降伏を見て逃げたが、唐軍の暴虐な振る舞いを見て逃げ、任存城に拠って人々を集めて10日もたないうちに3万人が帰参した。定方はこれを攻めたが、勝つことができなかった。常之らはついに200余城を取り戻した。

1 周留城・白江関係史料抄

	龍朔元年	大宗武烈王8年	斉明天皇7年（天智天皇即位前紀）	唐高宗龍朔元年
661	福信が道探とともに周留城に拠って反乱を起こし、倭国に人質となっていた故王子扶余豊を迎えて王とした。西北部の民がみな応えて王となった。西北部の民がみな応えた。福信らが率いる百済軍が劉仁願の守る都城を包囲したので、唐高宗は劉仁軌に兵を率いて新羅軍も動員して救出に向かわせた。福信らは熊津江口に2つの柵を設けて防戦したが、劉仁軌・新羅軍と合流した劉仁軌に敗れ、1万余人の戦死者を出した。福信らは都城の包囲を解いて、任存城に退き、龍朔元年3月のことであった。この時、道探は前将軍、福信は霜岑将軍と自称して兵を集め、勢力を張った。劉仁軌は新羅の授軍を休ませ、新羅の授軍金欽らを派遣させ、王金春秋は将軍金欽らを派遣して古泗で抗戦したが、葛嶺道から逃げ帰って、再び出撃することが出来なかった。にわかに福信が道探を殺し、その部下をあわせたが、扶余豊はこれを制することができず、ただ祭祀をつかさどるだけであった。	2月 百済の残兵が泗沘城を攻めてきたので、品日を大幢将軍、文忠を上州将軍、義服を下州将軍、武光を南川大監、文品を誓幢将軍、義光を郎幢将軍などに任じ、泗沘城の救援に向かわせた。 3月5日 品日は麾下の軍を分けて先発し、豆良尹の南で営地を選ぼうとしたが、陣が整わないのを見て急襲してきた百済軍に破れ、新羅軍は退却した。 3月12日 大軍が古沙北城外に到着して陣を張り、豆良尹城を攻撃したが、1ヶ月と6日をかけても勝つことができなかった。 4月19日 兵を撤収させた。賓骨壤に至り百済軍と戦ったが敗れ、死者は少なかったが、多くの兵器・輜重を失った。 〈金庾信伝〉龍朔元年春、王は百済の残党を討するために品日・文王などを派遣したが果たせず、再度、欽純らを派遣した。 6月 太宗が薨じた。	4月 百済の福信が使いを送って王子糾解（豊璋）を王に迎えたいと上表した。	〈旧・劉仁軌伝〉繁定方はすでに百済を平定し、劉仁願に百済府城を守らせ、王文度を熊津都督に任じたが、文度は渡海して死にした。百済の道探・福信らは衆を率いて王子扶余豊を立てて王とし、仁願の守る府城を囲んだ。道探は仁願らの救援に向かった。道探を解いて任存城に退却したのいつか福信が道探を殺しその兵をあわせて勢力を拡大した。 〈旧・百済伝〉熊津都督に任じた王文度は渡海したが死んだ。道探・福信などが周留城に拠って抗戦し、倭国に使いを送って王子扶余豊を王に立てると、その西部・北部の城がみな応じた。この時、劉仁願らは百済軍に包囲されたので、劉仁軌を派遣して柵を築いて熊津江口の両側に仁軌を救った。道探らは熊津江口に栅を築いて抗戦したが、仁軌・新羅軍の挟み撃ちにあい、水死者1万余人を出して、任存城に退却した。この時は龍朔元年3月のことであった。時は龍朔元年、福信は道探を殺し自称して兵を集め、その後のいつか福信が道探を殺してその兵をあわせた。扶余豊はただ祭祀をつかさどるだけであった。

第四編　周留城・白江関係資料集

西紀	百済本紀・列伝	新羅本紀・列伝	日本書紀	新・旧唐書他
661		文武王元年 6月　金仁問が、蘇定方の水陸35道兵の高句麗討伐軍に新羅軍も呼応するようにとの唐皇帝の命令を王に伝えた。 7月17日　王は金庾信を大将軍、金仁問らを大幢将軍に、その他諸総管を任命した。 8月　大王は自ら諸将を率いて始祖谷停に駐屯した。使者が来て「百済の残敵が甕山城に拠って反抗している」と告げた。 9月19日　大王は熊峴に進駐した。 9月27日　大柵を焼き払って2千人を斬殺し、熊峴城を攻撃した。品日らが雨述城を攻撃し、1千人を斬殺した。	8月　阿曇比邏夫らを派遣して百済を救援させ、武器や食糧を贈った。 9月　百済王子豊璋に織冠を与え、多臣蒋敷の妹を娶らせる。狭井連らに5千の兵を率いて本国に送り帰らせた。豊璋が入国した時、福信が迎えに来た。国政をすべて豊璋に委ねた。	〈資治通鑑〉新羅将金欽を遣わして福信の救援に向かわせたが、古泗の軍に迎撃されて敗れ、葛嶺道から逃げ帰って、再び出撃することが出来なかった。福信が道琛を殺し、国兵を統べた。
662		文武王2年	天智天皇元年 1月27日　百済の福信に矢・綿・布などを贈った。 3月4日　百済の王に布帛を贈った。 是月　唐人と新羅人が高句麗（狡国）を討った。高句麗は国家（佼国）に救援を要請したので、軍将を派遣して疏留城に拠らせた。これにより唐人はその南の境界を攻略することができず、新羅はその西塁を移すことができなかった。 5月　阿曇比邏夫らが百済国に豊璋を送り、宣勅して王位を継がせた。	唐高宗龍朔2年

年	文武王（新羅本紀）	天智天皇（日本書紀）	唐高宗（旧・新唐書）
662	7月 劉仁願と劉仁軌らは、福信の残党を熊津の東で大いに破り、支羅城・尹城・大山城を攻略して、また仁軌は新羅運糧之路を開いて「新羅の増兵を要請で孫仁師の軍が合流した。 この時、福信はすでに権力を握っていた扶余豊とたがいに猜疑するようになり、福信が豊を殺そうと企てた。これを知った扶余豊は高句麗と倭国に遣使して救援を要請して唐軍に対抗しようとした。孫仁師はこれを途中で迎え撃って破り劉仁願の軍と合流したので、兵の士気は大いに上がった。	12月 百済の豊璋王・福信らが、土地が瘦せていることを理由に州柔から避城への遷都を主張した。狭井連・朴市田来津が避城と敵陣との距離が近すぎることを理由に遷都に反対したが、王と豊余の遷都への強行された。 是歳 百済を救援するために、兵甲を修繕し、船を造り、軍糧を準備した。	〈新-本紀〉7月 孫仁師に百済を討たせた。 〈旧-百済伝〉7月 劉仁願と劉仁軌らは、福信の残党を熊津の東で大いに破り、支羅城および尹城・大山・沙井柵を陥落させ、また仁軌は新羅運糧之路を開いて「新羅の増兵を要請で孫仁師の軍が合流した。その時、福信はすでに権力を握っていた扶余豊とたがいに猜疑するようになり、福信が豊を殺そうとこれを知った扶余豊は高句麗と倭国に遣使して救援を要請して唐軍に対抗しようとした。孫仁師はこれを途中で迎え撃って破り劉仁願の軍と合流したので、兵の士気は大いに上がった。 また、福信に金策を贈り爵様を与えた。 8月 百済の残党たちが内斯只城（儒城）に集結して悪事を働くので、欽純ら12人の将軍を派兵してこれを討ち破った。
663	文武王3年 唐軍諸将軍の会議で、水陸の要衝加林城を攻略実撃撃すべきとの意見に対して、仁軌は「兵法避実撃虚撃にあたって、先に攻略すべき堅固である周留城攻略・仁師・仁軌は陸軍を率いて、仁軌らは水軍を率いて熊津江から白江に住き、陸軍と合流して周留城にむかった。	文武王3年 2月 欽純・天存が百済の居列城を攻撃して、700余人を斬殺した。また居勿城・沙平城を攻撃してこれを破り、さらに徳安城を攻めて1700人を斬殺した。 5月 百済の福信が道琛これを迎え王に立てて劉仁願の熊津城に包囲したので、唐の皇帝は劉仁軌に命じて文度の軍、新羅軍を率いて百済に向かわせた。	天智天皇2年 2月 新羅が百済の南畔四州を占領し、安徳（徳安）も奪い遷城に迫ったので、百済は再び避城を棄てて州柔に遷都した。 3月 上毛野君稚子・間人連大蓋らを派兵して新羅を討たせた。 6月 上毛野君稚子らが新羅の沙鼻岐・奴江の二城を奪った。百済の豊璋王が福信らが謀反の意があることを疑い、福信を捕らえて、首を斬って塩漬けにした。	唐高宗龍朔3年 〈旧-劉仁軌伝〉孫仁師と劉仁軌が合流すると兵士の士気が大いにあがった。軍議し、水陸の要衝加林城をまず討つべしとの意見も盛んだった。仁軌は敵の巣窟である周留城攻略の重要性を説いた。ここに仁師・仁願は陸軍を率いて進撃し、仁軌らは水軍を率いて熊津江から白江に住き、陸軍と合流して周留城にむかった。

第四編　周留城・白江関係資料集

西紀	百済本紀・列伝	新羅本紀・列伝	日本書紀	新・旧唐書他
663	仁軌の水軍は白江口で倭軍に遭遇し、4戦して勝って扶余豊は逃走し、王子忠勝・忠志らは衆とともに降順したが、ひとり遅受信は任存城に拠って、降伏しなかった。もとは百済の首領で唐軍と戦ったが、今は仁軌に信頼されて沙咤相如と黒歯常之の2人がついに任存城を抜いたので、遅受信は妻子を捨てて高句麗に逃げ、百済の残党は平定された。孫仁師と劉仁願は帰還し、劉仁軌は留まって鎮守した。	劉仁軌の軍は戦城して敵を破った。福信らは劉仁願の包囲を解いて退き、任存城に拠った。福信は遅受信の勢力を大きくしていくのを殺して、その兵を合わせ、劉仁軌は休息させながら、兵士を待った。本国からの皇帝の命を受けて40万の兵士が熊津城に向かった。そこで金頃言を伴って周留城に進み、豊衆豊は衆国に降伏した。しかし、遅受信は降伏しなかったので、10月21日に攻めたが、勝てなかった。11月4日に軍を撤退させて今利府に至った。〈金庾信伝〉百済の伏兵の頭領が豆率城に拠って倭国に援助を求めた。7月17日に大王自ら頒らと出動し、熊津州で仁願と合流した。8月13日に豆率城に至り百済人・倭人と戦い、これを大いに破った。彼らはみな降伏した。諸城は降伏したが、任存城だけは30日間攻撃しても落とせなかった。大王は軍を撤し、11月20日に都に帰着した。〈文武王答書〉…周留城が陥落し、南方の諸城がみな定まったので、軍をめぐらせて北を計った。	8月13日　新羅は、百済が福信を処刑したことを知り、州柔の奪取を謀った。百済は福信の計画を知り、将軍たちを集めて日本の救援軍を白江まで迎えにいくことを伝えた。 8月17日　新羅軍が州柔の王城を包囲した。唐軍は戦船170艘で白村江に布陣した。 8月27日　日本軍の先着部隊と唐軍が遭遇して戦う。日本軍は敗退し、唐軍は陣を固めて守った。 8月28日　日本の将軍たちと百済王は天候気象に乱れたこを打とうとして、敵の堅陣に挑み、大敗を喫した。百済王豊璋は高句麗に逃げ去った。 9月7日　百済の州柔城が唐に降伏した。百済人たちは国を亡きながら、枕服岐城にいる妻子たちに日本への亡命の意思を伝えた。 9月11日　百済遺民が牟弖を出発。 9月13日　弖礼に到着。 9月24日　日本の水軍および佐平余自信をはじめとする百済人が弖礼城に到着し、翌日、日本に向けて出発した。	仁軌の水軍は白江口で倭軍に遭遇し、4戦して勝って扶余豊は逃走し、王子忠勝・忠志らは衆とともに降順したが、ひとり遅受信は任存城に拠って、降伏しなかった。もとは百済の首領で唐軍と戦ったが、今は仁軌に信頼されて沙咤相如と黒歯常之の2人がついに任存城を抜いたので、遅受信は妻子を捨てて高句麗に逃げ、百済の残党は平定された。孫仁師と劉仁願は帰還し、劉仁軌は留まって鎮守した。 〈旧-百済伝〉…仁軌が白江口で戦い、これを破った。 〈新-本紀〉龍朔3年9月戊午、孫仁師らが百済の衆を破った。 〈新-劉仁軌伝〉…仁軌がいうには「兵法は実は遅けて虚を撃つ、という。加林城は堅固で、攻めれば士卒を傷め、守れば月日を要する。周留城は敵の巣穴で、凶暴な群の集まるところ、もしこれを降せば諸城は自ずから降ろうことであろう」。 そこで仁師・仁願らおよび法敏は陸軍を率いて進み、仁軌と杜爽では扶余隆は熊津を出て白江で陸軍と合流し、4戦して勝ち、（倭軍の）400艘を焼いてみな勝ち、海は赤くなった。扶余豊は身を引いて逃げた。

1 周留城・白江関係史料抄

664	天智天皇3年 是歳 対馬島・壱岐島・筑紫国などに防人と烽火を配置し、筑紫に水城を築いた。	
665	天智天皇4年 2月 佐平福信の功績により、子の鬼室集斯に小錦下の冠位を授けた。また百済人400余人を近江国神前郡に住まわせた。 3月 神前郡の百済人に田を与えた。 8月 答㶱春初を長門国に遣わし、城を築かせた。憶礼福留・四比福夫を筑紫国に遣わして、大野・椽の二城を築かせた。	
666	天智天皇5年 是冬 百済の男女2000余人を東国に移住させた。	
667	天智天皇6年 11月 倭国に高安城、讃吉国山田郡に屋嶋城、対馬嶋に金田城を築いた。	
669	天智天皇8年 是歳 余自信・鬼室集斯ら男女700余人を近江国蒲生郡に移住させた。	

273

後　記

　周留城・白江を舞台とする百済最後の戦い、すなわち三国統一戦争に関心を抱くようになったのは、真に偶然の機会が私に授けられたためであった。
　それは、1960年1月31日付、『全北日報』紙上に「大統領早期選挙説を反駁する」という題目の社説を書いたために筆禍にあい、常任論説委員の座を追われ、手荷物ひとつで逃げるように流浪の途に旅立ってからのことである。
　これをきっかけにして、画文「全羅山川」というシリーズを連載するようになった。私が扶安地方に足を伸ばした頃、全北日報社朴龍相社長は、今西龍博士著『百済史研究』一冊を私に与えてくれた。朴社長は扶安出身であることから、周留城・白江の戦いについて並々ならぬ関心を傾けていたのである。
　私は今西博士の論考を耽読しながらも、彼の的確な考証に物足りなさを看取するごとに、これを解明しなれければならないという、一種の使命感に身振いする自身を発見するようになった。その後、私は数えきれないほど多くの山城を見上げ、また登りながら若い青春の血を燃やしてきた。夢の中でも崩れおちた荒城の城石を踏む幻想に捉われてきたのは、数多くの百済の義魂冤鬼たちが私を手招きしたせいであろうか。
　1963年、私は全北博物館を設立開館して館長に就任してからも、時あるごとに山城を尋ね歩いた。扶安に行けば、地方有志であった白洲金泰秀先生が私の踏査に同途して下さった。1965年には、全北大學校柳盛根教授の推薦で、「アジア財団」の支援の許に、2年にわたる本格的な山城の調査を実施した。扶安地方の東津半島海岸防柵跡から長水郡、小白山脈に至るまでの横断路、つまりいわゆる葛嶺道沿辺の山城を踏査した。写真・実測図・採集遺物片などは、この時の成果として貴重な資料であった。60年代には、全州博物館職員であった全斗錫氏と私の妻がポールを立て、間縄を引張りながら山城実測の同伴者になってくれた。いつの間にか、90年代になって世代も替わり、愛する2人のわが子が従いついて来てくれた。
　6・25動乱を経る過程において、山岳地帯はほとんどが禿山になっていたため、実測や遺物の採集には絶好の機会であったわけである。もし現在山城調査にあたるとすれば、40年以上も育ったうっそうたる樹木に包まれて、実測はも

後記

東津半島、百済城跡探訪中の故白洲金泰秀先生（左）と筆者（1965）

ちろん、写真撮影も不可能であったことであろう。それにもまして痛ましいことは、城内が日ごとに墓場に化していく現実である。人口も爆発的に増加したが、亡人もそれなりに増える一方で、瞑界もさぞかし満員で立錐の余地もないことであろうと思われるが、墓場が山野をおおう情景をみるのはたまらない。いまさらながらうち棄てられた荒城を見上げながら、「国破山河在　城春草木深」という杜甫の詩句が浮かんで来るけれども、山河もかわりはてて昔の面影すら消え去りつつあるのが現状である。

　不肖の後裔らによって、百済義魂たちが安らかに眠る場所すら踏みにじられ、剥奪されるということは、まことに痛恨の極みである。山城を除いたならば、古代史の資料としてなにをどこに求められようか。方々で盛んに碑石や塔などを立てることを好み、祠堂作りだ、聖域化だとさわぎ立てているけれども、崩れた城石の間に埋められた義兵たちの魂魄に、1,300余星霜が過ぎた今日に及んでも、未だ九天を彷徨わせるということは、そのまま座視するにしのびないことである。

　山城を訪れるたびに時々、遺跡を背景にスナップを撮った場面を眺めていると、30代の青年期から古稀を迎えた老年期に至るまで、歳月とともに萎びた自

後　記

画像を発見し、人生の無常を切感するようになった。

わが民族歴史上、この地方に関連付けられた人物としては、次の3人をあげることができる。百済再興の夢を抱きながらも、周留城窟室の前で無残にも首を斬られ塩漬けにされた福信将軍、統一の雄志を遂げることを得ず、黄山仏寺で憤死したとはいえ、唯一、百済の宿怨を晴らすと公言し、「われは王なり」と叫んだ後百済の甄萱王、そして「除暴救民　保国安民」の旗を高く掲げ、遂には「為国丹心　有誰知」の絶句を遺して刑場の露と消えた近世農民闘争の英雄、全琫準将軍をあげることができよう。これが、この地方に運命づけられた解冤の主体であるのである。

筆者は、全琫準将軍の行蹟に関し、この地方で最初に『全北日報』紙上に一文を連載し、井邑、黄土峴に「東学革命紀念塔」の建立を主張したのも、1961年のことであったし、1980年からは、全州東郊にある甄萱王宮殿跡を発見し、4次にわたる発掘調査によって、間口84mにおよぶ国内最大規模の古代建物跡を明らかにしてきた。しかし、私が、おのれの人生歴程を通して40余年の長期間探究してきたテーマは、福信将軍を主役とする百済最後決戦の研究を措いてほかにはなかった。それだけにこの研究テーマは、重要でかつ厖大であったのである。

ところで、昨今に至りこのような歴史の現場すら、盗み去られるという行為があちこちで首をもちあげている現状に直面するに及んでは、いっそう痛恨の念を押さえることができない。一部地方郷土史家を自認する彼らの主張は70年代初、筆者が発表した綜合的論考資料に便乗して、居住地周辺の地名に牽強付会したもので、考古学的・地政学的、そして文献史学的にもなんら学問的基盤に根ざしていない臆説にすぎないものである。それらの例については、本書で詳述してきたところである。

私の周留城・白江に関する研究の成果を批判し覆すことができるのは、それに相応する専攻分野の学問的蓄積があってこそ、はじめて可能であることを強調しておきたい。

この本には、このほかにも、燕岐・碑岩寺全氏銘石仏碑像に関する論考、および、新羅統一後の九州制度の変遷に関する論考が含まれている。筆者は、百済の北部に勢力基盤をおいていた全氏は、ほかならぬ『日本書紀』の真牟氏・姐弥氏、『隋・唐書』の真氏、ひいては、『南斉書』の姐氏と同姓であることを考証したのである。

後　記

　新羅地方制度の州設置は、場所を移動するごとに現地の地名に替えて呼んだ慣例を筆者は発見したのである。このような、厳然たる法則は『三国史記』を編さんした事大主義者、金富軾によってすら看過された事実である。したがって、彼は比斯伐（慶南、昌寧）にあった下州が、統一後小白山脈を越えて全州に移動するにつれて、完山と改名されたことに気付かなかったため、完山（全州）の下に「一云比斯伐」と註記してしまったのである。

　このような、古代史関係のいくつかの課題は、すでに正式論文として発表済みのものである。次に論文名と掲載誌名を記して読者の参考に供したい。

　①『周留城・白江位置比定新研究』韓国文化財保護協会全北支部、1976
　②「炭峴に関する研究」韓国文化財保護協会全北支部、1982
　③「周留城関連遺跡地表調査報告」円光大学校、馬韓百済文化研究所、1995
　④「完山・比斯伐論」『馬韓百済文化創刊号』円光大学校、1975
　⑤「燕岐、碑岩寺石仏碑像と真牟氏」『百済研究』第24号、忠南大、1994

［追補］　今回の改訂増補日本語版の刊行にあたっては、旧著中、周留城・白村江の位置比定についての論争に関する論考はできるだけ割愛し、あらたに「白村江決戦の軍略復元論」を加え、また関連する年表や地図等の資料類の充実をはかった。尚、最近発表した「日本史料、百済王家の後栄」（『百済論叢』第7輯、百済文化開発研究院、2003）の論文中、六国史の中の百済王登載年表を抄掲した。雄山閣の宮田哲男社長をはじめ編集にたずさわった羽佐田真一氏、ならびに現地で数々のご助言をいただいた中山清隆氏（女子聖学院短期大学）の労に深く謝意を表する。

《著者略歴》
全 榮 來（ジョン　ヨンラエ）
1926年大韓民国全州に生まれる。全州師範学校卒業。全北日報論説委員、全北道立博物館館長、円光大学校考古美術史学科教授などを歴任。学芸研究官詮衡考試合格、文教部副教授資格審査通過、文学博士（九州大学）。現在、韓西古代学研究所長。

《主な論著》
「完山・比斯伐論」『馬韓百済文化創刊号』円光大学校、1975
『周留城・白江位置比定に関する新研究』韓国文化財保護協会全北支部、1976
「炭峴に関する研究」韓国文化財保護協会全北支部、1982
「百済、南方境域変遷に関する研究」『千寛宇還暦記念論叢』1986
「古代山城の発生と変遷」『東アジアと日本　考古・美術編』田村圓澄先生古稀記念会、1987
「東北アジア磨製石器研究序説」『環太平洋先史学国際会議論集』ワシントン州立大学、1989
「韓国支石墓の型式学的展開」『九州考古学』1991
『韓国青銅器時代文化研究』（日文）北九州中国書店、1991
「燕岐、碑岩寺石仏碑像と真牟氏」『百済文化』第24号、忠南大学校、1994
『百済の興起と帯方故地』第5次朝鮮学国際学術討論会、大阪、1998
「百済王家の後栄」『百済論叢』第7輯、百済文化開発研究院、2003
『全北古代山城調査報告書』韓西古代学研究所、2003
その他、論文・調査報告書多数

平成16年4月10日　初版発行　　　　　　　　　　　　　　　　《検印省略》

百済滅亡と古代日本 ―白村江から大野城へ―

著　者	全　榮　來
発行者	宮田哲男
発行所	㈱雄山閣
	〒102-0071　東京都千代田区富士見2-6-9
	電話：03-3262-3231(代)　FAX：03-3262-6938
	振替：00130-5-1685
	http://www.yuzankaku.co.jp
印　刷	亜細亜印刷株式会社
製　本	協栄製本株式会社

ⓒ JEON Young-Rae
Printed in Japan 2004
ISBN 4-639-01838-X　C1022